*Тропа́рь
преподо́бному Паи́сию Святого́рцу
Глас 5. Подо́бен: Собезнача́льное Сло́во:*

Боже́ственныя любве́ о́гнь прие́мый, / превосходя́щим по́двигом вда́лся еси́ весь Бо́гови, / и утеше́ние мно́гим лю́дем был еси́, / словесы́ Боже́ственными наказу́яй, моли́твами чудотворя́й, / Паи́сие Богоно́се, / и ны́не мо́лишися непреста́нно // о всем ми́ре, преподо́бне.

*Конда́к
Глас 8. Подо́бен: Взбра́нной:*

Ангельски на земли́ пожи́вый, / любо́вию просия́л еси́, преподо́бне Паи́сие, / мона́хов вели́кое утвержде́ние, / ве́рных к житию́ свято́му вождь, / вселе́нныя же утеше́ние сладча́йшее показа́лся еси́, / сего́ ра́ди зове́м ти: // ра́дуйся, о́тче всеми́рный.

ПРЕПОДОБНЫЙ
ПАИСИЙ СВЯТОГОРЕЦ

СЛОВА

ТОМ II

ДУХОВНОЕ ПРОБУЖДЕНИЕ

Перевод с греческого

Пятое издание

Орфограф

МОСКВА

УДК [271.22 – 475.5:271.22 – 534.3] Паисий Святогорец
ББК 86.372.33 – 43 + 86.372 – 503.1
П12

Рекомендовано к публикации
Издательским Советом Русской Православной Церкви
№ ИС Р16-627-3430

Перевод на русский язык выполнен
иеромонахом Доримедонтом (Сухининым) с издания:

Γέροντος Παϊσίου Ἁγιορείτου. Λόγοι. Τόμος Β΄. Πνευματικὴ ἀφύπνιση.
Ἱερὸν Ἡσυχαστήριον Μοναζουσῶν "Εὐαγγελιστὴς Ἰωάννης ὁ Θεολόγος",
Σουρωτὴ Θεσσαλονίκης, 1999.

Паисий Святогорец, преподобный

П12   Слова. Т. 2 : Духовное пробуждение / преподобный Паисий Святогорец ; перевод с греч. — 5-е изд. — М. : Орфограф, 2021. — 400 с. : ил.
ISBN 978-5-6052622-5-1

Преподобный Паисий хотел выпустить книгу, полезную всем: мирянам, монахам и священнослужителям, но не успел, отдав всё своё время и силы молитве и общению с приходившими к нему людьми. После преставления преподобного его письма, записи поучений и бесед были систематизированы для удобства использования в повседневной жизни, ибо сам старец говорил: «Задача в том, чтобы вы работали, применяли услышанное на деле».

Второй том «Слов» преподобного Паисия Святогорца показывает, в каком глубоком духовном сне пребываем мы, как сильна «анестезия» лукавого, пропитывающая нас теплохладностью, безразличием к Богу и ближнему. Преподобный Паисий, своими советами помогая нам горячо взяться за спасение собственной души, основное внимание обращает на центр духовной жизни — на любовь и жертвенность.

УДК [271.22 – 475.5:271.22 – 534.3] Паисий Святогорец
ББК 86.372.33 – 43 + 86.372 – 503.1

ISBN 978-5-6052622-5-1

© Ἱερὸν Ἡσυχαστήριον Μοναζουσῶν
"Εὐαγγελιστὴς Ἰωάννης ὁ Θεολόγος", 1999
© Издательство «Орфограф»,
издание на русском языке, 2021

СОДЕРЖАНИЕ

Предисловие — 9
Введение (из слов старца) — 17

ЧАСТЬ ПЕРВАЯ
ОТВЕТСТВЕННОСТЬ ЛЮБВИ

ГЛАВА ПЕРВАЯ
Равнодушное поколение — 29

ГЛАВА ВТОРАЯ
О том, что само присутствие христианина
есть уже исповедание веры — 44

ГЛАВА ТРЕТЬЯ
«Вся убо чиста чистым…» — 61

ГЛАВА ЧЕТВЁРТАЯ
О том, что действовать подобает
с благоразумием и любовью — 72

ЧАСТЬ ВТОРАЯ
О ПОДВИЖНИЧЕСТВЕ И БЛАГОГОВЕНИИ

ГЛАВА ПЕРВАЯ
«Подвиг добрый» — 93

ГЛАВА ВТОРАЯ
О том, как действует диавол ... 112

ГЛАВА ТРЕТЬЯ
О пользе, происходящей
от доброго общения ... 123

ГЛАВА ЧЕТВЁРТАЯ
О том, что благоговением
приводится в умиление Бог ... 135

ГЛАВА ПЯТАЯ
О том, что даяние содержит в себе
Божественный кислород ... 157

ЧАСТЬ ТРЕТЬЯ
О ДУХОВНОЙ ОТВАГЕ

ГЛАВА ПЕРВАЯ
О знамениях времён ... 181

ГЛАВА ВТОРАЯ
О том, что жертва
доставляет человеку радость ... 200

ГЛАВА ТРЕТЬЯ
О том, что отвага рождается
от доверия Богу ... 222

ГЛАВА ЧЕТВЁРТАЯ
О том, что для человека верующего
мученичество является торжеством ... 237

ЧАСТЬ ЧЕТВЁРТАЯ
ЗАВИСИМОСТЬ ОТ НЕБА

ГЛАВА ПЕРВАЯ
О том, что Бог промышляет о человеке — 257

ГЛАВА ВТОРАЯ
О вере в Бога и доверии Ему — 273

ГЛАВА ТРЕТЬЯ
О том, что Бог помогает там, где не хватает человеческих сил — 293

ЧАСТЬ ПЯТАЯ
О ДУХОВНОМ ОРУЖИИ

ГЛАВА ПЕРВАЯ
О молитве, оружии крепком — 311

ГЛАВА ВТОРАЯ
О том, что монастыри — это крепости Церкви — 333

ГЛАВА ТРЕТЬЯ
О глубочайшем смысле жизни — 357

УКАЗАТЕЛИ

Указатель ссылок на Священное Писание — 373
Именной указатель — 377
Тематический указатель — 379

ПРЕДИСЛОВИЕ

Начиная с 1980 года старец Паисий говорил нам о наступающих тяжёлых временах. Он часто повторял, что, возможно, и нам доведётся пережить многое из того, что описано в Апокалипсисе. Своими наставлениями он стремился пробудить в нас добрую обеспокоенность, чтобы мы усилили духовную борьбу и противостали духу равнодушия, который, как было видно старцу, исподволь проникает и в недра монашества. Своими беседами старец старался помочь нам избавиться от себялюбия и победить немощи, чтобы возымела силу наша молитва. «От немощей, — говорил он, — становится немощною молитва, и потом мы не можем помочь ни себе, ни людям. Связисты приходят в негодность. А если не работают связисты, то остальных бойцов захватывает враг».

В предисловии к I тому «Слов» блаженнопочившего старца, озаглавленному «С болью и любовью о современном человеке», пояснено, каким образом появился, был собран и систематизирован материал, из которого начало складываться собрание «Слов» старца Паисия Святогорца. Настоящий II том «Слов», озаглавленный «Духовное пробуждение», включает в себя слова старца на темы, имеющие отношение к сегодняшней действительности. Эти слова призывают нас к постоянному бодрствованию и подготавливают к тем непростым ситуациям, в которых нам, возможно, придётся оказаться. Ведь нам уже пришлось увидеть то, о чём часто говорил старец: «Мы пройдём через грозы — одну за другой. Теперь несколько лет так и будем идти: общее брожение повсюду».

Настоящий II том разделён на пять частей. В первой части речь идёт об общем равнодушии и безответственности, распространившихся в нашу эпоху, и о том, что в сложившемся положении долгом сознательного христианина является помощь другим через исправление самого себя, благоразумное поведение, исповедание веры и молитву. «Я не призываю брать плакаты, — говорит старец, — но воздеть руки к Богу». Во второй части книги отец Паисий, не ограничивая читателя призывом только к одному подвигу, возжигает ревность к духовному деланию, после чего каждому остаётся соответствующая его силам и любочестию борьба, направленная к тому, чтобы жить в земном раю, то есть жизнью во Христе. В третьей части говорится о непродолжительной по времени диктатуре антихриста, которая даст христианам благоприятную возможность ещё раз, после Святого Крещения, сознательно исповедать Христа, пойти на подвиг и ещё заранее возрадоваться Христовой победе над сатаной. Как говорил старец, такой возможности позавидовали бы и святые: «Многие из святых просили бы о том, чтобы жить в нашу эпоху, чтобы совершить подвиг. Но это выпало нам... Мы недостойны — по крайней мере, призна́ем это». Для того чтобы такое нелёгкое время было прожито нами как должно, требуется особо развить в себе храбрость и дух жертвенности. О том, из какого источника следует черпать силы для преодоления любых трудностей, идёт речь в четвёртой части настоящего тома, посвящённой Божественному Промыслу, вере, доверию Богу и подаваемой от Него помощи. И, наконец, в пятой части книги подчёркнута необходимость и сила сердечной молитвы, «еже есть оружие крепкое» на попрание всё более и более расползающегося зла. Старец призывает монахов к состоянию полной боевой готовности, подобному готовности солдат в военное время. Он побуждает иноков непрестанно помогать миру молитвой и стараться уберечь от изменения подлинный дух монашества, сохранить закваску для грядущих поколений. В заключительной главе дано определение глубочайшего смысла жизни и подчёркнута необходимость покаяния.

Мерилом слов и поступков старца является, как и всегда, рассуждение. В нижеследующих главах мы увидим, что в одном случае отец Паисий не прерывает молитвы, сколь ни стучат нетерпеливые паломники клепальцем у калитки его кельи, крича: «Кончай молиться, геронда, Бог не обидится!» — а в другом — выезжает в мир, потому что его отсутствие на народной демонстрации протеста может быть неверно понято и принести вред Церкви. В какой-то ситуации старец, воспламенённый по Богу негодованием, противостаёт богохульствам, в другой же — он лишь молча молится за хулителя. Поэтому читателю не следует торопиться с выводами до тех пор, пока он со вниманием не прочитает книгу до конца. Нам следует быть особенно осторожными в использовании цитат из поучений старца, ибо вырванные из контекста они могут привести наших собеседников к ошибочным заключениям. Следует иметь в виду: поводом к тому, что говорил отец Паисий, всегда был какой-то конкретный случай или вопрос, и речь старца была обращена к конкретному человеку, спасение души которого являлось конечной целью говорившего.

Знавшие старца Паисия помнят ту нежность, которая появлялась в сердце от его слов, какими бы строгими они подчас ни были. Это происходило потому, что задачей старца всегда было уврачевать зло, а не заклеймить его стыдом. Он не ставил к позорному столбу страсть своего собеседника, но помогал ему освободить от неё душу. Поэтому одни и те же слова старца могут иметь иное и, возможно, не исцеляющее действие, если их лишить изначальной взаимосвязи с сердечной болью и любовью к собеседнику. Вместо Божественного утешения и чувства надёжности они могут всеять в сердца сомнения и страх, или же привести к крайностям. Но наш старец не был человеком односторонности или крайностей, его заботило то, чтобы добро делилось по-доброму — так, чтобы оно приносило пользу. Он, разумеется, никогда не колебался говорить истину, но говорил её с рассуждением; видя осквернение святыни, он мог быть захвачен пламенем божественного негодования; он предвозвещал те грозные события, которым предстоит произойти, но образ его поведения не вызывал страха или тревоги. Наоборот, его речь передавала тебе пасхальную надежду и радость, однако это была радость, следующая за жертвой, радость, сродняющая человека со Христом. Если же ты сроднён со Христом, если ты соучаствуешь в таинственной жизни Церкви и соблюдаешь Его заповеди, то тебе уже ничего не страшно: «ни диаволы, ни мучения». Как в своём обычном светлом и жизнерадостном тоне говорит сам старец: «Когда ты выбрасываешь из себя своё „я", в тебя бросается Христос». Задача всей духовной жизни состоит именно в этом, поэтому особое внимание отец Паисий обращает на одну из подстерегающих христианина опасностей: не развив в себе духа жертвенности, общником жизни Христовой стать невозможно. Без жертвы можно стать лишь формальным христианином, человеком, не имеющим внутренней жизни. Кого-то из читателей, возможно, смутит то, что в своих повествованиях старец часто ссылается на собственную жизнь, что он, как кажется, легко и непринуждённо рассказывает о чудесных событиях, которые ему довелось пережить. Но следует иметь в виду, что воспроизводя устную речь старца на бумаге, невозможно передать то, с каким трудом он говорил о самом себе, а также то давление, которому он ради этого подвергался. Иногда бывало и так, что старец урывками и с разными подробностями говорил об одном событии разным сёстрам, и впоследствии при возможности мы очень робко старались «выудить» из него сведения, дополняющие недостающее в его повествовании. Таким образом, старец Паисий в течение тех двадцати восьми лет, когда он духовно окормлял монастырь, открывал нам (для того чтобы нам помочь) некоторые из чудесных событий своей жизни. Это было для нас «духовным донорством». Поэтому, не видя ожидаемого духовного преуспеяния, он весьма огорчался, так что даже иногда говорил: «Я удобряю песок».

Мы благодарим всех, кто с уважением к слову старца прочитал нижеследующие поучения перед их изданием и выразил в связи с этим свои замечания, а также тех, кто своими словами о том, что учение старца обращено ко всей полноте Церкви, воодушевлял нас продолжать начатое дело.

Мы желаем, чтобы молитвами блаженнопочившего старца Паисия, который, по свидетельству многих, день и ночь следит за нами и помогает нам своей божественной любовью, его слова, собранные в настоящем томе, вселяли в нас добрую обеспокоенность, дабы мы с любочестием подвизались, а зло отступило, и на земле воцарился мир Божий. Аминь.

Успение Пресвятой Богородицы, 1999

*Игумения обители святого апостола
и евангелиста Иоанна Богослова
монахиня Филофея с сёстрами во Христе*

— Геронда, а почему Вы уходите из каливы и идёте в лес?

— Где там найдёшь безмолвие, в каливе! Один оттуда стучит, другой отсюда. На одном склоне я нашёл хорошее место. Если буду здоров, то устрою там молитвенный дзот, радар. Место очень хорошее, для лета — то что нужно, с деревьями… Смогу и на ногах стоять. Если я могу исполнять свои монашеские обязанности, то это моя радость, моя пища! Приезжайте как-нибудь!..

ВВЕДЕНИЕ
(из слов старца)

«Для того чтобы пройти в Совет Божий, надо стать „депутатом" от Бога, а не устроителем тёплых местечек для себя самого»

—Геронда[1], как Вы смотрите на то, что происходит?
— А вы как смотрите?
— Нам что сказать, геронда?.. Это Вы нам говорите.
— Меня беспокоит царящая безмятежность. Что-то готовится. Мы ещё не поняли как следует ни того, в какие годы живём, ни того, что умрём. Что из всего этого выйдет, не знаю, положение очень сложное. Судьба мира зависит от нескольких человек, но Бог ещё удерживает тормоз. Нам нужно много и с болью молиться, чтобы Бог вмешался в происходящее. Возьмёмся за это с жаром и станем жить духовно. Время очень сложное. Скопилось много пепла, мусора, равнодушия — и для того чтобы всё это улетело, нужно, чтобы сильно подуло. Старики говорили, что придёт время, когда люди станут брыкаться.

---

[1] *Ге́ронда* (от греч. γέρων — старец) — почтительное обращение к духовному лицу. — *Прим. пер.*

И вот — сносят ограды, ничего не берут в расчёт. Страшно! Наступило Вавилонское столпотворение! Прочтите молитву трёх отроков[2] и увидите, с каким смирением они молились.

И в 82-м псалме: *Бо́же, кто уподо́бится Тебе́, не премолчи́...* Вот это нужно, иначе хорошего не ждите. Требуется Божественное вмешательство.

Появляются некоторые европейские болезни и принимают всё более запущенную форму. Один глава семейства — киприот, живущий в Англии, — сказал мне: «Мы подвергаемся духовной опасности. Надо бежать из Англии со всей семьёй». Смотришь — там отец женится на дочери, там — мать на сыне... Такие вещи, что сказать стыдно. А мы спим, как суслики. Я не призываю брать плакаты, но обратить наше внимание на великую грядущую опасность и воздеть руки к Богу. Подумаем, как нам оборониться от зла. Нужно придерживать тормоз, потому что есть стремление всё сгладить, нивелировать. Сейчас время молиться словами пророка: *Положи́ кня́зи их я́ко Ори́ва и Зи́ва, и Зеве́я и Салма́на... и́же ре́ша: да насле́дим себе́ святи́лище Бо́жие*[3].

Происходит великое волнение. Такая каша, голова у народа заморочена. Народ — как пчёлы. Если ударишь по улью, то пчёлы вылетают наружу, начинают гудеть «ву-у-у...» и, взбудораженные, кружат вокруг улья. Потом они возьмут направление в зависимости от того, какой ветер подует. Если северный — возвратятся в улей, если южный — улетят. Так и народ, которому дует то «национальный северный», то «национальный южный», и у него, у бедного, заморочена голова. Однако, несмотря на это

---

[2] См. Дан. 2:21, молитва Азарии и песнь трёх отроков. (Здесь и далее все ссылки на Священное Писание по Славянской Библии.)

[3] Пс. 82:12–13. См. Суд. 7 и 8.

брожение, я чувствую в себе некое утешение, некую уверенность. Масличное дерево, может быть, и засохло, но оно даст новые побеги. Есть часть христиан, в которых почивает Бог. Есть ещё люди Божии, люди молитвы, и Добрый Бог терпит нас и снова приведёт всё в порядок. Эти люди молитвы оставляют нам надежду. Не бойтесь. Мы как этнос пережили столько гроз и не погибли. Так что же, испугаемся бури, которая должна разразиться? Не погибнем и сейчас! Бог любит нас. В человеке есть скрытая на случай необходимости сила. Тяжёлых лет будет немного. Лишь одна гроза.

Я говорю вам это не для того, чтобы вы испугались, а для того, чтобы вы знали, где мы находимся. Для нас это очень благоприятная возможность, торжество — трудности, мученичество. Будьте со Христом, живите согласно с Его заповедями и молитесь, чтобы вы смогли дать трудностям отпор. Оставьте страсти, чтобы пришла Божественная благодать. И если войдёт в нас добрая обеспокоенность (о том, где мы находимся и что нам предстоит встретить), то это нам очень поможет принять необходимые меры и приготовиться. Жизнь наша пусть будет более умеренной. Давайте жить более духовно, быть более дружными, помогать тем, у кого есть боль, помогать бедным с любовью, с болью, с добротой. Давайте молиться, чтобы появились добрые люди.

Бог укажет выход

Наилучшим образом устроит всё Добрый Бог, но необходимо многое терпение и внимание, поскольку часто, торопясь распутать клубки, люди запутывают их ещё больше. Бог распутывает с терпением. То, что происходит сейчас, продлится недолго. Возьмёт Бог метлу! В 1830 году на Святой Горе было много турецких войск, и поэтому на какое-то время в монастыре Ивирон не осталось ни одного монаха. Отцы ушли — кто со святыми мощами, кто для того чтобы помочь восстанию. Только один монах приходил издалека возжигать лампады и подметать. И внутри монастыря и снаружи было полным-полно вооружённых турок, и этот бедняжка, подметая, говорил: «Матерь Божия! Что же это такое будет?» Однажды, с болью молясь Божией Матери, он видит приближающуюся к нему Жену, светящуюся и сияющую лицом. Это была Матерь Божия. Берёт Она из его руки метлу и говорит: «Не умеешь ты хорошо подметать, Я Сама подмету». И начала подметать, а потом исчезла внутри алтаря. Через три дня ушли все турки! Матерь Божия их выгнала. То, что не по правде, Бог выбросит вон, как из глаза слезой выбрасывает соринку. Работает диавол, но и Бог работает и зло обращает на пользу, так чтобы из него получилось добро. Разобьют, например, кафель, а Бог делает из обломков прекрасную мозаику. Поэтому не расстраивайтесь нисколько, ибо над всем и над всеми Бог, Который управляет всем и посадит каждого на скамью подсудимых дать ответ за содеянное, в соответствии с чем каждый и воздаяние от Него получит. Будут вознаграждены те, кто в чём-то поможет добру, и будет наказан тот, кто делает зло. Бог в конце концов расставит всё по своим местам, но каждый из нас даст ответ за то, что он сделал в эти трудные годы своей молитвой, добротой.

Сегодня стараются разрушить веру и, для того чтобы здание веры рухнуло, потихоньку вынимают по камешку. Однако ответственны за это разрушение мы все: не только те, кто вынимает камни и разрушает, но и мы, видящие, как разрушается вера, и не прилагающие усилий к тому, чтобы её укрепить. Толкающий ближнего на зло даст за это ответ Богу. Но даст ответ и тот, кто в это время находился рядом: ведь и он видел, как кто-то делал зло своему ближнему, и не противодействовал этому. Народ легко верит человеку, умеющему убеждать.

— Люди, геронда, как звери…

— Я на зверей не жалуюсь. Видишь ли, животные не могут сделать большого зла, потому что у них нет разума, тогда как человек, далеко ушедший от Бога, становится хуже величайшего зверя! Большое зло делает. Сильный уксус делается из прокисшего вина. Другие, искусственные виды уксуса не так сильны… Страшнее, когда диавол вступит в союз с развращённым человеком, тогда он делает другим двойное зло, как и плотской помысел, когда вступит в союз с плотью, делает плоти большее зло. Для того чтобы диавол сотрудничал с таким человеком, он должен рассчитывать на него, этот человек должен сам предпочитать зло, иметь его в себе.

Впоследствии, сохрани нас Боже, эти развратители умышленно создадут нам трудности, стеснят остальных людей, монастыри. Они озлобятся на Церковь, монашество за то, что те помешают их планам. Нынешней ситуации можно противостоять только духовно, а не по-мирски. Шторм усилится ещё немного, выбросит на берег консервные банки, мусор, всё ненужное, а затем положение прояснится. И вы увидите, как в этой ситуации одни получат чистую мзду, а другие оплатят долги. Выйдет так, что переживаемые страдания не окажутся для людей непосильными, хотя, конечно, и «слава Тебе, Боже» говорить тоже не будут.

Как же любит нас Бог! Если бы то, что происходит сегодня[4], и то, что сейчас задумывают сделать, происходило двадцать лет назад, когда люди имели большее духовное неведение, то было бы очень тяжело. Сейчас люди знают:

---

[4] Произнесено в июне 1985 г. (*Далее примечания греческих издателей даются без указаний.*)

Церковь стала крепче. Бог любит человека — Своё творение — и позаботится о том, что ему нужно, только бы сам человек веровал и соблюдал Его заповеди.

«Про́клят творя́й де́ло Госпо́дне с небреже́нием…»

В старину, если кто-то из благоговейных монахов тратил время, заботясь о положении дел в мире, то его надо было запереть в башню[5]. Сейчас наоборот: благоговейного монаха надо запереть в башню, если он не интересуется и не болеет за то состояние, которое возобладало в мире. Потому что ранее те, кто управлял, имели в себе Бога, тогда как сейчас многие из тех, кто управляет, в Него не веруют. Сейчас много таких, кто стремится разложить всё: семью, молодёжь, Церковь. В наши дни интересоваться и беспокоиться за состояние, в котором находится наш народ — это исповедание, ибо государство воюет против Божественного закона. Законы, которые оно принимает, направлены против закона Бога.

Есть и настолько равнодушные люди, что и Церковь не признают Божественным установлением, и к собственному народу относятся высокомерно, но ради того чтобы самим лодырничать, говорят: «Апостол Павел говорит, что не надо интересоваться мирскими вещами» — и пребывают равнодушными. Но апостол Павел имел в виду другое. Тогда власть была у идолопоклоннических народов. Некоторые порывали с государством и веровали во Христа. Вот таким-то людям апостол Павел и говорил: «Не заботьтесь о делах мира сего»[6] — для того чтобы они отделились от мира, потому что весь мир был

---

[5] Высокое оборонительное сооружение святогорских монастырей, использовавшееся для защиты от пиратов.

[6] Ср. 2 Тим. 2:4.

идолопоклонническим. Однако с того времени, как восприял власть Константин Великий и победило христианство, сформировалось потихоньку великое христианское Предание с церквями, монастырями, искусством, богослужебным уставом и т. п. И значит, мы ответственны за то, чтобы сохранить всё это и не дать врагам Церкви этого разложить. Мне приходилось слышать даже духовников, говорящих: «Вы этим не занимайтесь!» Если бы они имели великую святость и молитвой доходили бы до такого состояния, что их ничего не интересовало, то я бы и ноги им целовал. Но сейчас они безразличны, потому что хотят быть для всех хорошими и жить припеваючи.

Безразличие непозволительно даже мирским, а уж тем более людям духовным. Человек честный, духовный не должен делать ничего с безразличием. *Про́клят творя́й де́ло Госпо́дне с небреже́нием...*[7] — говорит пророк Иеремия.

Будем помогать людям духовно

В старину шесть человек из десяти были богобоязненны, двое умеренны и двое безразличны, но и последние имели внутри себя веру. Сегодня не так. Не знаю, до чего это дойдёт. Постараемся сейчас, насколько можем, помочь людям духовно. Чтобы — как тогда, при потопе, в Ноевом ковчеге, так и сейчас, — спаслись бы некоторые, не покалечились духовно. Нужно много внимания и рассуждения: рассмотреть происходящее с разных сторон и помочь людям. Думаете, мне что ли нравится, что собираются люди, или я хотел видеть столько народу? Нет, но в том положении, в котором мы находимся, несчастным людям нужно немного помочь. Я не стал священником именно для того, чтобы не иметь дел с народом, и в конце концов

---

[7] Иер. 48:10.

я вожусь с ним ещё больше. Но Бог знает моё расположение и даёт мне больше того, что Он давал бы мне, если бы я делал то, что мне нравилось. Сколько раз я просил Матерь Божию найти мне место тихое, удалённое, чтобы мне ничего не видеть, не слышать и молиться за весь мир, но Она не слышит меня; а другие, пустяшные просьбы мои — слышит. Но вот, глядишь, и перед тем, как прийти народу, Бог привязывает меня к кровати какой-нибудь болезнью, чтобы я отдохнул. Он не даёт мне той сладости, которую я ощущал раньше в молитве, потому что я не смог бы тогда разлучиться с ней. В то время, если кто-то приходил в каливу[8], я принуждал себя выйти из этого духовного состояния[9].

Там, в каливе, я живу по распорядку других. Читаю внутри Псалтирь, снаружи стучат. «Подождите, — говорю, — четверть часа», а они кричат: «Эй, отец, кончай молиться, Бог не обидится!» Понятно, до чего доходят? И ладно, если бы приходилось отрываться ненадолго, но ведь, как выйду наружу — всё. Что успел до того времени, то и успел. В половине седьмого или в семь утра, чтобы быть спокойным, я должен уже и вечерню закончить. «Свете утренний святыя славы!» Когда вы заканчиваете утреню, я уже заканчиваю чётки за вечерню. Хорошо,

---

[8] *Кали́ва* (греч. καλύβα — хижина) — небольшой отдельно стоящий домик, где живут один или несколько монахов. В каливе обычно нет храма, и калива не имеет собственной земли. — *Прим. пер.*

[9] После напряжённого духовного состояния, пережитого преподобным Паисием (он чувствовал, что тает от любви к Богу и людям, словно свеча, находящаяся в тепле), он получил свыше извещение о том, что ему не должно отказываться от помощи людям. С того времени он отдал день в распоряжение посещавших его людей, а ночью молился о многообразных проблемах мира. Однако, когда число паломников чрезвычайно возросло, у преподобного был помысел удалиться в неизвестное место, чтобы посвятить всё своё время молитве. Тогда во второй раз он был извещён о том, что ему следует остаться в своей келье «Панагуда» и помогать людям.

если успею съесть утром антидор, потом никаких чаёв — падаю как труп. Бывало, что и на Пасху, и на Светлую седмицу держал девятый час, трёхдневки[10]. Можешь — не можешь, а надо смочь. Однажды, уж не знаю, что народу помешало приехать — возможно, шторм был на море и не пошёл корабль, — но в каливу не пришёл никто. Ах, я прожил синайский день, как тогда в пещере святой Епистимии![11] Когда на море шторм, то у меня штиль. Когда на море штиль — у меня шторм.

Конечно, у меня есть возможность удалиться куда-нибудь на безмолвие. Знаете, сколько людей предлагали мне оплатить дорогу, чтобы я поехал в Калифорнию, в Канаду? «Приезжай, — говорят, — у нас есть исихастирий[12]». Если я окажусь в незнакомом месте, то буду чувствовать себя как в раю. Никто меня не будет знать, будет свой распорядок, монашеская, как я хочу, жизнь. Но, видишь ли, демобилизация бывает только после войны. А сейчас война, духовная война. Я должен быть на передовой. Столько марксистов, столько масонов, столько сатанистов и всяких других! Сколько бесноватых, анархистов, прельщённых приходит, чтобы я благословил им их прелесть. А скольких присылают ко мне, не заставляя их задуматься; одни для того чтобы избавиться от них, другие — чтобы самим не вытаскивать змею из дыры… Если бы вы знали, как меня давят и со скольких сторон! Во рту моём горечь от людской боли. Но внутри я чувствую утешение. Если уйду, то буду считать, что ушёл с передовой, отступил.

---

[10] Воздержание от пищи и воды до 9 часа по-византийски (3 по полудни) или в течение 3 дней.

[11] В 1962–1964 гг. старец подвизался на Синае в пустынной келье святой Епистимии.

[12] *Исихасти́рий* (от греч. ἡσυχία — безмолвие) — монастырь особого типа, часто зависящий от материнской обители, а также — отдельная келья, расположенная неподалёку от материнской обители. — *Прим. пер.*

Буду считать это предательством. Так я это понимаю. Разве этого я хотел, когда начинал подвизаться, или, может быть, я монастырям хотел помогать? Я отправлялся в одно место, а оказался в другом, и как же я сейчас бьюсь! И не слышно, чтобы о том, что творится вокруг, говорил кто-то ещё. Церковь разрушают? «Ничего», — скажет кто-то. А сам дружит и с тем и другим, только бы потеплее устроиться! А что потеплее! Его самого в конце концов «устроит» диавол. Это же бесчестье! Если бы я хотел делать то, что доставляет мне удовольствие, — ах, знаете, как это было бы легко! Однако цель не в том, чтобы делать то, что устраивает меня, но в том, что помогает другому. Если бы я думал о том, как устроиться самому, то мог бы устроиться много где. Но для того, чтобы пройти в Совет Божий, надо стать «депутатом» от Бога, а не устроителем тёплых местечек для себя самого.

ЧАСТЬ ПЕРВАЯ
ОТВЕТСТВЕННОСТЬ ЛЮБВИ

«Церковь действует посредством любви, а не так, как законники. Церковь смотрит на всё с долготерпением и стремится помочь каждому, что бы он ни натворил, каким бы грешником он ни был».

ГЛАВА ПЕРВАЯ
Равнодушное поколение

*Безразличие к Богу приводит
к безразличию ко всему остальному*

— Что это там за звук такой?
— Самолёт, геронда.
— Закрой-ка окно, чтобы он ещё, чего доброго, сюда не влетел! При том одурении, до которого дошёл мир, потихоньку и до этого может докатиться! Разложилось всё: семья, просвещение, государственные службы... А они и в ус не дуют! Ничего-то не имеют в себе...

— Геронда, кто виноват в том, что мы дошли до такого состояния?

— Я говорю вообще: хочу подчеркнуть, до чего дошло безразличие. Пойди в какую-нибудь школу и увидишь, например, если окна открыты и створки бьются от ветра, то это целое дело — найтись ребёнку и закрыть их, чтобы стёкла не побились. Будут ротозейничать, глядеть, как окна бьются, мимо ходить, как будто ничего не происходит. Безразличие! Один офицер, он был ответственным на складах, рассказывал мне: «Страшно мучаюсь, чтобы найти нормального солдата караулить склад с ГСМ[1], чтобы другие его не подожгли или он сам не бросил по невниманию какого-нибудь окурка».

Дух теплохладности, мужества нет совсем! Мы вконец испортились! Как нас ещё Бог терпит? А раньше какое было достоинство, какое любочестие[2]! В войну 1940 года[3] на границе итальянцы иногда общались с нашими пограничниками и приходили навестить их на греческие заставы. И посмотрите, какое было у греков любочестие: однажды, когда итальянцы пришли на греческую заставу, греки стали им готовить кофе. Тогда один грек-офицер достаёт перед ними пачку денег, купюры по пятьдесят, по сто драхм (а тогда деньги имели цену) и бросает их в огонь на растопку, чтобы показать итальянцам, что греческое государство богато. Итальянцы от изумления язык проглотили. Вот это была жертвенность!

А сегодня и до нас дошёл тот дух, который жил в коммунистических государствах. В России, несмотря на то, что в этом году был урожай, знаете, какой будет голод![4] Не пожали пшеницу в своё время — вышли осенью жать. Жнут осенью? Да если пшеница не их собственная, то как же они будут о ней болеть и пойдут её жать! Жизнь у них — одна сплошная принудиловка. У них нет рвения создавать что-то, потому что столько лет они не созидали. И с этим расхлябанным духом, который появился, с этим равнодушием всё государство пошло ко дну. Идёт

---

[1] Горюче-смазочные материалы. — *Прим. пер.*

[2] *Любоче́стие* (греч. φιλότιμο). В современном русском языке эквивалента слову φιλότιμο нет. Небуквально его можно перевести как великодушие, расположенность к жертвенности, презрение к материальному ради нравственного или духовного идеала. Преподобный Паисий часто подчёркивает значение любочестия в духовной жизни. — *Прим. пер.*

[3] Война 1940–41 гг. между Грецией и фашистской Италией. — *Прим. пер.*

[4] Произнесено в 1990 г.

дождь, а вымолотая пшеница сушится на току. Им нет до этого дела. Пришло время уходить? Уходят, а дождь портит пшеницу.

На другой день придут в означенное время собирать то, что осталось! Тогда как если твоя собственная пшеница лежит на гумне и начался дождь — разве ты дашь ей пропасть? Спать не будешь, чтобы её спасти. И тогда от усталости ты будешь чувствовать радость, ликование.

Безразличие к Богу приводит к безразличию ко всему остальному, приводит к распаду. Вера в Бога — великое дело. Человек служит Богу, а затем любит своих родителей, свой дом, своих родных, свою работу, свою деревню, свою область, своё государство, свою Родину. Тот, кто не любит Бога, своей семьи, тот не любит ничего. И естественно, что Родины своей он тоже не любит, потому что Родина — это большая семья. Я хочу сказать, что всё начинается с этого. Человек не верит в Бога и не считается потом ни с родителями, ни с семьёй, ни с деревней, ни с Родиной. Вот это как раз и хотят сейчас разложить, для чего и насаждают это состояние расхлябанности. Мне написал один полицейский: «Не могу приехать, потому что навалилось много работы. Нас в районе осталось двое, тогда как должно быть восемь». Слышишь, что творится! Нет бы добавить ещё двоих, так нет же — они всего двоих оставляют!

Но, к счастью, есть и исключения. Однажды пришёл один отец и говорит мне: «Помолись за А́нгелоса[5], а то его убьют». Я его сына знал ещё малым ребёнком, а теперь уже он был в армии на срочной службе. «Почему, — спрашиваю, — что случилось?» Он говорит: «Однажды он увидел, как другие солдаты, вместо исполнения своих служебных обязанностей, играли в карты. Он сделал им

---

[5] То есть за его сына, которого зовут А́нгелос. — *Прим. пер.*

замечание, его не послушали. Потом он подал на них рапорт, тогда один из тех, что играли, стал угрожать, что убьёт его». — «Слушай, — говорю, — убить-то он его не убьёт. Но я буду молиться, чтобы Ангелоса не отдали под трибунал за то, что он не играл в карты!»

А услышав о другом событии, я сказал: «Слава Богу, есть ещё греки, которые болеют за свою Родину». Один лётчик, когда турецкие самолёты нарушили границу, попытался их немного обогнать, чтобы сделать фотоснимок в доказательство того, что они нарушили границу. Другой пилот кричал ему по рации: «Оставь ты его!» — но тот настаивал, старался… У турка самолёт был больше, и летел он быстрее, и вёл он самолёт очень низко, так что грек, бедный, влетел в море! А есть такие, что только прогулками на самолёте занимаются! Вот ведь как отличаются люди друг от друга!

Человеку необходимо войти в смысл добра, почувствовать его необходимостью, иначе будет одна сплошная расхлябанность. Попробуй пошли кого-нибудь из-под палки воевать! Он будет стараться оттуда убежать да отсюда улизнуть. Однако, поняв, какое зло принесёт враг, сам потом пойдёт и запишется добровольцем.

Сегодня люди вращаются вокруг самих себя

Раньше у меня на Родине, в Фа́расах, говорили: «Если у тебя есть работа, то не оставляй её на завтра. Если у тебя есть хорошее кушанье, то оставь его на завтра — может прийти гость». Сейчас думают так: «Работу оставим, может, завтра придёт кто-нибудь и нам поможет. А хорошее кушанье давай-ка съедим сами сегодня же вечером!» Большинство людей нынче вращаются вокруг себя, думают только о себе самих. Предположим, пошёл проливной дождь. Вот увидите: большинство из вас подумают о том, не развешено ли у них бельё, и побегут его снимать. Плохого в этом нет, но дальше этого они не идут. Бельё, если и намокнет, высохнет снова. А каково тем, кто в это время молотит на току? Больно ли вам за них, помолитесь ли вы за них? Или в грозу, когда сверкают молнии, ещё вопрос, найдутся ли пять-шесть душ, чтобы вспомнить о тех бедолагах, что работают на поле, или о тех, кто держит теплицы. То есть человек не думает о другом человеке, не выходит из своего «я», но постоянно вращается вокруг себя самого. Однако, вращаясь вокруг себя, он имеет своим центром себя, а не Христа. Он вне той оси, которая есть Христос. Если человек хочет достигнуть того, чтобы думать о ближнем, то его ум должен быть сначала утверждён во Христе. Тогда он думает и о ближнем, а потом думает и о животных, и о всей природе. Его «радиостанция» включена, и как только приходит сигнал — он спешит на помощь. Если же ум его не во Христе, то не работает его сердце, и поэтому он не любит ни Христа, ни ближнего, ни тем более природу — животных, деревья, растения. Если вы будете вести себя так, как сейчас, то как вам дойти до общения с животными, с птицами?! Если птица упадёт с крыши, то вы будете её кормить, но если не упадёт, то вы об этом и не подумаете. Я вижу птиц и говорю: «Надо их, бедных, покормить!» — сыплю крошки и водичку ставлю, чтобы они попили. Вижу на деревьях больные ветви, тут же хочу их обрезать, чтобы они не заразили других ветвей. Или бьётся, хлопает дверь, окно — ум мой идёт туда. Себя, если мне что-то нужно, забуду, но погляжу: не поломалась бы дверь, окно, не было бы какого вреда. О себе я думаю между делом. Если кто-то думает и болеет о творениях, то насколько больше он думает об их Творце! Если же человек не ведёт себя так, то как он придёт в согласие с Богом?

И ещё: выходя на улицу, бросьте взгляд вокруг. Может быть, кто-то или по невниманию, или по злобе (желаю, чтобы никто не делал зла) что-то бросил, и занялся огонь, поэтому поглядите. Это тоже относится к духовной области, потому что и в этом взгляде присутствует любовь. Я, когда выхожу из каливы, погляжу вниз, погляжу на крышу, понюхаю, не пахнет ли горелым. Другое дело, если у тебя такая вера, что если начнётся пожар и ты станешь молиться, то пожар потухнет. Если же такого нет, то надо действовать и по-человечески. Или, когда вдали слышится грохот, я прислушиваюсь, что это: пушка, учения идут, что-то подрывают? Туда сразу же направляется мой ум, и я начинаю молиться о происходящем. С тем, кто безразличен к себе от любви к другим, пребывает великое Божие попечение, и все люди заботятся о нём.

Но сегодняшнее поколение — это поколение равнодушия! Большинство только для парада и годится. Если что-то случится, то не скажи им «Обороняйтесь!» Впрочем, ведь и парадов сейчас не хотят! Раньше ходили на парады, слушали марши, у них внутри что-то трепетало. Сегодня среди нас, греков, есть расхлябанность. Конечно, другим народам ещё хуже, потому что у них нет идеалов. Видишь ли, у греков есть целая куча недостатков, но есть и дар от Бога — любочестие и удальство. Всё-то им праздник! У других народов и слов-то таких в словаре нет.

Мы ответственны[6]

Пришёл ко мне в каливу один атеист до мозга костей. Наговорил всякого, а потом заявляет: «Я иконоборец». Вот так начал с того, что ни во что не верил, а дошёл аж до иконоборчества! «Ах ты, говорю, — безбожник, — да коли

---

[6] Произнесено в 1992 г.

ты ни во что не веришь, тогда зачем говоришь мне, что ты иконоборец? Во времена иконоборчества[7] некоторые христиане от чрезмерной ревности впали в прелесть, дошли до другой крайности, и потом Церковь расставила всё по своим местам. Не было такого, чтобы они не верили». И, между прочим, этот атеист одобрял всё сегодняшнее положение вещей. Поругались мы с ним. «Да, хорошо, — говорю, — что же это за дела? Судьи боятся судить. Люди подают иски на преступников, но потом истцам угрожают, и им приходится брать иски назад. И кто, в конце концов, всем этим заправляет? Тебе что, нравится такое? Одобряешь их? Да ты сам преступник! За этим ты пришёл? А ну давай отсюда!» Выгнал я его.

— Геронда, не боитесь Вы, что так говорите?

— Чего мне бояться? Могилу я себе уже выкопал. Если бы не выкопал, то меня беспокоило бы, что кому-то другому придётся тратить силы и копать. А сейчас надо будет только несколько жестянок земли бросить…

Знаю ещё одного безбожника, хулителя, которому дают выступать по телевидению, несмотря на то что он произнёс самые хульные слова на Христа и на Матерь Божию. И Церковь молчит и не отлучает этих богохульников. Церкви надо было бы отлучать таких. Отлучения, что ли, жалко?

— Геронда, а что они поймут, если их отлучат, раз они всё равно ничего не признают?

— По крайней мере, будет видно, что Церковь выражает своё мнение.

---

[7] *Иконоборчество* — христианская ересь, более ста лет (726–843 гг.) сотрясавшая Византийскую империю и на время утихшая после VII Вселенского Собора (787 г.). Второй этап иконоборчества, начатый императором Львом V Армянином, был прекращён при святом патриархе Мефодии в 843 г. Иконоборцами называются христиане, не воздающие чести святым иконам.

— Молчание, геронда, это всё равно что признавать такое?

— Да. Один написал что-то хульное о Божией Матери, и все молчали. Говорю одному: «Не видишь, что пишет такой-то?» — «Э, — говорит, — что с ним сделаешь? Замараешься, если свяжешься с ними». Боятся говорить.

— А чего он испугался, геронда?

— Боится, чтобы про него ничего не написали, чтобы не выставили его перед всеми, и терпит хулу на Божию Матерь! Давайте не будем ждать, пока кто-то другой вытащит змею из дыры, чтобы мы оставались в покое. Это недостаток любви. Потом человеком начинает двигать расчёт. Потому и распространён сейчас такой дух: «Давайте с таким-то будем в хороших отношениях, чтобы он нас хвалил. А с тем-то давайте дружить, чтобы он нас не опозорил, чтобы нас не считали дурачками, чтобы нам не пасть жертвами!» А кто-то молчит от безразличия. «Промолчу, — думает, — чтобы про меня в газетах не написали». То есть большинство абсолютно безразлично. Сейчас ещё что-то маленько начало меняться, а ведь столько времени никто ничего не писал. Давно, много лет назад, я накричал на одного человека на Святой Горе. «Патриотизма у тебя больно много», — сказал он мне тогда. А недавно он приехал, нашёл меня и начал: «Всё разложили: семью, воспитание…» Вот когда пришла моя очередь ответить ему его же словами. «Патриотизма, — говорю, — у тебя больно много!»

Всё это положение дел привело к чему-то плохому и к чему-то хорошему. Плохо то, что даже люди, что-то имевшие внутри себя, стали делаться равнодушными и говорить: «Разве я смогу изменить ситуацию?» А хорошее то, что многие начали задумываться и меняться. Некоторые приезжают, находят меня и стараются найти оправдание какому-то злу, которое они сделали раньше. Это потому, что они задумались.

— То есть, геронда, мы должны всегда исповедовать свою веру?

— Необходимо рассуждение. Есть случаи, когда не нужно говорить вслух, и есть случаи, когда мы должны с дерзновением исповедовать нашу веру, потому что если мы промолчим, то понесём ответственность. В эти трудные годы каждый из нас должен делать то, что возможно по-человечески, а то, что по-человечески невозможно, оставлять на волю Божию. Так наша совесть будет спокойна, потому что мы делали то, что могли. Если мы не противостанем, то поднимутся из могил наши предки. Они столько выстрадали за Отечество, а что делаем для него мы? С православной Элладой, её преданием, её святыми и её героями воюют сами греки, а мы молчим! Это же страшно! Я сказал одному: «Почему вы молчите? Куда годится то, что творит такой-то?» Он отвечает: «А что говорить? Он же весь провонял». — «Если он весь провонял, то почему вы молчите? Всыпьте ему!» Ничего подобного, его оставляют в покое! Одному политику я устроил выволочку. «Скажи, — говорю, — „я с этим не согласен!“ Это будет по-честному! Ты что же, хочешь, чтобы было удобно тебе, а всё остальное пусть разоряют?»

Если христиане не станут исповедниками, не противостанут злу, то разорители обнаглеют ещё больше. Если же христиане противостанут, то те ещё подумают. Но и теперешние христиане не бойцы. Первые христиане были крепкие орешки: они изменили весь мир. И в византийскую эпоху — если из церкви забирали одну икону, то народ противоставал. Христос претерпел распятие для того, чтобы нам воскреснуть, а мы безразличны! Если Церковь молчит, чтобы не вступить в конфликт с государством, если митрополиты молчат, чтобы быть со всеми в хороших отношениях, потому что им помогают с гуманитарными учреждениями и т. п., если и святогорцы молчат, чтобы их не лишили экономической помощи[8], тогда кто же будет говорить? Я сказал одному игумену: «Если вам заявят, что прекратят выплаты, тогда вы ответьте, что со своей стороны прекратите странноприимство[9], чтобы они почесали в затылках». Преподаватели богословия тоже сидят тише воды. «Мы, — говорят, — государственные служащие: лишимся зарплаты и как потом будем жить?» Монастыри, между прочим, ещё и на пенсиях подловили. А почему я не хочу брать даже этой скромной пенсии ОГА[10]? Даже если монах застрахован у них по страховке ОГА, это всё равно нечестно. Если он у них застрахован как неимущий — тогда да, это делает ему честь, но в ОГА его страховать к чему? Монах оставил большие пенсии, ушёл из мира, пришёл в монастырь — и опять ему платят пенсию! И до того дойдём, что ради пенсии предадим Христа!

— Геронда, а как быть, если, к примеру, монахиня проработала сколько-то лет учительницей и теперь имеет право на пенсию?

— Это ещё куда ни шло. Но я тебе вот что скажу: если она и эту пенсию куда-нибудь отдаст, то Христос ей даст хорошую пенсию!

---

[8] Старец имеет в виду экономическую помощь (или т. н. выплату за метохи), то есть определённую денежную сумму, которую греческое государство обязалось ежегодно выплачивать священным монастырям Святой Горы Афон с 1924 г. Тогда святогорские монастыри отдали свои метохи (хозяйственные подворья), бывшие для них источниками масла, пшеницы, вина и прочих доходов, беженцам-грекам из Малой Азии.

[9] Общежительные монастыри Святой Афонской Горы бесплатно принимают на ночлег паломников и туристов. — *Прим. пер.*

[10] ОГА (Ὀργανισμός Γεωργικῶν Ἀσφαλίσεων) — страховое общество для лиц, занимающихся сельскохозяйственной деятельностью. — *Прим. пер.*

Я вижу, что нас ожидает, и поэтому мне больно

Годы проходят, и какие тяжёлые годы! Трудности ещё не закончились. Котёл бурлит. И если кто-то не укреплён, то как он поведёт себя, оказавшись в сложной ситуации? Бог не сотворил людей неспособными к преуспеянию. Нам нужно возделать в себе любочестие. И если вправду, Боже сохрани, начнётся тряска, многие ли устоят на ногах? Перед войной сорокового года в Конице[11] рядом с моей столярной мастерской был рынок, на который из деревень привозили кукурузу, пшеницу и т. п. Когда бедные крестьяне привозили продавать кукурузу на рынок, то некоторые «богатые» (а какие они были богатые? — так, получали в банках какие-то проценты) пинали её ногой и спрашивали: «Почём?» Когда пришла война и им самим пришлось всё распродать, то один улыбался: «День добрый!» — другой вежливо спрашивал: «Нет ли у тебя кукурузы?» Поэтому сейчас благодарите Бога за всё. Постарайтесь быть мужественными. Подтянитесь немножко. Я вижу, что нас ожидает, и поэтому мне больно. А знаете, что переносят христиане в других странах?[12] В России — на каторгах! Такие трудности! Какие там духовные книги! Албанию даже не берём в расчёт! Есть нечего. Не оставили ни церквей, ни монастырей. Имена и те поменяли, потому что не хотели, чтобы слышались христианские имена. Даже в Америке: православных немного, они рассеяны по разным местам и знаете, как мучаются? Если нет поблизости православной общины, то на поезде часами едут в какую-нибудь даль для того, чтобы побыть на службе. Чтобы посоветоваться о какой-нибудь проблеме,

---

[11] *Ко́ница* — городок в северо-западной Греции, в котором прошли детские и юношеские годы преподобного Паисия. — *Прим. пер.*

[12] Произнесено в мае 1987 г.

приезжают на Святую Гору! Поэтому этот расхлябанный дух, который живёт в Греции, есть великая неблагодарность.

Скольких святых явит Бог в бывших коммунистических странах! Мученики! Они решились на смерть. Высокие должности занимали и не соглашались с законами, когда те были противны Божию закону. «Я не согласен; убейте меня, посадите меня в тюрьму», — говорили они, чтобы не совратились и другие. А у нас многие без принуждения проявляют такое безразличие. Если бы они знали, что такое трудности, война или лихолетье, то смотрели бы на вещи по-другому. Потому что сейчас как будто ничего не происходит. Это как если бы человек, скажем, на лето прилетал бы из Австралии в Грецию, а осенью, когда в Австралию приходит весна, улетал обратно. Из весны в весну, а зимы не видит. Даже и не знает, какая она, зима; ни ненастья, ничего такого не ведает.

— Геронда, как помочь равнодушному человеку?

— Надо заставить его по-доброму обеспокоиться, озадачить его, чтоб он сам захотел себе помочь. Для того чтобы дать другому воды, надо, чтобы он жаждал. Попробуй, заставь есть того, у кого нет к тому охоты, — да его вырвет. Если другой человек чего-то не хочет, то я не могу лишить его свободы, свободного произволения.

Оправдания неведению нет

— А может быть, геронда, некоторые равнодушны по неведению?

— Какое там ещё неведение! Я тебе расскажу о неведении: филолог с Халкидики[13] не знал, что такое Святая

---

[13] *Халкидики* — полуостров и административная единица в северо-восточной Греции площадью 2918 км². Одной из трёх оконечностей полуострова

Гора! Один немец, учитель, рассказал ему о Святой Горе, и они приехали вместе. Немец, хотя и был протестантом, знал, сколько на Святой Горе монастырей, и даже где какие святые мощи. Есть оправдание такому неведению? Другой житель Халкидики получил совет приехать ко мне за помощью от своего знакомого из Америки. Из Америки! Сейчас ещё расскажу: пришёл ко мне в каливу один из Флорины[14]. «Ты из самой Флорины?» — спрашиваю. «Да, — отвечает он, — из самой». — «У вас там, — говорю, — митрополит хороший». — «Он в какой команде играет?» — спрашивает. Думал, что это футболист! Так он был на футболе помешан, что даже своего владыку не знал. Уж Кандиотиса[15], по крайней мере, все знают. Такому неведению оправдания нет.

Нет, сегодня в мире нет оправдания неведению. Не хватает доброго расположения, любочестия. Тот, у кого есть доброе расположение познать Христа, познает Его, обратится к Нему. И пусть рядом с ним не окажется ни богослова, ни монаха, и он не услышит слова Божия, но если у него есть доброе расположение, то поводом для его обращения станет или какая-нибудь змея, или зверь, молния, наводнение, или какое-нибудь другое событие. Бог поможет ему. Один юноша-анархист из Греции поехал в Германию. Там его посадили в исправительный дом, потому что он связался с наркотиками и т. п. Ничего ему не помогало. Кто-то в исправительном доме

Халкидики является Святая Гора Афон. На автомобиле из конца в конец Халкидики можно проехать за 2 часа, т. е. неведение греческого филолога можно сравнить с неведением филолога из Подмосковья, не знающего, что такое Троице-Сергиева Лавра. К сожалению, такие случаи тоже встречаются. — *Прим. пер.*

[14] *Фло́рина* — город в северо-западной Греции. — *Прим. пер.*

[15] *Августин (Кандио́тис)* (1907–2010) — митрополит Флорины с 1967 по 1999 г. Имя этого ревностного архипастыря, автора многих духовных книг и пламенного проповедника, широко известно во всей Греции. — *Прим. пер.*

дал ему Евангелие. Он прочитал его и тут же изменился. Решил: «Поеду в Грецию, там православие». Вернулся в свою деревню, родня насела, чтобы его женить. Женили, появился ребёнок. Молодой отец читал Евангелие, ходил в церковь, в праздники не работал. Другие, видя, что он так живёт, говорили: «Он из-за чтения Евангелия поехал рассудком, сошёл с ума». Жена скоро его бросила, забрала с собой и ребёнка. Когда ушла жена, то он оставил всё, что у него было там, в деревне: угодья, трактор — всё, что имел, и ушёл в пещеры подвизаться. Один духовник сказал ему: «Ты должен сперва найти свою жену, всё уладить с ней, а потом уже решить, что тебе делать». Что же, поехал он в Салоники искать жену. Он верил, что раз ему так сказал духовник, то Христос ему её явит. В Салониках Христос не явил ему жены. Познакомился он, между прочим, с какими-то немцами, научил их вере, и один из них крестился. Эти немцы взяли ему билет до Афин, но и там жена не обнаружилась. Немцы опять купили ему билет, и он поехал на Крит. Устроился там на какую-то работу и пошёл к одному духовнику. Тот, услышав о его проблеме, говорит: «А твоя жена и твой ребёнок, случайно, не так-то выглядят? Приехала недавно одна женщина и где-то здесь работает». И описал пришедшему в точности его жену. «Должно быть, она», — говорит тот. Духовник уведомил жену. Та, как только увидела мужа, оцепенела. «Ты меня, — говорит, — при помощи колдовства нашёл. Ты колдун». Оставила его и убежала, прежде чем он успел что-либо сказать, и опять он её потерял. Узнал он и обо мне и пришёл ко мне в каливу. Постучал один раз и ждал, а пока я открывал, отошёл в сторонку и делал поклоны. Одежда на нём была поношенная. Рассказал он мне всё. У меня было немного сухих смокв, и я ему их дал. «У меня зубов нет», — говорит он. «У меня, — говорю я, — тоже нет». — «А тебе, — спрашивает он, — больно? Мне больно. Из боли рождается радость Христова». — «Может, тебе какую-нибудь майку дать?» — спрашиваю. «У меня, — говорит он, — есть две. Как потеплеет, одну отдам». Я говорю: «Смотри, побереги своё здоровье, пока ты всё не уладишь и не договоришься с женой, потому что ты и за ребёнка несёшь ответственность». Какая же самоотверженность! Какая вера! А ведь ему не было ещё и двадцати семи лет. И где бы ему было узнать монашескую жизнь? Он имел совершенное неведение, но и доброе расположение у него было, Бог помог ему, и он глубоко по-евангельски преуспел.

Потому я и говорю, что неведение сегодня не оправдывается ничем. Только умственно неполноценный человек или малое дитя извиняются в своём неведении. Но сегодня и малые дети хватают всё на лету! Итак, если человек хочет, есть много возможностей для того, чтобы познать истину.

ГЛАВА ВТОРАЯ
О том, что само присутствие христианина есть уже исповедание веры

— Геронда, есть ли прок от различных движений протеста со стороны христиан?

— Само присутствие христианина — это уже исповедание веры. Возможно, что кто-то больше помог бы молитвой, но его молчанием воспользуются и скажут: «Такой-то и такой-то не выразили протеста, следовательно, они на нашей стороне, они согласны с нами». Если кто-то не начнёт воевать против зла — то есть не начнёт обличать тех, кто соблазняет верующих, — то зло станет ещё больше. А так маленько ободрятся верные. И тем, кто воюет с Церковью, будет потруднее. Церковь — это не их прогулочный катер, она — корабль Христов. Эти люди заслуживают осуждения. Их единственный интерес — иметь большую зарплату, роскошную машину, бегать по развлечениям... А потом они принимают законы о гражданском браке[1], узаконивают аборты. Конечно, Бог не попустит торжествовать злу, но речь сейчас идёт не об этом.

И эти богохульные фильмы они показывают, чтобы осмеять Христа. Они делают это для того, чтобы сказать:

---

[1] До середины 1980-х гг. в Греции официально признавался только церковный брак. — *Прим. пер.*

«Посмотрите, вот каким был Христос! Мессия придёт сейчас!» — и потом явить своего «мессию». Они ведут дело к тому.

— А люди, геронда, этому верят и портятся!

— Портится испорченный. А верит он в это потому, что хочет оправдать то, чему оправдания нет, и успокоить свой помысел. Всеми этими богохульствами стремятся оправдать нравственные бесчинства. Они перешли уже все границы. Верующие подали иск, потому что фильм «Последнее искушение Христа»[2] оскорбляет веру, а прокуроры говорят: «Ничего страшного!» О таких богохульствах и слуху-то никогда не было! Для нас протест против этой богохульной картины был исповеданием веры. Но, конечно, и что-то хорошее от всех этих богохульств происходит: плевелы отделяются от пшеницы, мир просеивается, как сквозь решето.

— Геронда, не следует ли в одних случаях защищаться, будь то лично или сообща, а в других нет? Например, когда Вас назвали еретиком, Вы ответили, а на другие обвинения промолчали.

— Так святые отцы говорят, а не я. Любое другое обвинение помогает мне в духовной жизни, тогда как обвинение в еретичестве отлучает меня от Христа[3].

---

[2] Снятый Мартином Скорцезе богохульный фильм «Последнее искушение Христа» в 1988 г. непродолжительное время демонстрировался в афинских кинотеатрах и вызвал бурю протестов со стороны верных чад Элладской Церкви, которые требовали запретить его показ. Старец, несмотря на боль, которую он терпел тогда от грыжи, приехал вместе с другими святогорцами с Афона в Салоники, где принял участие в митинге протеста, воодушевляя верующих своим присутствием.

[3] См. Достопамятные сказания о подвижничестве святых и блаженных отцов. Об авве Агафоне, п. 5.

Народ стараются усыпить

— Геронда, а как людям исправиться при всём том, что происходит в мире?

— Тот, кто хочет исправиться, исправляется от пустяков. Например, качается лампада или же его самого тряхнёт как следует во время землетрясения, и таким образом этот человек приходит в себя. А неверующие, слыша, что будет война или какая-то катастрофа, делаются ещё хуже и говорят: «А ну давай повеселимся, всё равно умирать». И ударяются в полный разгул. А в прежние времена даже и равнодушные люди, узнав, что будет война, приходили в себя и изменяли свою жизнь. Сейчас таких очень мало. В прошлом наш народ жил духовно, поэтому Бог благословлял его, и святые чудесным образом нам помогали. И мы побеждали наших врагов, которые всегда превосходили нас числом. Мы говорим сейчас, что мы православные, однако, к сожалению, часто мы носим лишь имя православных, но не живём православной жизнью.

Я спросил одного духовника, занимающегося с целой кучей духовных чад общественной деятельностью: «Знаешь что-нибудь о богохульном фильме?» Он мне ответил: «Не знаю ничего». Не знал ничего, а ведь сам в большом городе служит. Они усыпляют народ, чтобы он не волновался и развлекался. Смотри, ни в коем случае не скажи, что будет война или что будет Второе пришествие и потому нам надо готовиться, смотри, чтобы люди ни в коем случае не разволновались! Всё равно что те старухи, которые, словно их и не ждёт смерть, причитают: «Не говори о смерти, только о праздниках да о крестинах» — и испытывают таким образом ложную радость. А если бы они задумались о том, что старичок, живший неподалёку, умер вчера, что другой находится при смерти и тоже умрёт, что послезавтра будет панихида по кому-то, кто был намного моложе их, то они бы думали о смерти и говорили бы: «Надо мне поисповедоваться, надо мне готовиться духовно, потому что, быть может, и меня скоро призовёт Христос в иную жизнь». В противном случае приходит смерть и забирает их неготовыми. А другие от ложно понимаемой доброты говорят: «Не говорите еретикам, что они в прелести, чтобы показать нашу любовь к ним» — и так уравнивают всё. Да живи они в первые годы христианства, мы не имели бы ни одного святого! Христианам говорили тогда: «Только брось ладану на огонь, а от Христа не отказывайся». Христиане этого не принимали. «Сделай лишь вид, что бросаешь». Не принимали. «Не говори о Христе и уходи, куда хочешь, свободный». Христиане и этого не принимали. А сегодня видишь, что народ замешан на воде. Закваска не та.

— Геронда, апостол Павел, говоря: *Плод же духо́вный есть любы́, ра́дость...*[4], имеет в виду то, что радость есть доказательство правильной жизни?

— Да, потому что есть мирская радость и есть божественная радость. Когда что-то недуховно, нечисто, то в сердце не может быть истинной радости и мира. Радость, которую испытывает духовный человек, — это не та радость, за которой многие сегодня гонятся. Не надо путать разные вещи. Имели ли святые радость в том её виде, что ищем мы? Матерь Божия имела такую радость? Христос — смеялся ли Он? Кто из святых прожил эту жизнь без боли? У какого святого была такая радость, к которой стремятся многие христиане нашего времени, не хотящие и слышать ничего неприятного, чтобы не расстроиться, не потерять своей безмятежности? Если я избегаю волнений ради того чтобы быть радостным, ради того чтобы не нарушать своего покоя, ради того чтобы быть мягким,

---

[4] Гал. 5:22.

то я равнодушен! Духовная кротость — это одно, а мягкость от равнодушия — это другое. Некоторые говорят: «Я христианин и поэтому должен быть радостным и спокойным». Но это не христиане. Вам понятно? Это равнодушие, это радость мирская. Тот, в ком присутствуют эти мирские начала, — не духовный человек. Духовный человек — весь сплошная боль, то есть ему больно за то, что происходит, ему больно за людей. Но за эту боль ему воздаётся божественным утешением. Он чувствует боль, но чувствует в себе и божественное утешение, потому что Бог из рая бросает в его душу благословения, и человек радуется от божественной любви. Вот что такое радость, духовная радость — невыразимая и заливающая сердце.

Пример говорит сам за себя

— Геронда, должны ли люди, живущие духовной жизнью в миру, показывать перед неверующими, что они постятся?

— Если речь идёт о постах, установленных нашей Церковью, — среде, пятнице, многодневных постах, то должны, потому что это исповедание веры. Однако другие посты, совершаемые от подвижничества ради любви ко Христу или для того чтобы была услышана наша молитва о каком-то прошении, должны совершаться втайне.

Цель в том, чтобы православно жить, а не просто православно говорить или писать. Потому и видишь, что если у проповедника нет личного опыта, то его проповедь не доходит до сердца, не изменяет людей.

— А если, геронда, слушающий или читающий имеет доброе расположение?

— Э, тогда он уже имеет Божественную благодать, и пользу получает именно поэтому. Однако тот, у кого нет доброго расположения, станет разбирать сказанное проповедником и никакой пользы не получит. Православно думать легко, но для того чтобы православно жить, необходим труд.

Как-то раз один богослов в своей проповеди призвал людей идти сдавать кровь, потому что в этом была необходимость. И действительно: многие были побуждены его проповедью и сдали много крови. Сам он, однако, не сдал ни капли, хотя крови у него, прямо скажем, хватало с избытком. Люди соблазнились. «Я, — сказал им тогда богослов, — своей проповедью побудил народ к сдаче крови, и это всё равно, как если бы я сдал крови больше всех!» Так он успокаивал свой помысел. Да лучше бы ему было не проповедь произносить, а пойти и без шума сдать немного крови самому!

Достоинство имеет образ жизни. Один человек, совсем не имевший связи с Церковью, сказал мне: «Я из правых». — «Да раз ты себя крестом не осеняешь, что толку в этом?» — ответил я ему. «Что толку в том, что рука считается правой, если она не совершает крестного знамения? Чем она отличается от левой, которая не совершает крестного знамения, ведь, как ни крути, она его тоже не совершает. Если ты из правых, а крестного знамения не делаешь, то чем ты отличаешься от левых? Цель в том, чтобы ты был человеком духовным, чтобы ты жил близ Христа. Тогда ты поможешь и другим».

Если человек ведёт правильную жизнь, то его дело говорит само за себя. В одном городе жил протестант, который осуждал всех: и священников, и владык. А в монастыре неподалёку подвизался один монах. Однажды какой-то атеист спрашивает протестанта: «Ну, ладно, вот всех владык, всех попов ты осуждаешь. А вот об этом монахе что скажешь?» — «С этим монахом, — говорит, — я считаюсь, потому что он не такой, как они». Как же помогает другим человек верующий, где бы он ни был, если сам он живёт правильно! Помню, один мой знакомый полицейский служил на границе с Югославией. С другой стороны были сербы-коммунисты, и не простые, а из самых безбожных, из самых доверенных членов партии. Когда границу переходили священники, этот полицейский целовал им руку. Коммунисты это заметили. «Грек-полицейский, а целует руку у сербов-попов!» Это оказало на коммунистов большое впечатление, и они задумались о вере.

А как помогают другим те, кто занимает какой-то ответственный пост и при этом хранит верность христианским принципам! Потому и я, когда приезжают некоторые «большие» люди, стараюсь увидеться с ними, чтобы помочь им, потому что они своим примером могут подействовать на других очень благотворно. Вот один маршал, которого я знаю, — это образец. Что он ни делает, всё идёт изнутри, от сердца, не внешне. Другие, видя его, задумываются и исправляются.

А в былые времена и поместная знать имела добрые начала, имела веру. Знаете, что в одном городе сказала некая знатная дама какому-то члену парламента? Она со своим супругом была на обеде. Шёл Успенский пост, а подавали мясо, рыбу... Знатная дама постилась и поэтому не ела. Депутат заметил это и говорит: «Немощные и путешествующие поста не держат». — «Ну конечно, — ответила она, — и особенно те, кто на колёсах путешествуют». Так и не притронулась к скоромному. На обеде среди других был и один клирик, который обратился к ним с приветственной речью: «Для меня великая честь присутствовать вместе с вами» и т. д., говорил-говорил, наговорил целую кучу похвал. Тогда муж этой дамы его прерывает и говорит: «*Не надѣйтеся на кня́зи, на сы́ны человѣ́ческия, в ни́хже нѣсть спасе́ния...*»[5] Потому что этот клирик хотел перед ними сподхалимничать. А в другой раз та же самая

---

[5] Пс. 145:3.

дама сказала одному университетскому профессору богословия: «Не придирайтесь к мелочам и не заваливайте батюшек на экзаменах. Старайтесь, чтобы они их сдавали, потому что в епархиях не хватает священников!» Я хочу сказать, что раньше поместная знать болела за Церковь, была для народа образцом.

Сегодня положительное влияние на людей окажет наш собственный христианский пример и наша христианская жизнь. Христиане должны отличаться духовным удальством и благородством, жертвенностью. Поэтому я говорю мирянам: «Любите Христа, имейте смирение, выполняйте свой долг — и Христос явит вашу добродетель перед людьми». У добродетели есть правило: «выдавать» человека, где бы он ни находился. Даже если он спрячется или прикроется Христа ради юродством, добродетель выдаст его, хотя бы и позже. И накопленное им сокровище, которое откроется тогда во всей полноте, ещё раз поможет многим душам и, может быть, тогда оно поможет им больше.

Бог терпит нас

Сейчас Бог терпит то, что происходит. Терпит для того, чтобы злой человек не смог оправдаться. В некоторых случаях Бог вмешивается Сам и немедленно, в других же случаях Он ждёт и не указывает выхода сразу. Он ждёт от людей терпения, молитвы, борьбы. Какое же у Бога благородство! Иного человека взять: сколько народу перерезал на гражданской войне, а до сих пор жив! В иной жизни Бог скажет ему: «Я дал тебе жить больше, чем добрым». Смягчающих вину обстоятельств у такого человека не будет.

— Геронда, а почему иногда такие люди, будучи тяжело больны, не умирают?

— Видимо, у них есть тяжкие грехи, потому и не умирают. Бог ждёт, может быть, они покаются.

— А как же люди, которых они мучают?

— Те, кто не виновны и мучаются, откладывают на сберкнижку. Те, кто виновны, погашают долги.

— Геронда, что значит *лука́вии же челове́цы и чароде́е преуспе́ют на го́ршее, прельща́юще и прельща́еми*[6]?

— Гляди: есть люди с неким эгоизмом, и Бог даёт им по затылку, чтобы они спустились пониже. У других людей эгоизма чуть побольше, и Бог даёт им по затылку, чтобы они спустились ещё пониже. Однако тех, у кого есть сатанинская гордость, Бог не трогает. Может казаться, что эти люди процветают, но какое это процветание? Это чёрное процветание. И потом они падают не просто вниз, но прямо в бездну. Боже сохрани!..

Защищённость праведного

— Геронда, в одной стихире поётся: «Я́ростию подви́гшеся пра́веднейшею»[7]. Какая ярость или гнев являются праведнейшими?

— Вопиять и гневаться от действительной боли, когда обижают других, — это «праведнейший гнев». Гневаться, когда обижают тебя самого, — это гнев нечистый. Если видишь, что кто-то страдает за святыню, то это значит, что у него есть ревность по Богу. И Христа ради юродивого можно так распознать. Если взять, например, икону и поставить её перед ним вверх ногами, то Христа ради юродивый сразу подскочит! Такой «тест» на юродивых. Итак, есть и праведное, по Богу, негодование, и только такое негодование оправдано в человеке. Когда Моисей увидел,

---

[6] 2 Тим. 3:13.
[7] Стихиры на хвалитех службы святым отцам I Вселенского Собора.

как народ приносит жертву златому тельцу, он, вознегодовав, поверг на землю скрижали с заповедями, которые дал ему Бог, и они разбились[8]. Финеес, внук первосвященника Аарона, совершил два убийства, а Бог заповедал, чтобы из рода его происходили священники Израилевы! Когда Финеес увидел, как израильтянин Замврий грешит с мадианитянкой Хазви перед Моисеем и всеми израильтянами, то он не удержал себя. Поднявшись от сонмища, он убил их, и гнев Божий остановился. А если бы он не убил их обоих, то гнев Божий пал бы на весь народ израильский[9]. Как это страшно! Я, когда читаю в Псалтири стих: *И ста Финее́с и уми́лостиви, и преста́ сечь*[10], много раз лобызаю его имя. И Христос, когда увидел, как в ограде Храма продают волов, овец, голубей, увидел менял, меняющих деньги, взял бич и изгнал их[11].

Когда духовный человек, негодуя, стремится защитить себя самого в чём-то личном, то это совершенно эгоистично, это действие диавола. Такой человек извне поддаётся бесовским воздействиям. Если кого-то обижают или над кем-то издеваются, то за него должны заступиться другие, и ради справедливости заступиться, а не ради своей личной выгоды. Негоже ругаться за себя самого. Другое дело — противостать обидчикам, чтобы защитить серьёзные духовные вопросы, то, что касается нашей веры, православия. Это твой долг. Думать о других и противодействовать для того, чтобы их защитить, — это чисто, потому что это совершается от любви.

Когда я уехал на Синай, то раз в одну-две недели спускался в монастырь, чтобы причаститься. Дикей[12] там

---

[8] См. Исх. 32:1–20.
[9] См. Числ. 25:1–15.
[10] Пс. 105:30.
[11] См. Ин. 2:14–15.
[12] В монастыре св. Екатерины на Синае дикеем называется председатель-

был очень простой. Однажды он мне говорит: «Ну нет, не каждую неделю. Монахи должны причащаться четыре раза в год». Тогда у них был обычай причащаться редко. «И куколя тоже не носи», — говорит он мне. Я надевал на камилавку куколь, а они надевали куколи только в торжественных случаях. «Как благословите», — ответил я ему и носил куколь переброшенным через плечо как шарфик. Больше этот вопрос меня не занимал. Ругаться из-за этого, что ли? Но ко Святому Причащению я каждый раз готовился и шёл в церковь. Когда священник возглашал: «Со страхом Божиим и верою приступите…» — я приклонял голову и говорил: «Ты, Христе мой, знаешь, какая у меня великая нужда в Твоих Пречистых Тайнах». И я испытывал в себе настолько ощутимое изменение, что не могу с уверенностью сказать, довелось бы мне испытывать его в случае, если бы я причащался. Прошло несколько месяцев, и в монастырь пришло четверо или пятеро ребят, которые подвиглись приехать на Синай из-за меня. Им тоже сказали не причащаться. Вот тогда я заговорил об этом, и вопрос был улажен.

Противостояние сквернословам

— Геронда, Священное Писание говорит, что хула на Святого Духа не прощается[13]. Что это за хула?

— Хула на Святого Духа — это вообще презрение к божественному (разумеется, когда человек находится в здравом уме). Тогда он виновен. Например, когда один сказал мне: «Да пошёл ты вместе со своими богами…» — я его толкнул и тряхнул как следует, потому что

ствующий в Священном соборе старцев, замещающий архиепископа во время его отсутствия.

[13] См. Мф. 12:31.

это было богохульством. Или, например, проходят двое мимо церкви. Один крестится и говорит другому: «Дружочек, перекрестись и ты…», а тот восстаёт: «Да отстань ты, нашёлся тоже указчик, где мне креститься!» Такое презрение — хула. Следовательно, хулы у благоговейного человека быть не может. И бесстыдство — это тоже богохульство. Бесстыдник для того, чтобы оправдать своё падение, извращает или попирает какую-нибудь, например, евангельскую истину. Он не чтит истины, не чтит действительности, он сознательно комкает её, он втаптывает святыню в грязь. И постепенно это становится уже его состоянием. Затем от него удаляется благодать Божия, и человек принимает бесовские воздействия. И до чего же это дойдёт, если он не покается!.. Боже упаси!.. Если кто-то в гневе похулит даже и Святого Духа, то это богохульство не является непростительным, потому что человек не верил в то ругательство, которое произнёс. Он сказал его потому, что в то мгновение, в гневе, он потерял контроль над собой. И кается он тоже сразу. Но бесстыдник оправдывает ложь для того, чтобы оправдать своё падение. Тот, кто оправдывает своё падение, оправдывает диавола.

— А как, геронда, он оправдывает своё падение?

— Он может вспомнить что-то, сказанное десять лет назад по другому поводу и привести это в пример для оправдания себя. В то мгновение даже и диавол — величайший адвокат — не смог бы придумать подобное.

— А что чувствует такой человек?

— Что чувствует? Нет ему никогда покоя. Тут даже если человек прав и старается оправдать себя самого, он не имеет покоя. Тем паче, если он неправ и оправдывает себя бесстыднейшим образом. Поэтому будем, насколько можно, опасаться бесстыдства и презрения, и не только к божественному, но и к нашему ближнему, потому что наш ближний — образ Божий. Бесстыдные люди находятся в первой стадии хулы на Святого Духа. Во второй стадии находятся те, кто презирает божественное. В третьей стадии находится диавол.

— Геронда, что нужно делать, когда говорят что-то против Церкви или против монашества и т. д.?

— Начнём с того, что если кто-то плохо говорит, например, о тебе как о личности, это не страшно. Подумай: Христа, Который был Христом, поносили, и Он не отвечал, а чего достоин я, грешник? Если бы хотели оскорбить лично меня, то это меня бы совсем не беспокоило. Но когда меня оскорбляют как монаха, то оскорбляют и весь институт монашества, потому что я как монах от него неотрывен. В этом случае я не должен молчать. В таких случаях надо дать оскорбителям немного выговориться, а потом сказать им пару слов. Однажды в автобусе одна женщина ругала священников. Я дал ей выговориться, а когда она остановилась, сказал: «У нас много претензий к священникам, но ведь их не на парашютах же Бог с неба сбросил. Они люди с человеческими немощами. Но скажи мне вот что: такая мать, как ты, накрашенная и с ногтями, как у ястреба, какого ребёнка родит и как его воспитает? И каким он станет потом священником или монахом, если станет?» Помню, в другой раз, когда я ехал на автобусе из Афин в Я́нину, один человек всю дорогу осуждал митрополита, который тогда чего-то там натворил. Я сказал ему одно-два слова, а потом молился. Он продолжал своё. Когда мы приехали в Янину и вышли, я отозвал его в сторонку и говорю: «Ты знаешь, кто я такой?» — «Нет», — отвечает он. «А что же ты тогда, — говорю, — сидишь и говоришь такие вещи? Может быть, я во много раз хуже того, кого ты поносишь, а может, я — святой?! Как же ты сидишь передо мной и несёшь такое, что я даже о мирянах представить себе не могу того, чтобы они подобное творили? Постарайся-ка исправиться, потому что иначе ты можешь крепко получить по мозгам от Бога! Для твоей же пользы, конечно». Смотрю, начал он дрожать. Но и до других тоже дошло, как я понял по тому переполоху, который возник.

Иной раз видишь, как оскорбляют святое, а окружающие молчат. Однажды, выезжая со Святой Горы, я встретил на корабле одного несчастного, убежавшего из психиатрической больницы на Святую Гору. Он без остановки кричал и ругал всех: сильных мира сего, правительство, врачей… «Столько лет, — кричал он, — меня мучили электрошоком и таблетками. А вам хорошо! Всё, что хочешь, у вас есть, машины у вас есть! А меня в двенадцать лет мама отправила на один остров, и с тех пор уже двадцать пять лет — из дурдома в дурдом!» Он ругал все партии, а потом начал хулить Христа и Божию Матерь. Я встаю и говорю: «Заканчивай! Неужели здесь нет ни одного представителя власти?» Вижу: заволновался его спутник, скорее всего, полицейский, и маленько его укротил. Этот несчастный, крича и хуля, выговорил всю свою беду. И мне стало за него больно. Потом он подошёл, поцеловал мне руку, и я его тоже поцеловал. Он был прав. Все мы — кто больше, кто меньше — ответственны за это. И я тоже был причиной хулы этого несчастного. Будь я духовен, я соделал бы его здравым.

Как же разочарованы были фарасиоты[14], когда при обмене[15] они плыли на корабле в Грецию! Два моряка ругались между собой и хулили Христа и Божию Матерь.

---

[14] *Фарасиóты* — жители Фарас, большого селения в Каппадокии (Малая Азия, ныне территория Турции). Родина преподобного Арсения Каппадокийского и преподобного Паисия Святогорца. — *Прим. пер.*

[15] Речь идёт об обмене населением 1924 года, в ходе которого греки из Малой Азии переселились в Грецию, а жившие в Греции турки возвратились в Турцию. — *Прим. пер.*

Фарасиотам это очень не понравилось. Греки, христиане — и хулят Христа и Матерь Божию! Они схватили богохульников и бросили их в море. К счастью, те умели плавать и спаслись. Даже если оскорбляют какого-то человека, мы обязаны его защитить, а тем паче Христа! Ко мне в каливу пришёл однажды один мальчик — он хромал, но личико его сияло. «Здесь, — думаю, — дело непросто, раз так сияет Божественная благодать!» Спрашиваю: «Как поживаешь?» И он рассказал, что с ним случилось. Один зверюга, ростом под потолок, хулил Христа и Матерь Божию, и этот мальчик бросился на него, чтобы его остановить. Зверюга повалил его наземь, истоптал, покалечил ему ноги, и после этого бедняжка захромал. Исповедник! А что перенесли исповедники, мученики!

— Геронда, в армии некоторым благоговейным юношам трудно с теми, кто ругается. Что им делать?

— Необходимо рассуждение и терпение. Бог поможет. Один радист, с которым мы вместе служили, бывший врач, был невер, богохульник. Каждый день он приходил в Отдел управления промывать мне мозги. Рассказывал мне теорию Дарвина и тому подобную дрянь — всё насквозь пропитанное богохульством. Но после одного случая он кое-что понял. Мы были вместе с ним на задании. Один большой мул был у нас нагружен рацией и носилками. На одном очень скользком спуске я держался за хвост мула, а врач тянул его за уздечку. И вот в какое-то мгновение носилки задевают мула по ушам, и он — раз! — сильно бьёт меня задними копытами, и я лечу. Вскоре я пришёл в себя и осознал, что иду! Помнил я только то, что успел крикнуть: «Владычице моя!» И больше ничего. Следы от подков были на мне, вот здесь — вся грудь была чёрная, так сильно мул меня ударил. Врач, когда увидел, что я иду, вытаращил глаза. Продолжаем путь. Чуть подальше врач подвернул ногу о камень, упал и не мог подняться. Тогда начал он кричать: «Владычице моя, Христос мой!» Он боялся, чтобы его не схватили враги: «Сейчас меня все оставят, всё, конец, и что же со мной будет, и кто же мне поможет!» — «Не волнуйся, — говорю, — я с тобой останусь. Если меня схватят, то и тебя схватят». Потом задумался бедолага: «Арсения[16] мул лягнул, и тому ничего не сделалось, а я чуть споткнулся и уже идти не могу!» Скоро он поднялся, но хромал, и я помогал ему идти. Остальные ушли вперёд. Он получил урок и после этого вразумился. Раньше каждый день богохульствовал, а в минуту опасности стал кричать: «Владычице моя, Владычице моя!» Сразу о Владычице вспомнил. А вот другой мотоциклистом был в армии, два раза ногу ломал и продолжал богохульствовать.

— Вы ему ничего не говорили, геронда?

— Что ему было говорить? Я и не говорил ничего, а он не переставая хулил Христа и Божию Матерь — нарочно, чтобы сделать мне больно. Я потом это понял и только молился. И вот ведь — если раньше и он, и другие сквернословили ни с того ни с сего, то потом, когда у них что-то не получалось и они хотели выругаться, кусали себе языки! Если человек бесстыдный сквернословит, богохульствует, то лучше сделать вид, что ты чем-то занят и не слышишь его, а самому молиться. Потому что, если он поймёт, что ты за ним следишь, он может сквернословить не переставая. И ты, таким образом, станешь причиной его одержимости нечистым духом. Однако, если сквернословит не бесстыдник, а человек, у которого есть совесть, и сквернословит он от дурной привычки, то ты можешь ему что-то сказать. Но если у него есть не только совесть, но хватает и эгоизма, то будь осторожен. Не говори с ним строго, но сколько можешь смиренно и с болью. Святой

---

[16] Мирское имя преподобного Паисия.

Исаак что говорит: «Обличи силою твоих добродетелей любопрящихся с тобою... и загради их уста кротостию и миром своих уст. Необузданных обличи своим добродетельным поведением, а чувственно бесстыдных сдержанностью своих очей»[17].

---

[17] «Кротостью и спокойствием уст своих заграждай уста бесстыдству непокорных и заставляй его умолкнуть. Обличай невоздержных благородством жития твоего, а тех, у кого бесстыдны чувства, — воздержностью очей своих». См.: *Исаак Сирин, прп.* Слова подвижнические. Слово 56-е. Сергиев Посад, 2008. С. 340.

ГЛАВА ТРЕТЬЯ
«Вся убо чи́ста чи́стым…»

Духовный человек «о́гнь пояда́яй е́сть»

Геронда, как можно сегодня жить в обществе правильно, по-христиански, не соблазняясь людьми, живущими вдали от Бога?

— А что соблазняться теми, кто не живёт близ Бога? Если в семье из шестерых или восьмерых братьев и сестёр одного или двоих увлёк бы сатана, разве соблазняла бы такая их греховная жизнь остальных?

— Нет, они бы за них болели, потому что это братья.

— Ну вот, видишь, зло находится внутри нас. У нас нет любви, потому мы не чувствуем всех людей своими братьями и соблазняемся их греховной жизнью. Все мы — одна большая семья и братья между собою, потому что все люди — это дети Бога. Если же мы действительно осознаем то, что мы братья со всеми людьми, то нам будет больно за тех, кто живёт во грехе. И тогда их греховная жизнь не соблазнит нас, но мы будем молиться за них.

Итак, если мы соблазняемся, то зло находится не вне, а внутри нас. Скажем самим себе, когда нас кто-то соблазняет: «А скольких соблазняешь ты? И во имя Божие ты не терпишь своего брата? А как тебя со всем тем, что ты творишь, терпит Бог?» Подумайте о Боге, о Пресвятой Богородице, об ангелах, которые видят всех людей на земле. Они как бы находятся на балконе и, глядя вниз на площадь, видят всех людей, собранных там. Видят, что одни воруют, другие ругаются, третьи грешат плотски и так далее. Как же они их терпят? Они терпят всё зло и грех мира, а мы не терпим нашего брата! Это же ужасно!..

— Геронда, а что значат слова апостола Павла *ибо Бог наш огнь поядáяй есть*[1]?

— Если в топку бросишь бумагу, мусор, разве они не сгорят? Вот так же и в духовном человеке: всё, чем ни бросает в него диавол, сгорает. *Огнь поядáяй!* Когда возгорится в человеке божественное пламя — сгорает всё. Не прилипают уже скверные помыслы. То есть диавол не перестаёт кидать в него скверными помыслами, но человек духовный *огнь есть* и пожигает их. И потом диавол устаёт и прекращает брань. Потому и говорит апостол Павел: *Вся чúста чúстым*[2]. У чистых всё чисто, ничего нечистого нет. Чистых если и в болото бросить, они останутся чистыми, как солнечные лучи, которые, на что бы ни упали, остаются светлы и чисты.

Человек духовный от соприкосновения со святым изменяется — в хорошем смысле этого слова, а от плотского человека не воспаляется. Он видит его, страдает за него, но сам не повреждается. Человек, находящийся в среднем духовном состоянии, от человека духовного изменяется к добру, от человека плотского — тоже изменяется, но ко злу. Человек плотской святого не понимает и от человека плотского воспаляется. И если бесноватый видит святого и убегает, то плотской человек идёт ко святому, чтобы его искусить и соблазнить. Тот, кто дошёл до состояния

---

[1] Евр. 12:29.
[2] Тит. 1:15.

содомлян, соблазняется даже ангелами[3]. Человек смиренный, будь он даже неопытен духовно, различает ангела Божия от беса, имея духовную чистоту и будучи родственен ангелу. А человек эгоистичный и плотской мало того что легко прельщается лукавым диаволом, но ещё и сам передаёт лукавство, возбуждает его в других своею плотяностью и заражает слабые души своими духовными микробами.

— Геронда, как достичь того состояния, в котором всё видится чистым?

— Должно очиститься сердце, чтобы в нём почивала благодать Божия. *Сéрдце чи́сто созúжди во мне, Бóже..*[4] — не так ли говорится в псалме? Когда сердце — мужское или женское — очистится, в нём обитает Христос. И тогда люди не соблазняют и не соблазняются, но передают другим благодать и благоговение. Человек внимательный и берегущий свою духовную чистоту, сберегает и Божественную благодать и не только видит всё чистым, но и нечистое использует во благо. Даже нечистое превращается во что-то полезное на его добром духовном предприятии. Ненужные бумаги он перерабатывает в чистые салфетки, в клей, в тетради; обломки бронзы — в подсвечники и так далее. И наоборот: человек, принимающий лукавство и мыслящий лукаво, даже добро превращает во зло, как завод, изготовляющий боеприпасы, — даже из золота он сделает пули и гильзы для снарядов, потому что так на этом заводе устроены станки.

Если кто-то начинает уступать греху, то он чернеет изнутри, мутнеют очи его души, и видит он мутно. Потом он уже загрязнён грехом, и грех спутывает его. Даже чистое он может увидеть нечистым. Есть люди, которые,

---

[3] См. Быт. 19:1–5.
[4] Пс. 50:12.

к примеру, не могут поверить в то, что бывают юноши и девушки, живущие целомудренной, чистой жизнью. «Сегодня, — говорят они, — такое невозможно». Несчастные настолько погрузились в грех, что видят всё греховным. Те, кто водится с рогатыми рожами, не могут и представить того, что есть другие, те, кто дружен с ангелами Божиими. Но не надо требовать от свиней благоговения к лилиям. Ведь и Христос сказал: *Не помета́йте би́сер ва́ших пред свиния́ми, да не поперу́т их...*[5] Поэтому тот, кто живёт духовно, чисто, должен быть очень осторожен и не только никогда не допускать свободы в обращении с мирскими людьми, но и им не разрешать вмешиваться в духовное, чтобы не повредиться самому и не повредить их, потому что у мирских устав другой, канонарх[6] другой, и святого мира от одеколона они отличить не могут.

— Могут ли, геронда, внешние искушения помешать тому, кто хочет жить близ Христа?

— Нет. От Христа нас может отлучить только наша недуховная жизнь. Рогатая рожа этим и занимается — порождает соблазны и сеет злобу, воюет с людьми — то жестоко, то лукаво.

Христос любит нас и, когда мы живём согласно с Его волей, Он находится возле нас. Поэтому когда вы видите, что рождаются соблазны, не страшитесь и не поддавайтесь панике. Если человек духовно не отнесётся к тому, что происходит, он не будет иметь радости ни одного дня, потому что диавол будет бить его в больную точку и постоянно порождать соблазны, чтобы его расстроить — сегодня одним, завтра другим, послезавтра третьим.

---

[5] См. Мф. 7:6.

[6] *Канона́рх* — певчий, который возглашает то, что предстоит петь хору. Здесь преподобный имеет в виду то, что «канонархом» в греховных делах является диавол, который диктует человеку, что тому делать.

Не будем создавать соблазнов сами

Будем, насколько возможно, внимательны и не подадим повода к тому, чтобы создавались соблазнительные для людей ситуации. Не откроем перед лукавым трещин, потому что души с повреждённым помыслом ещё более повреждаются и потом ищут повода для того, чтобы оправдать себя. И в этом случае, с одной стороны, мы будем строить, а с другой — разрушать.

Однажды ко мне в каливу пришли несколько юношей, современных ребят. Мы с ними побеседовали. В тот же день мне надо было выезжать со Святой Горы. Они, узнав об этом, тоже собрались уезжать. На корабле они подошли ко мне и сели рядом. С большим интересом они задавали мне разные духовные вопросы. Однако некоторые наши попутчики расценили происходящее неправильно и глядели на нас с большим подозрением. Если бы я мог предвидеть, что наша беседа будет понята неправильно, то я позаботился бы о том, чтобы принять надлежащие меры.

Мир лукав. Надо стараться не создавать соблазнов. Мы не несём ответственности за то, в чём не можем принять надлежащих мер, или за то, в чём мы неопытны. Но не будем ждать от Бога мзды, если мы создаём проблемы от невнимательности. Мзду мы получим тогда, когда мы внимательны, а проблемы создаёт враг. Например, кто-то говорит, что я в прелести. Сперва я посмотрю, в прелести я или нет. «Раз он так говорит, значит, он что-то увидел. Не мог он такое сказать ни с того ни с сего, то-то он понял неправильно», — так размышляю я и стараюсь найти, что во мне может быть понято неправильно, чтобы это исправить. Если говорят, что я в прелести, что я колдун, — мне это на руку, потому что не будет собираться народ и моя жизнь станет по-монашески тихой. Но тот несчастный, который распустил слухи, будет в аду, потому что он делает зло Церкви. Разве не жаль его? И виноват буду я, потому что я был невнимателен. Например, некоторые миряне подходят поцеловать мне руку, и я их легонько стучу по голове. Кто-то увидит это и скажет: «Простой монах, а благословляет, он что — священник?» И он не будет виноват, это мне не надо так больше делать.

— Геронда, когда человек по невнимательности создаёт какой-то соблазн, то некоторые говорят: «Оставь ты его, он невменяем». Как к этому относиться?

— Невменяем тот, кто не может подумать, а не тот, кто невнимателен. Человек невнимательный разжигает костёр и не думает о том, что там, где он его разжёг, будет пожар. Когда такие люди разжигают костры и опаляют души других, мы должны молиться и вылить на огонь хотя бы ведро воды. А есть и другие люди, как вихрь: благоговение у них есть, но с головой у них не всё в порядке, и если они слышат что-то, с чем не согласны, то, не разбирая, правильно это или нет, разносят всё по кочкам. Тогда нам надо деликатно притормозить их, а когда они остановятся, опять-таки деликатно подложить им под колесо какой-нибудь камень, потому что они могут покатиться назад и смести вместе с собою других.

Как любят некоторые создавать соблазны

Не верьте легко тому, что слышите, потому что некоторые говорят в ту меру, в какую понимают сами. Как-то раз пришёл один человек к Хаджефенди[7] и говорит ему: «Благослови, Хаджефенди. Там наверху сто змей сползлись!» — «Сто змей!? Откуда?» — удивился святой Арсений.

---

[7] *Хаджефенди* (от тур. «хаджи» — паломник и «эфенди» — господин) — так называли преподобного Арсения Каппадокийского за то, что он неоднократно совершил паломничество в Святую Землю. — *Прим. пер.*

«Э, сто не сто, но пятьдесят-то уж точно!» — «Пятьдесят змей?» — «Ну уж двадцать пять-то было!» — «Ты когда-нибудь слышал, чтобы двадцать пять змей вместе сползались?» — спрашивает святой. Тот ему потом говорит, что десять точно было. «Ладно тебе, — говорит ему святой, — неужто у них собрание там было, что сразу десять змей приползли? Ладно уж, быть такого не может!» — «Пять было», — не сдаётся тот. «Пять?» — «Ну ладно, две были». Потом святой его спрашивает: «Ты их видел?» — «Нет, — говорит, — но слышал, как они в ветках шипели: ш-ш-ш!..» То есть, может быть, это вообще какая-нибудь ящерица была! Я из того, что слышу, никогда не делаю заключений без рассмотрения. Один может говорить что-то, чтобы осудить, другой говорит просто так, а третий — с какой-то особой целью.

Как же любят некоторые создавать соблазны! В Конице были два друга, очень близких. По праздникам и по воскресеньям они не слонялись по городу, а приходили в монастырь, в Стомион[8], и даже пели на клиросе, а потом поднимались на гору, на «Верблюдицу»[9]. Как-то раз один испорченный тип устроил им искушение. Подходит к одному из друзей и говорит: «А знаешь, что сказал про тебя твой приятель? То-то и то-то». Потом идёт он ко второму другу и говорит ему: «Знаешь ли, что сказал про тебя тот, с которым ты дружишь? То-то и то-то». Они оба тут же озверели и затеяли прямо в монастыре скандал. Между делом тот, кто запалил фитиль, улизнул, а они себе ругаются! Тот, что помладше, был вдобавок немножко нервный и начал оскорблять того, кто был постарше. Я думаю: «Что же делать? Гляди-ка, вражина что творит!»

---

[8] В 1958–60 гг. преподобный Паисий подвизался в монастыре *Стомион*, расположенном неподалёку от Коницы. — *Прим. пер.*
[9] Вершина горы *Тимфи*, по форме напоминающая силуэт верблюдицы.

Иду я и говорю старшему: «Слушай, он ведь молодой, да вдобавок и нервный немного, так что ты уж на него не обижайся, попроси у него прощения». — «Отче, — говорит он, — какое там прощение просить, не видишь что ли, как он меня оскорбляет? А я о том, в чём он меня обвиняет, впервые слышу». Тогда иду я к молодому и говорю ему: «Слушай, он и старше, и дело обстоит не так, как ты думаешь, пойди, попроси у него прощения». Тот взвился, начал кричать: «Мы и с тобой, отец, поругаемся!» — «Ну что же, — говорю, — давай, Пантелис, поругаемся, дай-ка я только маленько приготовлюсь». Сказал я так и ушёл. За монастырём, метрах в четырёхстах, у меня были заготовлены здоровенные жерди для садовой ограды. Пошёл я туда, взял одну жердину метров в пять длиной и потащил её в монастырь. Еле-еле тащил, чтобы заставить его засмеяться. Он услышал, что я что-то тащу, но догадаешься разве, что я хотел сделать? Затащил я её во двор и остановился напротив входа в церковь. «Эй, — говорю, — Пантелис, кончай, а то поругаемся». Расхохотались оба, когда поняли, для чего мне нужна была эта жердь. Всё! Треснул лёд. Треснул диавол. «У вас голова, — говорю, — есть?! Что же вы такое творите?» И они опять стали друзьями.

— Наговор в тот же самый день произошёл?

— Да, и ругались они очень нехорошо! Видишь, что делает диавол? Тот, третий, наверное, завидовал им, что они были так дружны, как братья. Наговорил одному на другого и убежал. Наговор — это очень гадко. Поэтому враг и называется диавол[10]. Он наговаривает: одному говорит одно, другому другое. И создаёт соблазны. А эти бедняги поверили и сцепились.

— Он это нарочно сделал?

---

[10] Διάβολος (греч.) — клеветник, διαβάλλω (греч.) — клеветать, наговаривать, ябедничать. — *Прим. пер.*

— Да, чтобы их разлучить. Он, конечно же, сделал это «по любви», сиречь по зависти.

Предание грехов огласке

Когда мы видим что-то плохое, покроем его и не будем о нём распространяться. Неправильно, когда нравственные падения становятся известны всем. Предположим, что на дороге лежат нечистоты. Человек благоразумный, проходя мимо, возьмёт и чем-нибудь их присыпет, чтобы они не вызывали у людей отвращения. Неразумный наоборот, вместо того чтобы накрыть, расковыряет их и только усилит зловоние. Так и мы, без рассуждения предавая огласке грехи других, вызываем ещё большее зло.

Евангельское изречение *пове́ждь Це́ркви*[11] не означает, что всё должно становиться известным, потому что сегодня Церковь — это не все. Церковь — это верующие, живущие так, как хочет Христос, а не те, кто воюет против Церкви. В первые годы христианства, когда исповедь совершалась перед всеми членами Церкви, слова Господа *пове́ждь Це́ркви* имели буквальный смысл. В наше же время, когда стало редкостью, чтобы вся семья исповедовалась у одного духовника, не дадим врагу запутать нас этим *пове́ждь Це́ркви*. Потому что, предавая огласке какое-нибудь, к примеру, нравственное прегрешение, мы оповещаем о нём враждующих с Церковью и даём им повод начать против неё войну. И таким образом в слабых душах колеблется вера.

Если какая-то мать имеет дочь блудницу, то она не поносит и не уничижает её перед другими, но делает всё возможное для того, чтобы восстановить её имя. Она продаст всё до последнего, она возьмёт дочь и уедет в

---

[11] Мф. 18:17.

другой город, постарается выдать её замуж и таким образом исправить её прежнюю жизнь. Точно таким же образом действует и Церковь. Добрый Бог с любовью терпит нас и никого не выставляет на посмешище, хотя Ему, Сердцеведцу, известно наше окаянство. И святые никогда не оскорбляли грешного человека перед всем миром, но с любовью, духовной тонкостью и таинственным образом помогали исправлению зла. А мы сами, будучи грешниками, поступаем наоборот — как лицемеры. Мы должны быть внимательны, чтобы не становиться лёгкими жертвами недоразумений и не считать злом того, что делают другие.

— Геронда, Вы коснулись обнародования нравственных прегрешений. А нужно ли оповещать других о грехах или нездоровых состояниях иного характера?

— Смотри: с некоторыми своими знакомыми я так поступаю. Например, я вижу, как кто-то бесчинствует и соблазняет других. Я советую ему исправиться: один раз, пять, десять, двадцать, тридцать, но он не исправляется. Однако после многократных напоминаний он не имеет права продолжать бесчинствовать, потому что увлекаются и другие и подражают ему. Видишь ли, люди способны легко подражать злому, но не доброму. И поэтому наступает время, когда я вынужден сказать об этом другим, видящим это бесчинство, чтобы предохранить их.

Иными словами, когда я говорю: «То, что делает такой-то, мне не нравится», я говорю это не ради осуждения, потому что я уже пятьсот раз ему самому об этом сказал, но потому, что другие, видящие его слабость, попадают под воздействие, подражают ему и вдобавок говорят: «Раз старец Паисий ничего ему не говорит, значит, в его поведении нет ничего страшного». И если я не выскажу своего помысла, что мне это не нравится, то создастся впечатление, что я это благословляю, что мне тоже это нравится.

И таким образом разрушается целое, потому что кто-то может решить, что тактика бесчинствующего правильна, и начать применять её сам. А что из этого выйдет? И думают, между прочим, что я ему не говорил, потому что не знают, как он меня измучил за всё это время. А ещё и диавол тут как тут и говорит: «Ничего страшного, что ты это делаешь. Видишь, и другой делает то же самое, и старец Паисий ему ничего не говорит». Поэтому, когда я вижу, что кто-то продолжает жить по своему типикону[12], бесчинствовать, тогда как я советовал ему исправиться, то в разговоре с тем, кто знает этого человека, говорю: «То, что делает такой-то, мне не нравится», чтобы уберечь его от повреждения. Это не осуждение, не надо путать разные вещи.

А потом приходят некоторые и начинают упрекать: «Ты зачем об этом рассказал другому? Это ведь был секрет». — «Какой ещё, — говорю, — секрет? Я тебе тысячу раз говорил, а ты не исправился. Ты не имеешь права портить других, полагающих, что я согласен с тем, что ты творишь!» Ещё не хватало мне молчать, а он будет портить других! Особенно когда приходит ребёнок из знакомой мне семьи, и я вижу, что своим поведением он разрушает семью, я говорю ему: «Слушай, если ты не исправишься, то я скажу об этом твоей матери. Никто тебе не давал права приходить ко мне, всё это рассказывать, а потом продолжать дуть в свою дуду. Я скажу твоей матери для того, чтобы сберечь вашу семью». Если у него есть покаяние, тогда дело другое. Но если он продолжает свою тактику, то я должен сказать об этом его матери, потому что несу за это ответственность.

---

[12] *Типико́н* — устав, образец; здесь: уклад, привычки. — *Прим. пер.*

ГЛАВА ЧЕТВЁРТАЯ
О том, что действовать подобает с благоразумием и любовью

Работа над самими собой

Если ты хочешь помочь Церкви, то старайся лучше исправить себя самого, а не других. Если ты исправишь самого себя, то сразу же исправится частичка Церкви. И понятно, что если бы так поступали все, то Церковь была бы приведена в полный порядок. Но люди сегодня занимаются всем чем угодно, кроме самих себя, потому что заниматься другими легко, а для того чтобы заниматься самим собой, нужен труд.

Если мы займёмся самоисправлением и, полагаясь преимущественно на Божественную помощь, обратимся более ко внутренней деятельности, чем ко внешней, то мы поможем другим больше и результативнее. Кроме того, мы сумеем стяжать и внутреннюю тишину, которая будет тихо помогать тем душам, с которыми мы встретимся, потому что внутреннее духовное состояние выдаёт душевную добродетель и изменяет души других. Когда кто-то отдаётся внешней деятельности, не достигнув ещё очищенного внутреннего духовного состояния, то он может вести какую-то духовную борьбу, но иметь при этом и расстройство, терзание, ему будет не хватать доверия Богу, и он часто будет терять мир. Если он не делает добрым самого себя, то не может сказать и того, что его интерес об общем благе является чистым. Освободившись от своего ветхого человека и от всего мирского, он будет иметь уже Божественную благодать. Так что и у него самого на душе будет покой, и он будет в состоянии помочь человеку любого склада. Но если он не имеет благодати Божией, то не может ни совладать с самим собой, ни помочь другим так, чтобы результат был угоден Богу. Сначала сам он должен погрузиться в благодать, и лишь потом его силы, уже освящённые, могут быть использованы для спасения других.

Добро должно делаться по-доброму

— Геронда, о чём Вы думаете, когда встречаетесь с какой-нибудь проблемой?

— Думаю, что можно и чего нельзя сделать по-человечески. Я рассматриваю вопрос со всех сторон: «Сделаю я так-то: а как это отзовётся там-то и как — там-то?.. Что плохое может из этого выйти и что хорошее?..» Всегда стараюсь рассмотреть проблему с разных сторон, так, чтобы принятое мной решение было насколько можно наиболее верным. Потому что по невниманию можно наделать много ошибок. И когда задним умом понимаешь потом, что надо было делать, то пользы от этого нет — всё, птичка, как говорится, улетела!.. Скажем, кто-то по невниманию спалил дом. Ладно, что делать, не казнить же его. Но злое дело уже сделано…

Как-то раз в одной организации возникла некая проблема. Пришёл ко мне тамошний начальник и говорит: «Ну, всё улажено. Я сходил туда-то, нашёл такого-то и такого-то, сказал им то-то и то-то, и проблема разрешилась». — «Проблема, — говорю, — только сейчас и началась. То, что было до этого, не проблема была. Сперва была пара угольков, они бы сами по себе и потухли, а вот сейчас пошло пламя полыхать». Он-то думал, что своими действиями всё уладил, да ещё хотел, чтобы мы его похвалили. А на самом деле он наделал своими действиями много шуму и проблема осложнилась.

Необходимо много внимания, благоразумия и рассуждения, чтобы добро делалось по-доброму и приносило пользу, потому что иначе вместо пользы оно будет бесить другого. И вот что ещё: лучше дать созреть тому, что думаешь сделать. Потому что если «сорвать» дело неспелым, то есть принять поспешное решение, то потом можно столкнуться с трудностями и страдать. Когда серьёзные дела маленько призадерживаются, то потом они делаются быстро и правильно. Можно быть и семи пядей во лбу, но иметь при этом тщеславие с эгоизмом, которые будут предшествовать твоим действиям, а ты можешь не обращать на это внимания. Например, на охоте, если пёс и не породистый, но ищет со вниманием, то находит следы зайца. А другой пёс, самый что ни на есть распородистый, со всеми наилучшими собачьими характеристиками, но когда он торопится, то бегает вправо-влево без толку. Действие прежде мысли есть гордость. Поэтому надо не торопиться действовать, но предварительно всё обдумывать и молиться. Когда предшествует молитва, то работает не рассудочная пена, не легкомыслие, но освящённый разум.

Мы, духовные люди, часто ведём себя так, словно нет Бога, — мы не даём Ему действовать. А Бог Своё дело знает. Я имею в виду, что мы хотим действовать по-мирски тогда, когда есть духовные средства для того, чтобы улаживать сложности по-духовному. Когда я был на Синае, один ходжа[1] каждую пятницу приходил в монастырь, заходил внутрь, поднимался на минарет мечети, которая там была, и начинал вопиять! И какой же у него был голосище! Даже наверх доносилось, до пещеры святой Епистимии. Потом монастырь нашёл выход: по пятницам, когда приходил ходжа, дверь монастыря стали закрывать, чтобы он не мог войти. Я об этом не знал. Спускаюсь однажды вниз и вижу ходжу в ярости. «Сейчас, — говорит, — я им покажу, как закрывать дверь перед моим носом!..» Я говорю: «Да её закрыли, чтобы верблюды не входили. Не думаю, что её закрыли для того, чтобы не мог войти ты». Потом я сказал об этом отцам монастыря. Один секретарь говорит: «Я ему покажу, этому ходже! Я ему пропишу пилюлю! Я в правительство напишу, что ходжа нас притесняет!» — «Слушай, — говорю я ему, — православие — это ведь не пилюля. Давайте отслужим бдение преподобным синайским отцам и святой Екатерине и оставим слово за Богом. Пойду и я наверх и буду молиться». Некоторым из братии я тоже сказал, чтобы они молились, — и получил-таки ходжа своё! Собрался, уехал, исчез! А если бы дверь продолжали закрывать, то правительство всё равно бы выяснило, что неправда, будто нас ходжа притесняет, и начались бы скандалы. Ходжа бы говорил, что дверь закрывали потому, что он приходил каждую пятницу, и навредил бы монастырю. А ещё раньше один богач увидел Синайскую гору и захотел построить себе дачу на вершине святой Екатерины. Заболел чем-то и умер. И не так давно кто-то тоже хотел чего-то там устроить — и тоже умер. Поэтому лучше не полагаться единственно на наши собственные человеческие старания, но молиться и давать действовать Богу.

---

[1] *Ходжа́* (от перс. «господин») — почтенный мусульманин в странах Ближнего и Среднего Востока. Им мог быть придворный сановник, купец, учитель, духовный наставник. — *Прим. пер.*

Поведение с рассуждением

— Геронда, когда мы видим, что кто-то ведёт себя плохо, надо ли ему что-то говорить?

— Зависит от того, что он за человек. В наше время необходимо многое рассуждение и божественное просвещение. Ответить на ваш вопрос не так просто. Я заметил, что в каждом отдельном случае бывает по пятьсот «под-случаев». Некоторые люди способны исправиться, другие не исправляются и на наше замечание могут отреагировать отрицательно. Особенно плохо реагирует тот, у кого есть эгоизм, если его задеть. Даже понимая часто свою неправоту, такой человек не уступает от эгоизма. И когда наши побудительные причины не безукоризненны, иными словами, когда кроме заботы о другом в нас есть и гордость, когда наша любовь не чиста, тогда он сопротивляется очень сильно.

Если мы обличаем кого-то от любви, с болью, то независимо от того, понимает он нашу любовь или нет, в его сердце происходит изменение, потому что нами двигает чистая любовь. А обличение без любви, с пристрастием делает обличаемого зверем, потому что наша злоба, ударяя в его эгоизм, высекает искры, как сталь в зажигалке высекает искры из кремня. Если мы терпим нашего брата от любви, то он понимает это. И нашу злобу он тоже понимает, даже если она внутренняя и никак не выражается внешне, потому что наша злоба вызывает в нём тревогу. Так и диавол, даже являясь в виде ангела света, приносит тревогу, тогда как настоящий ангел приносит нежное, невыразимое радование.

— То есть, геронда, когда мы что-то говорим и возникает отрицательная реакция, это значит, что отправной точкой наших действий является эгоизм?

— Бывает и много недоразумений. Один понимает так, другой — иначе. Но надо всегда испытывать себя: «Для чего я хочу сказать это? От чего я исхожу? Больно ли мне за ближнего, или же я хочу сказать это для того, чтобы показать себя хорошим, покрасоваться?» Если человек очистился, то даже если он гневается, кричит, делает кому-то замечание, его побудительные причины будут чисты. И потом всё идёт правильно, потому что он действует с рассуждением. Рассуждение — это очищенность, это божественное просвещение, духовная ясность, а стало быть, как там, внутри, с нею сможет ужиться эгоизм? И когда побудительные причины чисты, сердце человека пребывает в покое. Таким вот образом вы можете понять каждое ваше действие — доброе ли оно.

Вы часто не понимаете того, что разговариваете с другим в директорском тоне: «Это надо сделать так-то и так-то». Подключается эгоизм, и вы восстанавливаете ближнего против себя. Если побудительные причины чисты и есть смирение, то замечание помогает другому. В противном же случае подключается эгоизм и приводит к противоположному результату. Побудительные причины ваших действий будут во всём чисты, если очистить их от своего «я», от своего эгоизма. От нерассудительного поведения часто происходит зло большее, чем от поведения сумасшедших, которые невменяемы и разбивают свои и чужие головы. Потому что нерассудительные люди своими острыми словами ранят чувствительные души и часто приводят их в отчаяние, нанося смертельные раны.

А некоторые ведут себя одинаково со всеми. Но нельзя ведь в напёрсток налить столько же, сколько в бочку, или нагрузить на быка столько же поклажи, сколько на коня. Бык — для пахоты, не годится навьючивать на него седло и груз. Так же и конь — негоже впрягать его в плуг, потому что он предназначен для того, чтобы на нём возили грузы. Один — для одной работы, другой — для другой. Не надо стремиться подровнять весь мир под свою гребёнку. У каждого есть что-то своё. И если нет вреда, то на некоторые вещи можно и закрыть глаза. Если бы все люди могли уже в этой жизни войти в подобающий им чин, то прекратились бы все бесчинства, и на земле тоже был бы рай. Итак, не будем предъявлять к другим чрезмерных претензий.

Духовная искренность отличается любовью

Плохи нынче дела мира, потому что все говорят «великие истины», однако не соответствующие действительности. Сладкие слова и великие истины имеют цену тогда, когда исходят из правдивых уст. Они находят почву только в людях, имеющих доброе произволение и чистый ум.

— Геронда, искренность бывает мирская и духовная?

— Да, конечно. В мирской искренности присутствует нерассудительность.

— Это когда человек говорит и к месту, и нет?

— Не только это. Истина есть истина, но если ты скажешь истину без рассуждения, это уже не истина. Например, то, что у некоего человека не всё в порядке с головой, — истина. Но если ты стремишься высказать эту истину, то пользы это не приносит. Другой говорит: «Для того чтобы быть искренним, пойду на площадь и согрешу там перед всем народом». Это не искренность. Тот, у кого есть многое рассуждение, имеет великодушную любовь, жертвенность и смирение. Даже горькую истину такой человек говорит со многой простотой и своей добротой подслащивает её. В результате со сладкими словами она приносит больше пользы, подобно тому как горькие лекарства приносят больше пользы, если их принимать со сладкими сиропами.

Истина, используемая без рассуждения, может совершить преступление. Некоторые совершают преступление, действуя во имя истины. Тот, кто имеет искренность без рассуждения, может сделать двойное зло: сперва себе, а потом другим. Потому что в такой искренности нет сострадания. Тот, кто хочет быть по-настоящему искренним, пусть начнёт с того, чтобы быть искренним прежде всего с самим собой, потому что духовная искренность начинается с этого. Если кто-то неискренен с самим собой, то он обделяет только себя и издевается только над самим собой. Но ведя себя неискренно по отношению к другим, он смертно согрешает, потому что издевается над другими.

— Геронда, а можно ли быть таким от простоты?

— Какая ещё простота! Где ты видела в таком человеке простоту! Если это ребёнок, то у него будет простота. Если это святой, у него будет простота. Если же так ведёт себя взрослый и не умственно отсталый, то это диавол!

— А что он чувствует?

— Сущий ад. Одно искушение сменяется другим. Искушения без остановки.

— Однако, геронда, скажите, не следует ли вести себя с прямотой?

— Прямота в том виде, как понимают и используют её многие, имеет в себе дух законнический. Говорят: «Я человек прямой, проповедую *на кро́вех*[2]» — и выставляют других на посмешище. Но в конце концов посмешищем становятся они сами.

---

[2] См. Лк. 12:3.

«Буква закона убивает»

Как-то раз я спросил одного человека: «Кто ты? Воин Христов или воин лукавого? Знаешь ли ты, что у лукавого тоже есть воины?» Христианин не должен быть фанатиком, ему надо иметь любовь ко всем людям. Кто без рассуждения кидается словами, пусть даже и правильными, тот делает зло. Был я знаком с одним писателем. Человек он был очень благочестивый, однако с людьми мирскими говорил языком грубым, доходившим до глубины души и сотрясавшим их. Однажды он говорит мне: «На одном собрании я сказал одной госпоже то-то и то-то». Однако он сказал ей это так, что искалечил её. Он оскорбил её перед всеми. «Слушай, — сказал я ему, — ты бросаешь людям золотые венцы с алмазами, однако, швыряя их таким образом, ты проламываешь головы, и не только слабенькие, но и крепкие». Давайте не будем «по-христиански» побивать людей камнями. Кто перед другими обличает согрешившего или с пристрастием говорит о каком-то человеке, тот движим духом не Божиим, но иным. Церковь действует посредством любви, а не так, как законники. Церковь смотрит на всё с долготерпением и стремится помочь каждому, что бы он ни натворил, каким бы грешником ни был.

Я вижу, что некоторым свойственна странная логика. Их благоговение — это хорошо, их расположение к добру — это тоже хорошо, но необходимо ещё духовное рассуждение и широта, чтобы спутницей благоговения не стало узколобие, чтобы голова не стала такой твёрдой и упрямой, что хоть кол на ней теши. Вся основа в том, чтобы иметь духовное состояние, для того чтобы в человеке было духовное рассуждение. Иначе он стоит на *букве закона*, а *буква закона*[3] убивает. Тот, у кого есть смирение,

---
[3] Ср. 2 Кор. 3:6.

никогда не строит из себя учителя, он выслушивает другого, а когда спросят его мнение, говорит смиренно. Он никогда не скажет «я», но «помысел говорит мне» и «отцы сказали». То есть он говорит, как ученик. Тот, кто считает, что он способен исправлять других, имеет много эгоизма.

— Геронда, когда кто-то, начиная что-то делать, имеет доброе расположение, но затем уклоняется в крайности, то значит ли это, что у него не хватает рассуждения?

— В этом его действии есть эгоизм. И такой человек, не зная себя самого, не понимает этого, потому и бросается в крайности. Часто некоторые начинают с благоговения и до чего только не доходят потом! Как, например, иконобожники и иконоборцы. И одно — крайность, и другое — крайность. Одни дошли до того, что скребли икону Христа и, для того чтобы «улучшить» Божественное Причащение, сыпали эту пыль в Святую Чашу! Другие жгли иконы, топтали их… Поэтому Церковь и была вынуждена поместить иконы высоко, а когда раздор утих, она опустила их вниз, чтобы мы поклонялись им и воздавали честь тем, кто на них изображён.

Что бы ни делал человек, он должен делать это ради Бога

— Геронда, мной обычно двигает боязнь огорчить других или пасть в их глазах; о том, чтобы не огорчить Бога, я не думаю. Как умножается страх Божий?

— Бодрствование необходимо. Что бы ни делал человек, он должен делать это ради Бога. Мы забываем Бога, и потом подключается помысел, что мы делаем что-то важное. Подключается и человекоугодие, и мы стараемся не пасть в глазах людей. Если кто-то действует с мыслью, что Бог видит его, наблюдает за ним, то надёжно всё, что бы он ни делал. В противном случае, делая что-то для того, чтобы показаться людям хорошим, он всё теряет, всё растрачивает впустую. Человек должен вопрошать себя о каждом своём действии: «Хорошо, пусть мне нравится то, что я делаю, но нравится ли это Богу?» И рассматривать, угодно ли это Богу. Если он забывает делать это, то забывает потом и Бога. Поэтому раньше и говорили: «Бога ради» или «ах, он безбожник, Бога не боится». Или говорили: «Если Бог хочет», «коли Бог даст». Старые люди ощущали присутствие Бога везде, они всегда имели перед собой Бога и были внимательны. Они переживали то состояние, о котором говорится в псалме: *Предзрех Господа предо мною выну... да не подвижуся*[4]. Они потому и не срывались, пребывали устойчивы. А сейчас видишь, как потихоньку входит в моду европейский «типикон», и многие ведут себя хорошо только из-за мирской воспитанности. Что бы человек ни делал, он должен делать это чисто для Христа, осознавая, что Христос видит его, наблюдает за ним. Внутри не должно быть человеческого начала. Сердцевиной каждого движения человека должен быть Христос. Если мы делаем что-то с целью понравиться людям, то это не приносит нам никакой пользы. Требуется многое внимание. Необходимо постоянно испытывать, что́ за причины побуждают нас к действиям. Как только я осознаю, что побуждаюсь к чему-то человекоугодием, я должен его немедленно бить, потому что если я хочу сделать что-то доброе и при этом подмешивается человекоугодие — э, тогда я черпаю из колодца воду дырявым ведром.

Большинство искушений часто создаёт наше «я», когда, взаимодействуя с другими людьми, мы имеем внутри себя самость, то есть когда нами двигает личный расчёт,

---

[4] Пс. 15:8.

когда мы хотим превознести самих себя и добиваемся своего личного удовлетворения. На небо восходят не мирским подъёмом, но духовным спуском. Тот, кто идёт низко, всегда идёт уверенно и никогда не падает. Поэтому будем, сколько возможно, выпалывать из себя мирское выпячивание и мирскую удачливость, ибо она есть неудачливость духовная. Будем гнушаться скрытым и явным эгоизмом и человекоугодием, чтобы искренне возлюбить Христа. Наша эпоха отличается не тишиной, но сенсационностью, пустой шумихой. А духовная жизнь негромка. Будет хорошо, если мы станем делать то, что нам по силам, как следует: негромко, не преследуя те цели, которые превышают меру наших возможностей, ибо иначе дело пойдёт в ущерб нашей душе и телу, а часто и в ущерб Церкви.

В истинном благоугождении ближнему заключается и благоугождение Христу. Вот на что нужно обратить внимание: как сделать благоугождение ближнему чистым, то есть как удалить из него человекоугодие для того, чтобы и это человеческое приношение (то есть благоугождение ближнему) пошло ко Христу. Если кто-то старается якобы по-православному упорядочить церковные проблемы, а подлинная цель его в том, чтобы получше «упорядочиться» самому, — то есть он имеет в виду свою личную выгоду — то как такой человек благословится Богом? Надо, насколько возможно, сделать свою жизнь такой, чтобы сблизиться с Богом. Надо всегда обличать себя и стараться исполнять Божию волю. Исполняя Божию волю, человек состоит с Богом в родстве, и тогда, не прося у Бога, он принимает, непрерывно берёт воду из родника.

Нам нужно приобрести орган духовного чувства

Святой Дух не бывает в одном месте таким, а в другом — другим, Он един и имеет множество дарований. Он не есть дух смущения, но Дух любви, мира. Когда духовные люди нападают друг на друга, это значит, что они находятся под воздействием многих других духов, не имеющих никакого отношения к Духу Святому. Раньше Святой Дух просвещал, подсказывал. Великое дело! Сегодня Он не находит предпосылок для того, чтобы снизойти. Ветхозаветное вавилонское столпотворение было невинной забавой. Ты просил, например, глины, а тебе несли солому. Сейчас у нас вавилонское столпотворение со страстями. Ты просишь глины, а тебе запускают в голову кирпичом. Но если человек убирает собственное «я» из каждого своего действия и отсекает свою волю, то он работает правильно. Такой человек обязательно будет иметь божественное просвещение, и дух взаимопонимания с ближним у него тоже будет. Ибо когда человек удаляет из себя свою собственную идею, к нему приходят идеи божественные.

Для того чтобы иметь божественное просвещение, нужно приобрести орган духовного чувства. Это то основное, что должно быть сделано, чтобы люди что-то поняли, особенно в нашу эпоху. К этому попросту вынуждают обстоятельства. Смотрите: в Малой Азии тогда, в те трудные годы, обстоятельства заставляли греков шевелить мозгами. Два грека могли понимать друг друга, находясь среди армян, турок, а те не понимали ничего. И вот что ещё: сегодня, видя, до чего дошла наша жизнь, людям духовным необходимо находить между собой взаимопонимание. Придут тяжёлые годы. Надо шевелить мозгами. Если человек не шевелит мозгами и божественного просвещения у него тоже нет, то в каждом отдельном случае ему надо спрашивать указаний, как поступить. Не ждите, что вам будут говорить всё. Что-то вы должны понимать и сами, не дожидаясь, чтобы вам об этом говорили. Помню: однажды в Конице, перед тем как мне идти в армию, мы узнали, что идут мятежники[5]. Нас было четверо: я и три мусульманина. Мы забежали в один турецкий дом на окраине города. Один пятилетний турчоночек всё понял и залопотал: «Ходи-ходи сюда, здесь твоя убегай через моя кухня!» Прошли мы через кухню, вышли позади дома и успели спрятаться в каких-то кладовых внизу. Когда пришли мятежники, малыш вышел из дома, сказал им, что внутри никого нет, и убежал. Ребёночек пяти лет, вот такусенькая кроха, говорить ещё толком не умел, а смотрите, как разумно себя повёл. Надо же, на лету всё понял! Смотри: он всё понимал, он любил, а другой, взрослый человек мог бы по опрометчивости сделать зло. Так не будем же мы, крещёные, помазанные святым миром, научённые, начитанные, пребывать в состоянии недоразвитом, младенческом! Будьте окрылёнными! Знаете, кто такие окрылённые? Шестикрылатые серафимы! Они имеют шесть крыл и взмахивают ими, воспевая: «Свят, свят, свят!» Так летите же, имейте шесть крыл!

Божественное просвещение — это всё

Часто я говорю некоторым: «Сделай так, как тебя Бог просветит». Говоря: «как тебя Бог просветит», я хочу, чтобы человек увидел вещи посредством божественного просвещения, а не человеческой логики. Не следует думать, будто именно то, что тебе нравится, и есть просвещение от Бога.

— Геронда, скажите, а как приходит божественное просвещение?

— Если очистить провода от ржавчины, то ветхий человек становится хорошим проводником. Тогда он проводит через себя благодать Божию и приемлет

---

[5] То есть повстанцы-коммунисты. — *Прим. пер.*

Божественный благодатный свет. В противном же случае происходят короткие замыкания и благодать не действует. Вся основа в этом: человек должен обратить внимание на то, чтобы не оставила его благодать Божия, и тогда он будет иметь божественное просвещение. Потому что если божественного просвещения нет, то и всё дело никуда не годится.

До того, как благодать осенила учеников, как же намучился с ними Христос, ибо они были бренны! Перед Пятидесятницей ученикам была дана власть от Бога помогать миру. Однако они ещё не имели божественного просвещения, которое получили в Пятидесятницу. В то время, когда Христос говорил им, что Он пойдёт в Иерусалим, что Сын Человеческий будет распят и подобное этому, они думали, что, когда Он пойдёт в Иерусалим, Его сделают царём. Они мыслили по-человечески. Потому их и занимало то, кто сядет справа и кто слева от Христа. Матерь сыновей Зеведеевых пошла просить у Него, чтобы во Царствии Своём Он посадил одного из её детей справа от Себя, а другого слева! Однако со дня Пятидесятницы, когда Христос послал им Утешителя — Духа Святого, апостолы имели Божественную благодать уже постоянно. Ранее они имели божественное просвещение только по временам, как если бы их аккумулятор заряжался и опять растрачивал свой заряд. Надо было опять подзаряжать его от розетки. Опять разряжался — снова в розетку! Когда Он ниспослал им Утешителя, то «розетка» стала уже не нужна. Я не говорю, что нам сейчас лучше, чем им. Но мы живём во времена благодати и потому не имеем смягчающих вину обстоятельств. Мы крещены, у нас есть Утешитель, у нас есть всё. Тогда Христос ещё не был распят и диавол некоторым образом обладал властью и легко совращал людей. После распятия Христос дал всем людям возможность иметь божественное просвещение. Христос принёс Себя в жертву и освободил нас. Мы крестились во имя Его. Он подключил нас к «розетке» уже постоянно. Сейчас причиной непроходимости тока Божественной благодати становимся уже мы сами, потому что мы оставляем свои провода ржавыми.

— Геронда, какие предпосылки необходимы для того, чтобы в человеке обитал Святой Дух?

— Необходимы подвижнический дух, смирение, любочестие, великодушие, жертвенность. Если не будет благодати Святого Духа, то человек ни на что не годен. Дух Святой есть Свет, Божественный Свет. В этом вся основа. Если человек не видит, то он может удариться о стекло, упасть с обрыва, провалиться в яму, в нечистоты и даже в пропасть. Он не видит, куда идёт, ибо он лишён света. Однако если он хоть немного видит, то бережётся. Если он видит больше, то избегает всех этих опасностей и безопасно идёт своим путём. Для того чтобы пришёл Свет, надо хотеть выйти из тьмы. Если люди будут видеть, пусть и немного мутно, они уже не будут падать, и Бог не будет огорчаться. Если какой-то отец огорчается, когда его дети падают в грязь, в колючки, с обрыва, то насколько больше огорчается Бог!

Всё зло в мире происходит от того, что нет божественного просвещения. Когда божественного просвещения нет, человек находится во мраке. Тогда один говорит: «Пойдём сюда», другой говорит: «Нет, я хорошо знаю, лучше сюда пойдём», третий: «Туда», четвёртый: «Сюда». Каждый думает, что правильно идти туда, куда считает он. Иными словами, все хотят добра, но находятся в помутнении и не могут прийти ко взаимопониманию. Если бы помутнения не было, то они бы не ругались: ясно видели бы, какой путь лучше, и вместе шли бы к нему. Я хочу сказать, что все могут действовать с добрым расположением, но из-за помутнения создаётся много проблем и в обществе, и в Церкви. По крайней мере, в Церкви у большинства нет злых намерений, но отсутствует божественное просвещение. Борются за доброе, а чем в конце концов заканчивают?.. Поэтому будем просить у Бога, чтобы Он дал нам хотя бы немного божественного просвещения, ибо иначе мы будем спотыкаться, как слепые. На Божественной Литургии, когда священник возглашает «Твоя от Твоих», я молю Бога просветить мир, чтобы он видел. Пусть просветит Он хоть немножко, чтобы рассеялся мрак, чтобы люди не калечились духовно! И, читая второй псалом, который святой Арсений Каппадокийский читал, «чтобы Бог просветил идущих на собрания», я говорю: «Да просветит Бог всех правителей, потом да просветит Он священноначалие и всех отцов Церкви, да приемлют они Духа Святого, чтобы помогать миру». Если Бог одного немножко просветит, а других сделает восприимчивыми, то знаете, сколько добра может из этого выйти? Правителю стоит только слово сказать — и всё меняется. Люди имеют нужду в божественном просвещении.

Добрый Бог даёт Своё божественное просвещение тем, у кого есть благое произволение. Один судья рассказывал мне о случае, с которым ему самому пришлось столкнуться. Монастырь послал одного монаха с пятьюстами золотыми лирами для покупки земельного участка. Монах обратился к какому-то торговцу, а тот ему и говорит: «Оставь ты их мне, чего тебе их с собой таскать». Монах оставил ему деньги и в добром помысле подумал: «Какой же хороший человек, облегчил мою ношу!» Когда он вернулся, торговец не только не отдал ему пятьсот лир, но ещё и говорил, что монах ему должен восемь миллионов! Несчастный монах призадумался: как ему возвращаться в монастырь?! Отдал пятьсот золотых, ничего не купил, и вдобавок с него требовали ещё восемь миллионов! Дошло до суда. Судья по вдохновению задал ряд вопросов, и было доказано, что торговец не только ничего не давал монаху в долг, но ещё и лиры у него взял. Я различил в этом судье состояние, которое имел пророк Даниил[6]. У него был страх Божий, и поэтому Бог просветил его, и его действия были правильными.

Основа всего — это божественное просвещение. Если оно придёт, то человек утешает окружающих его и сам развивается духовно. Потому я и говорю, что светильники и люстры — изобретение человеческого разума — вещь хорошая, но несравненно выше их просвещающий человека Божественный свет благодати Божией. Человек, имеющий божественное просвещение, зрит вещи очень чисто, извещается без сомнения и не только не устаёт сам, но и другим помогает весьма успешно.

---

[6] См. Дан. 13: 45–62.

ЧАСТЬ ВТОРАЯ
О ПОДВИЖНИЧЕСТВЕ И БЛАГОГОВЕНИИ

«Кто внимательно и горячо берётся за спасение своей души, тот подвизается, преуспевает, плодоносит, питается духовно и радуется ангельски».

ГЛАВА ПЕРВАЯ
«Подвиг добрый»

Борьба за освящение души

Мне не очень радостно, когда я вижу в мире, наполнившемся тангалашками[1], души внимательные и подвизающиеся. Бог, будучи добр и справедлив, всем нам дал соответствующие дарования, например: мужество мужчинам и любовь женщинам. Он дал их нам для того, чтобы мы подвизались, с помощью Божественной благодати поднимались по духовной лествице и всё больше приближались к Тому, Кто есть наш Творец. Никогда не надо забывать, что кроме людей, которые могут помочь нам духовно, мы имеем близ себя и Самого помогающего нам Христа, Пресвятую Богородицу, херувимов, серафимов и всех святых. Итак, дерзновение! Христос очень силен, Христос всесилен, Он даст нам Свою Божественную силу, чтобы мы «сломили роги» лукавого. Он постоянно невидимо следит за нами, Он будет укреплять нас, если мы будем иметь благое произволение и совершать малый, по нашим силам, подвиг.

---

[1] *Тангала́шка* (греч. ταγκαλάκι) — такое прозвище преподобный дал диаволу. Тангалаки (или башибузу́ки) — это нерегулярные и почти неуправляемые военные отряды в Османской империи, состоявшие из сорвиголов, славившихся своей жестокостью; им не платили жалованья и питались они за счёт мародёрства, грабя и убивая мирное население. — *Прим. пер.*

Станем, насколько возможно, избегать поводов ко греху. Будем внимательны к нашим чувствам, ибо всё начинается с этого. А если подчас это для нас тяжело, то давайте, по крайней мере, избегать любопытства, чтобы наши глаза не разглядывали греховных картин и бесы потом не устраивали бы нам киносеансов. Если взять горящий уголёк и сжать его в руке, то он её, естественно, обожжёт. Но если мы станем катать его в руке — конечно, не слишком долго, — то он не причинит вреда. Так и скверные образы: когда они мелькают быстро и глаза их не удерживают, но только касаются слегка, то эти образы не жгут потом душу.

Те люди, которые были невнимательными и в мирской жизни приобрели дурные привычки, пусть после своего обращения безропотно терпят брань от врага, не возделывая, однако, злых похотей. Если они станут таким образом подвизаться, то очистятся и достигнут состояния людей целомудренных, которые не познали больших грехов, не приобрели дурных привычек, но не терпят и большой брани. Весьма преуспеют те, кто использует свои предыдущие падения как опыт. Идя по минному полю, не зная местности, человек вынужден продвигаться вперёд очень медленно и осторожно, иначе взлетит на воздух. А если знать местность, то с имеющимся опытом можно, и будучи раненым, продвигаться вперёд уверенно и быстро. Тот, кто занялся невозделанной нивой своей души, выполет из неё все терния страстей и насадит на их месте добродетели. Однако это очень тяжёлое делание, требующее большой силы воли и терпения.

— Геронда, не могли бы Вы рассказать нам о практической стороне этого делания?

— Надо стараться каждый день помещать в себя что-то духовное, противодействующее чему-то мирскому и грешному, и так потихонечку совлечься ветхого человека и впоследствии уже свободно двигаться в духовном пространстве. Заменять греховные картины, находящиеся в памяти, святыми образами, светские песни — церковными песнопениями, мирские журналы — духовными книгами. Если человек не отвыкнет от всего мирского, грешного, не будет иметь связи со Христом, с Божией Матерью, со святыми, с торжествующей Церковью и не отдаст себя всецело в руки Божии — не сможет достичь духовного здравия.

— Геронда, что такое духовное здравие?

— Духовное здравие равняется чистым помыслам, просвещённому уму и очищенному сердцу, постоянно имеющему в себе Христа и Пресвятую Богородицу. Многое внимание, самонаблюдение и молитва весьма помогают приобрести здравие души. Молитва необходима для очищения души, и благоразумие — для сохранения доброго духовного состояния.

Конечно, жизнь это не дом отдыха: она имеет радости, но имеет и скорби. Воскресению предшествует Распятие. Удары испытаний необходимы для спасения нашей души, ибо они её очищают. Как и с одеждой: насколько больше мы её трём, когда стираем, настолько чище она становится. То же самое и осьминог: чем больше мы его бьём, тем чище и мягче он становится. И рыба кажется прекрасной, когда она живая плавает в море, и даже когда она лежит на базаре — в чешуе и невыпотрошенная. Но в употребление она годится только когда очистится — станет с виду безобразной и потом испечётся. Так и человек: когда он сбросит с себя всё мирское, то при кажущейся внешней потере жизни, мирской живости — чешуи, он выскребает из себя всё ненужное, «пропекается» и тогда уже становится годным к употреблению.

Что помогает духовно преуспеть

Тем людям, которым Бог попустил (или для того, чтобы притормозить их, или от зависти лукавого) быть побитыми холодом северных ветров — испытаний, нужно потом много солнечного тепла и духовной свежести, чтобы они расцвели и принесли плод. Как и деревьям, доверчиво раскрывшим свои почки навстречу обманчивому теплу зимней оттепели и безжалостно побитым после этого ледяным северным ветром, нужно потом много весеннего солнечного тепла и дождика, чтобы начали циркулировать их соки и эти деревья принесли цветы и плоды.

— Геронда, что необходимо для духовного обращения?

— Любочестный подвиг с надеждой и доверием Богу. Простота с любочестным подвигом приносят внутренний мир и уверенность, и тогда душа наполняется надеждой и радостью. Для того чтобы борющийся был увенчан, необходимо терпение, любочестие и духовная отвага. Отвага изливается из любочестного сердца, а если от сердца делать что-то для Христа, то это не утомительно и не больно, ибо боль за Христа есть духовный пир. При небольшом любочестном упорстве и наблюдении за собой можно духовно развиться в очень короткий срок. Затем душа будет получать помощь от Христа, Пресвятой Богородицы, ангелов и святых. Очень помогают также чтение, молитвы, обращённость внутрь себя. И немного побезмолвствовать помогает тоже.

Христос наш даёт силу тем, кто подвизается *подвигом добрым*[2], который совершили все святые ради того, чтобы подчинить плоть духу. Даже если мы получим раны, не нужно терять хладнокровия, но просить помощи Божией и с мужеством продолжать борьбу. Пастырь Добрый

---

[2] См. 1 Тим. 6:12.

услышит и тут же поспешит на помощь, как бежит на помощь пастух, заслышав, как жалобно блеет ягнёнок от полученной раны, укусов волка или пса. К тем, кто прежде жил жизнью, которая была достойна плача, и ныне подвизается, я питаю больше любви, имею их в своём уме и чувствую за них больше боли, чем за тех, кто не мучим страстями. Так и чабану за ягнёнка раненого или заморыша больно больше, чем за других, и о нём он заботится особо, пока и тот не станет здоров.

А иногда причиной того, что мы, подвизаясь правильно, не видим никакого преуспеяния, бывает вот что: бес, поскольку мы объявили ему войну, попросил у сатаны подкрепления. И если год назад мы воевали с одним бесом, то нынче воюем с пятьюдесятью, а через год их будет ещё больше и так далее. Бог не попускает нам этого видеть, чтобы мы не возгордились. Мы не понимаем этого, а Бог, видя в нас доброе расположение, работает над нашей душой.

— Геронда, в чём причина, если кто-то подвизается и не преуспевает?

— Может быть, он подвизается гордо. Но сказать вам, на чём погорают некоторые и не преуспевают? Имея предпосылки для духовного развития, они растрачивают их по пустякам, и потом у них нет сил, соответствующих духовному подвигу. Предположим, мы начинаем наступление на врага и, собрав всё необходимое, готовимся к сражению. Однако враг, боясь поражения, старается диверсиями и атаками в других местах фронта нас расколоть и отвлечь наше внимание. Мы обращаем наше внимание туда, отправляем войска направо и налево. Время уходит, боеприпасы и продовольствие идут на убыль, обмундирование в части мы даём старое. Среди солдат начинается ропот. В результате истощатся все наши силы, и мы не сможем сразиться с врагом. И в духовной брани некоторые ведут себя так же.

— Геронда, а не помогает ли духовному преуспеянию и окружающая обстановка?

— Да, помогает, но иногда можно жить среди святых и не преуспевать. Разве существовали предпосылки бо́льшие, чем у Иуды, который постоянно находился со Христом? Иуда не имел смирения и доброго расположения. После своего предательства он опять не смирился, с гневом и эгоизмом швырнул сребреники и с лукавством полез в петлю. А фарисеи поступили по-диавольски. После того как их дело было сделано, они сказали Иуде: *Ты у́зриши*[3]. Бог действует в соответствии с состоянием человека. Духу Святому не препятствует ничто. И вот что я понял: где бы ни оказался человек, если он будет подвизаться любочестно, может достичь желаемого, то есть спасения своей души. Лот вообще жил в Содоме и Гоморре, а в каком духовном состоянии он находился[4]! Сейчас же, хотим мы этого или нет, нам должно подвизаться, чтобы стать лучше и чтобы в нас действовала Божественная благодать. Происходящее вынуждает и будет вынуждать нас ещё больше приблизиться к Богу, чтобы иметь Божественную силу и правильно действовать в любой ситуации. И, конечно, Добрый Бог не оставит, Он окажет нам Своё покровительство.

Должно знать и то, что, улучшая своё духовное состояние, мы и сами чувствуем себя лучше и Христа радуем. Кто может представить себе ту великую радость, которую испытывает Христос, когда Его дети преуспевают? Желаю всем людям духовно преуспеть и соединиться со Христом, Который есть Альфа и Омега. Когда вся наша жизнь находится в зависимости от Альфы и Омеги, тогда всё освящено.

---

[3] Мф. 27:4.
[4] См. Быт. 19:1–38.

Духовное чтение

— Геронда, чтение каких книг может помочь людям, в которых пробуждается добрая обеспокоенность?

— Пусть они сначала читают Евангелие, чтобы понять, что значит Христос. После того как они немного придут в сокрушение, пусть читают Ветхий Завет. Знаешь, как бывает трудно, когда твоей помощи просят люди, ничего не читавшие? Всё равно что ученик начальной школы идёт к профессору университета и говорит ему: «Помоги мне». И что тогда говорить профессору? Что один плюс один равняется двум?

А бывает ещё, что приходят люди, не имеющие в себе доброй обеспокоенности, и говорят: «У меня, отец, проблем нет, всё прекрасно, так просто зашёл посмотреть на тебя». Но человек никогда не может сказать, что у него нет никаких проблем. Что-то всё равно есть. Борьба за духовную жизнь не заканчивается никогда. Или как некоторые мне говорят: «Скажи нам что-то духовное». Всё равно что прийти к бакалейщику и сказать: «Дай нам товары». Тут тебе и бакалейщик растеряется. Не просят чего-то определённого: столько-то риса, столько-то сахара и т. д., а говорят: «Дай нам товары». Или всё равно что к фармацевту прийти и сказать: «Дай нам лекарства», не объяснив, чем они больны, ходили ли к врачу и что им сказал врач. Попробуй тут разберись! А тот, у кого есть духовная обеспокоенность, понимает, чего ему не хватает, ищет это и получает пользу. Я, когда был новоначальным и читал какую-то книгу, переписывал её, чтобы не забыть, и старался применить прочитанное на практике. Я читал не для того, чтобы приятно проводить время. Во мне была добрая обеспокоенность, и когда я чего-то не понимал, то спрашивал, чтобы узнать правильный смысл. Я мало читал и много испытывал себя прочитанным: «Где я нахожусь? Что делаю?» Я сажал себя на скамью подсудимых, не давал чтению беспошлинных прав на вход в одно ухо и выход из другого.

Сегодня люди от многого чтения доходят до того, что становятся подобными магнитофонам и забивают свои кассеты ненужными вещами. Однако, по святому Исааку, «учение без деяния есть залог стыда»[5]. Точно так же многие интересующиеся спортом, сидя на диване, праздно читают спортивные журналы и газеты — сами при этом могут быть как телята, а спортсменами восхищаются. «Ух, — говорят, — это поразительный спортсмен, молодчина», а сами при этом не потеют и собственного веса ни на один килограмм не убавляют. Читают-читают о спорте, при этом валяются на диване и получают не пользу, а одно только удовольствие от чтения. Из мирских одни читают газеты, другие приключенческие романы, третьи смотрят, как играют на стадионах, и так все эти люди проводят своё время. То же самое делают некоторые из читающих духовные книги. Они могут ночами не спать, читать эти книги запоем и получать удовольствие. Берут духовную книгу, усаживаются поудобнее и читают. «Я получил пользу», — скажет кто-то из них. Скажи лучше, что ты получил удовольствие, что приятно провёл время. Потому что это не польза. Ты получаешь пользу только тогда, когда понимаешь, о чём говорится в книге, испытываешь себя и принуждаешь себя применять прочитанное к самому себе. О чём говорит то, что я читаю? Где я духовно нахожусь? Что мне следует делать? И потом чем больше кто-то узнаёт, тем большую он несёт ответственность. Я не говорю, что не надо читать, чтобы не знать много

---

[5] «Но слово от деятельности — сокровищница надежды; а мудрость, не оправданная деятельностью, — залог стыда». См.: *Исаак Сирин, прп.* Слова подвижнические. Слово 1-е. Сергиев Посад, 2008. С. 127.

и не быть за это ответственным. Такое отношение к чтению было бы лукавством. Я имею в виду то, что не следует читать лишь для того, чтобы получать удовольствие. Плохо, если у читающего крепкая память, и он многое запоминает.

Говорить он тоже может многое и обманывать себя, считая, что применяет прочитанное к своей жизни. Таким образом и в себе и в других он вызывает ложные чувства. Поэтому не успокаивайте свой помысел многим чтением. Возьмитесь за применение прочитанного. Многое чтение даёт образование энциклопедическое — так что ли говорят?

— Да, геронда.

— А задача в том, чтобы образовать себя богоцентрично. Я не собираюсь становиться университетским профессором и не обязан знать многого. Приобретя же богоцентричное образование, я в случае необходимости смогу легко узнать что-то из другой области. Ясно?

— Полезно ли в случае рассеянности сконцентрироваться на чтении?

— Да, надо немножко почитать что-то очень сильное, для того чтобы согрелась душа. Попечения и заботы покроются прочитанным, и ум перенесётся в область божественную. Иначе ум уходит в те дела, которыми он занимался большую часть времени.

— Геронда, а когда кто-то устал или расстроен и хочет почитать что-то лёгкое: какой-нибудь рассказ, повесть и тому подобное?

— Разве нет никакой духовной книги, пригодной для такого случая? Цель не в том, чтобы человек забыл своё расстройство, а в том, чтобы он от него избавился. Художественная литература избавления не даёт. Ни романы, ни газеты, ни телевизор не помогают в духовной жизни. Даже духовные журналы часто приносят христианам вред, возбуждая глупую ревность и вызывая смущение. Будьте внимательны: не читайте в свободное время лишнего. Читать книги определённого рода — это всё равно что набивать свой желудок жиденькой похлёбкой из тыквы, всё равно что рыться в стоге соломы в поисках одного пшеничного зёрнышка. «Да, — говорят некоторые, — но от такого чтения я отдыхаю». Да как же ты отдыхаешь, голубчик, когда у тебя от этого «чтива» заморочена голова и режет глаза? Лучше уж тогда поспать, для того чтобы отдохнуть. Из того, что читает человек, можно распознать его духовное состояние. Человек очень мирской будет читать безнравственные журналы. Не очень мирской будет читать журналы не такие грязные или газеты. Тот, кто ходит в церковь, — духовные издания, современные духовные книги или святых отцов и так далее.

— Геронда, какие духовные книги помогают больше всего?

— Очень большая польза от различных святоотеческих книг, которые в наши дни издаются, слава Богу, тысячами. В этих книгах можно найти то, к чему ты стремишься, в чём ты нуждаешься. Они — подлинная духовная пища, они безопасно ведут по духовному пути. Однако для того, чтобы они помогли, их должно читать со смирением и молитвой. Святоотеческие книги подобны томографии[6]: как на томографии запечатлевается телесное состояние человека, так в духовных книгах — его духовное состояние. В каждом предложении святоотеческих текстов кроется не один, а множество смыслов, которые каждый понимает в соответствии со своим

---

[6] *Томогра́фия* (от греч. τομή — сечение + γράφω — изображать) — способ создания изображения внутренней структуры объекта, основанный на анализе съёмков отдельных слоёв или отдельных проекций изучаемого объекта, полученных при помощи рентгеновского или иных излучений. — *Прим. пер.*

духовным состоянием. Хорошо бы читать сами тексты[7], а не переводы, потому что переводчик изъясняет оригинал в соответствии с собственной духовностью. Но в любом случае для того, чтобы уразуметь святых отцов, надо сжать себя, сконцентрировать ум и жить духовно, ибо святоотеческий дух воспринимается только духом. Особенно сильно помогают подвижнические слова аввы Исаака Сирина, но читать их необходимо по чуть-чуть, чтобы пища усваивалась. «Эвергетин»[8] — это великое благодеяние, поскольку через него можно познать весь святоотеческий дух. Эта книга помогает потому, что она описывает борьбу святых отцов со всеми страстями по порядку, душа познаёт то, как трудились отцы, и получает пользу. Также и жития святых: это освященная история, и поэтому они весьма помогают, особенно детям. Но не следует читать их как сказки.

Для того чтобы стяжать благоговение, нет нужды иметь много знаний. Если размышлять над тем малым, что мы знаем, то сердце заработает. У кого-то от одного тропаря всё внутри переворачивается, а другой знает всё наизусть и ничего не чувствует, потому что движется вне духовной действительности. Итак, читайте отцов, хотя бы одну-две строчки в день. Это витамины, весьма укрепляющие.

---

[7] В данном случае преподобный имеет в виду святоотеческие тексты на древнегреческом языке и их переводы на новогреческий. В русской духовной письменности в подобном соотношении находятся святоотеческие тексты на славянском и их переводы на современный русский язык. — *Прим. пер.*

[8] «Эвергети́н» (от греч. εὐεργετέω — совершать благодеяние) — систематизированный сборник святоотеческих поучений в четырёх томах, составленный в XI веке основателем константинопольского монастыря Эвергети́ды (Богородицы Благодетельницы) преподобным Павлом и впервые изданный в конце XVIII века преподобным Никодимом Святогорцем. — *Прим. пер.*

«И́стинные покло́нницы...»

«В этом маленьком и умилительном храмике, — говорят некоторые, — я переживаю Божественную Литургию, а в большом храме — нет. Если церковь оштукатурена и побелена, то я не чувствую ничего, в расписанной же, с хорошим иконостасом и т. п. я переживаю Божественную Литургию». Это то же самое, что человеку, не хотящему есть, подсолить и поперчить пищу для того, чтобы у него появился аппетит.

— То есть, геронда, названное Вами не имеет никакого значения? Не помогает?

— Я такого не говорю. Помогает, но не надо застревать на этом. В противном случае человек будет стремиться ощутить Христа магическим способом, будет искать тёмную келью, тусклую лампадку, располагающий к умилению храм и без этого не сможет молиться. Но в любом месте должно чувствовать себя одинаково: в поезде ли, в пещере, в дороге. Бог сделал каждого человека малой церковкой, и её можно всюду носить с собой.

Все ищут покоя, но покой приходит к нам изнутри. И эти бедолажки, что паломничают от одной святыни к другой, хотят найти Христа, в то время как Христос находится возле них. Имея возможность найти Его без труда, они утомляются и в конечном итоге не находят Его. Человек по-настоящему духовный не получает покоя от шатаний и любований разными достопримечательностями. Они для тех, кто страдает, потому что помогают им немного забыть своё расстройство. Человек духовный, имеющий божественное утешение, не нуждается в подобных вещах. Если же он не имеет в себе божественного утешения, то ничем не отличается от мирских. Его устремления и интересы тоже будут не духовными, а мирскими. Такой человек будет стремиться достичь покоя с помощью чего-то мирского.

Многие приезжают на Святую Гору, посещают разных отцов, воодушевляются тем, что слышат от каждого, по-своему истолковывают и путают смысл сказанного, да вдобавок говорят: «Очень хорошо провели время!» Но если бы они посещали какого-то одного отца, советовались бы с ним и старались исполнить то, что он им сказал, то получали бы действительную помощь. То, чем они занимаются сейчас, называется «духовным туризмом». Они теряют время, без цели мучаются и пользы не получают. А как было бы легко, если бы они держались одного отца и исполняли бы то, что слышали! Потому что тогда они ощущали бы, что внутренне отходят от усталости, в то время как сейчас они бродят из одного места в другое и, подобно людям мира сего, отдыхают, любуясь зеленью святогорских пейзажей.

Есть и такие, что говорят: «Поеду к одной Матери Божией, к другой Матери Божией!» Матерь Божия одна. Они же занимаются этим не от благоговения, а от желания покататься, развлечься. Из этого видно, что у них неспокойно на душе. Того, у кого нет благоговения, смирения, хоть в саму Кувуклию Всесвятого Гроба Господня посади — ничего не увидит. Если же есть благоговение, то можно увидеть Благодатный огонь и у Голгофы. Как-то раз один послушник из Лавры Святого Саввы пришёл в Великую Субботу ко Гробу Господню за Благодатным огнём для своей обители. Обычно окрестные монастыри посылают братию за Благодатным огнём. Послушник пошёл на хитрость: будучи одет в рясу, он оттеснил мирян и вылез вперёд. Но позже, когда пришли священнослужители, его самого отодвинули назад, потому что было заранее определено, кому где стоять. Тогда послушник начал ругать себя: «Ах ты, грешник окаянный, ах ты, пропащая душа, ещё и вперёд полез со всей своей скверной! А ну-ка дуй отсюда, проваливай! Ты и в храме-то быть недостоин!» И он верил в то, что говорил себе. Вышел он из храма и стал просить Христа: «Христе мой, прошу Тебя, не возгнушайся мной и позволь пойти к какой-нибудь другой святыне». Потом он поднялся к Голгофе и там опять окаявал себя: «Подумай только, на какое ты пошёл лукавство! Носишь, ничтожество, рясу и из-за этого отпихивал других, лучших тебя…» И в какое-то мгновение, когда он так себя окаявал, из Святой Голгофы вышел сильный свет, пронзивший всё его существо. «Благодатный огонь снизошёл!» — сказал тогда горемыка, пошёл, взял от Голгофы Благодатного огня в свой фонарик и удалился.

— То есть, геронда, паломничества, например на Святую Землю, не идут на пользу?

— Смотри: в наши дни, путешествуя для того, чтобы получить небольшую пользу, ты в поездах, самолётах, гостиницах получишь скорее большой вред. Всё пришло к обмирщению. Какую пользу можно получить, направляясь в духовное место и видя там великое мирское бесчинство? Для того чтобы всё это пошло на пользу, надо быть очень сильным человеком. И этот экскурсовод, который рассказывает и объясняет, когда путешествуют группами, уж лучше бы он иной раз помолчал! Потому что он не рассказывает благоговейно, например: «Здесь Гефсимания, здесь — Всесвятой Гроб Господень», а начинает тарахтеть: «Это то, это сё, сейчас мы едем в Вифлеем, туда пришли мудрецы из Персии» — и потихонечку «увозит» паломников… чуть ли не в Кувейт! Тому, кто читал Священное Писание и знает, что здесь Гроб Господень, а здесь Гефсимания, такой экскурсовод не даёт сосредоточиться и помолиться. Эти рассказы нужны только тому, кто не читал Священного Писания, но те, кто едут в паломничество на Святую Землю, его читали. И люди вместо того чтобы получить пользу, остаются с замороченной головой. Да ещё и убегают сразу от одной святыни и несутся к другой — услышанное не удерживается в них. Другое дело, когда спутники и руководители в паломничестве — люди духовные, когда заранее была проделана соответствующая подготовка.

Одна переселенка из Фарас, поселившаяся в Янице, говорила: «Это что, хаджи[9]? За полчаса летят до Иерусалима, за полчаса возвращаются. Разве хаджи это?» В старину бедняжки паломнички оставались у святынь и совершали там бдения для того, чтобы получить духовную пользу, а ещё для того, чтобы не расходовать деньги на гостиницу и раздавать милостыню. Если же кто-то по возвращении из паломничества ни в чём не изменялся духовно, то ему говорили: «И пошёл ты чесноком, и вернулся луком». Святой Арсений Каппадокийский каждые десять лет совершал паломничество в Иерусалим и пять дней шёл пешком до Мерсины, чтобы сесть там на корабль. Сегодня такое встретишь нечасто. Помню, как пришёл ко мне в каливу один русский из Владивостока. Это напротив Японии. Он дал обет пойти пешком на Святую Землю. Когда он пришёл к владыке за благословением, тот сказал ему: «Ненормальный, ну куда ты пойдёшь пешком?» Поэтому сначала он пошёл в Загорск, возле Москвы, в монастырь и взял благословение у одного старца. На Пасху он вышел пешком из Загорска и в октябре пришёл в Иерусалим. По семьдесят километров в день отшагивал. Потом из Иерусалима он пешком пришёл на Святую Гору и собрался опять идти в Иерусалим.

---

[9] *Хаджи́* (от араб. «паломник») — на Востоке почётный эпитет перед именем человека, совершившего паломничество в святые места — *Прим пер.*

В нём было действительно божественное рачение[10], он жил в другом мире. Он знал немного по-гречески, и мы друг друга понимали. «Я думал, — сказал он мне, — что встречу там антихриста и стану мучеником, что он мне голову отрежет! Но не было его там! Сейчас снова пойду в Иерусалим и за тебя поклон положу перед Гробом Господним, а ты моё имя поминай». Вскочил он и положил земной поклон, чтобы показать мне, как он это сделает, и как стукнется головой о камень! В нём было видно пламя. А так, как путешествуют на Святую Землю другие — для туризма и без благоговения, — лучше туда не ездить.

Насколько же ощутимо на Святой Земле присутствие Христа! Например, по пути к Голгофе ощущаешь, как что-то меняется. Даже не зная, куда ведёт этот путь, идя по нему, сильно переживаешь. Там есть и табличка, на которой по-латински написано «via Dolorosa»[11]. А у Гроба Господня — многообразие людей. Клирики, миряне, одни одеты прилично, другие неприлично, кто в длинном платье, кто в коротком, кто совсем почти без платья, одни пострижены, другие с длинными волосами… Разный народ, разные люди, разные племена. И вероисповеданий различных: тот римо-католик, этот армянин… Но все приходят туда и поклоняются святыне. Это произвело на меня впечатление. Это трогает. Но всё это нужно рассматривать с добрым помыслом для того, чтобы оно умиляло и возвышало духовно.

— Геронда, а если нет желания паломничать, то это значит, что отсутствует благоговение?

— Нет. Я вот был не во всех монастырях Святой Горы, не был у многих святынь. Например, к святому Иоанну

---

[10] *Божественное раче́ние* (греч. θεῖος ἔρως) — любовь, наслаждение, утешение. — *Прим. пер.*

[11] Путь скорби (лат).

Русскому я не ездил, но это не значит, что я не почитаю этого святого. Хорошо иметь благоговение к какому-то святому, мощи которого находятся в каком-нибудь святом месте, но не надо гнаться за тем, чтобы поехать туда. Поедем, когда нам представится благоприятная возможность или будет какая-то причина. Важно то, что сказал Христос самарянке: *Истинные покло́нницы покло́нятся Отцу́ ду́хом и и́стиной*[12].

Спасение нашей души

— Геронда, одни чувствуют уверенность в том, что они спасутся, а другие сомневаются в этом. Какое расположение является более правильным?

— Цель в том, чтобы человек соблюдал заповеди Божии. Духовный человек должен достичь такого состояния, что если бы даже Бог и не впустил его в рай, то его это не волновало бы. Надо хорошенько понять, что сегодня мы живы, а завтра можем уйти, и стараться прийти ко Христу. Достигшие по благодати Божией познания суетности этой жизни получили величайшее дарование. Им нет нужды достигать дара прозорливости и предвидеть будущее, поскольку достаточно предусмотреть, попечься о спасении своей души и принять максимально возможные духовные меры для того, чтобы спастись. Вот и Христос сказал: «Сколько стоит одна душа, не стоит весь мир»[13]. Каково, стало быть, достоинство души! Поэтому спасение души — это великое дело.

— То есть, геронда, не должно иметь надежду на спасение и страх мучений?

---

[12] Ин. 4:23.
[13] См. Мф. 16:26.

— Если есть надежда на спасение, то страха мучений нет. Раз у человека есть надежда спасения, то он более-менее в порядке. Бог не оставит человека, подвизающегося, насколько он может, с любочестием, не расположенного к бесчинствам и то побеждаемого, то побеждающего в борьбе своей. Кто хоть немного расположен к тому, чтобы не опечалить Бога, пойдёт в рай «в галошах». Благой по Своей природе Бог «втолкнёт» его в рай, Он даст ему намного больше, чем человек заслужил, Он устроит всё так, чтобы взять его душу в тот час, когда он находится в покаянии. Он может биться всю свою жизнь, но Бог не оставит его, заберёт его в наиболее подходящее время.

Бог добр, Он хочет, чтобы все мы спаслись. Если бы спасение было только для немногих, то для чего было распинаться Христу? Райские врата не тесны[14], они открыты всем людям, смиренно склоняющимся и не раздутым гордостью. Лишь бы они покаялись, то есть отдали бремя своих грехов Христу, и тогда они свободно пройдут в эту дверь. Кроме того, у нас есть смягчающее обстоятельство: мы перстны, мы не один только дух, как ангелы. Однако нам нет оправдания, если мы не каемся и не приближаемся смиренно к нашему Спасителю. Разбойник на кресте сказал одно только «прости» и спасся[15]. Спасение человека зависит не от минуты, а от секунды. Смиренным помыслом человек спасается, принимая же помысел гордый, он теряет всё.

Нам подобает спастись от любочестия и ни от чего другого. Для Бога нет величайшей боли, чем видеть человека в мучении. Думаю, что одной лишь благодарности

---

[14] Этими словами преподобный Паисий, конечно же, не пытается оспорить известное евангельское утверждение о тесноте райских врат (см. Мф. 7:13–14 и Лк. 13:24), но подчёркивает то, что возможность спасения широка и открыта для каждого человека. — *Прим. пер.*

[15] См. Лк. 23:40–43.

Богу за многие Его благословения и смиренного, с любовью, отношения к Его образам — нашим ближним — в соединении с небольшим любочестным подвигом достаточно для того, чтобы наша душа была упокоена и в сей и в иной жизни[16].

---

[16] Разумеется, речь преподобного обращена к подвизающимся и соучаствующим в таинствах Церкви православным верующим.

ГЛАВА ВТОРАЯ
О том, как действует диавол

Диавол старается вывести подвижника из строя

еронда, иногда искушения обрушиваются одно за другим, и сил у меня нет...
— Я тебя научу, как избежать искушений. Примешь то, что я тебе скажу?
— Да.
— Единственный способ избежать искушения — это стать... союзником диавола! Чего смеёшься? Не нравится тебе этот способ? Ну тогда слушай.
Пока человек борется, у него будут искушения и трудности. И чем больше он старается избежать искушений, тем сильнее восстаёт на него диавол. Иногда наша жизнь противна жизни евангельской, и поэтому через искушения, если мы разумно используем их, нам даётся возможность привести нашу жизнь в согласие с Евангелием.
— А я, геронда, застреваю на мелочах, и после у меня нет расположения подвизаться ради чего-то высшего.
— Это всё равно что мины, которые ставит враг для того, чтобы вывести войско из строя. Тангалашка старается вывести подвижника из строя с помощью мелочей,

когда видит, что не может навредить ему иначе. Но знай, что бывают и маленькие тангалашки, которые приносят, однако, немалый вред. Как-то спросили одного маленького тангалашку: «Ну а что же можешь сделать ты?» — «Что могу сделать я? — переспросил тот. — Я хожу к портнихам, к сапожникам — путаю им нитки и вывожу их из себя!» Величайшие соблазны происходят от пустяков и не только между нами, но иногда и между государствами. В людях духовных нет серьёзных поводов для соблазнов, и тогда диавол в качестве поводов использует мелочи. Он душевно ломает человека на глупостях, на детскостях, диавол делает человеческое сердце таким, как хочет он, а человек после этого становится бесчувственным и стоит на месте, как пенёк.

— Геронда, а почему, установив распорядок, чин своей духовной жизни и имея вначале расположение подвизаться, я быстро теряю над собой контроль и возвращаюсь к старому?

— А ты сама не знаешь? Тангалашка, будучи извещён о том, что мы работаем духовно, «переключает» нашу «программу» на другую. Установив для себя какой-то порядок, начав двигаться по одной колее, мы оказываемся в другой. И при недостатке внимания мы понимаем это лишь по прошествии дней. Вот почему подвижник должен во всём идти наперекор диаволу (с рассуждением, конечно), и, кроме того, за ним должен наблюдать опытный духовник.

— А ведёт ли сатана брань с человеком, не совершающим тонкой работы над самим собой?

— Сатана не идёт к людям посредственным, он идёт к подвижнику: искусить и вывести его из строя. Враг не будет терять времени и заниматься тонкой работой с тем, кто сам не совершает над собой тонкой работы. К тому, кто шьёт цыганской иглой, он пошлёт беса с цыганской иглой. К тому, кто занимается тонким рукодельем, пошлёт беса, который занимается тонким рукодельем. К тончайшему вышивальщику — беса, специалиста по очень тонким работам, к тем, кто работает над собой грубо, — грубого беса. К новоначальным он посылает беса новоначального.

Люди с тонкой душой, со многим любочестием и чувствительные должны быть внимательны, потому что диавол крутит своим хвостом и делает их ещё более чувствительными, так что они могут дойти до уныния или даже, Боже упаси, до самоубийства. Диавол, хотя и подстрекает нас, людей, идти наперекор своему ближнему и ссориться, сам никогда не идёт наперекор. Нерадивого он делает ещё более нерадивым, он успокаивает его таким помыслом: «У тебя болит голова, ты плохо себя чувствуешь, ничего страшного, если ты не поднимешься на молитву». Благоговейного диавол делает ещё более благоговейным, чтобы низринуть его в гордость, или подзуживает его на превышающий его силы подвиг, чтобы прежде усердный подвижник выбился из сил, сложил впоследствии всё своё духовное оружие и сдался. Жестокосердого диавол делает более жестокосердым, человека впечатлительного он делает чрезмерно чувствительным.

Сколько же людей, одни от впечатлительности, другие от своих расшатанных нервов изводятся от бессонницы, глотают таблетки или без пользы мучаются по больницам! Сегодня редко увидишь человека уравновешенного. Люди стали аккумуляторами, большинство словно наэлектризовано. А те, кто не исповедуются, принимают вдобавок и бесовские воздействия, имеют некий бесовский магнетизм, поскольку диавол властвует над ними. У немногих мирный взгляд, будь то юноши, девушки или пожилые люди. Беснование! Знаешь, что такое беснование? Это когда невозможно прийти ко взаимному пониманию с людьми.

Диавол делает нам обезболивающий укол

Одним врачам, обсуждавшим тему анестезии при хирургических операциях, я сказал: «Анестезия лукавого влечёт за собой тяжёлые для человека последствия, та же, которую делаете вы, человеку помогает». Анестезия диавола — это как яд, которым змея парализует птиц или зайчат, чтобы пожрать их без сопротивления. Когда диавол хочет побороть человека, он посылает вперёд себя бесёнка-«анестезиолога», чтобы тот сначала сделал человека бесчувственным. Потом уже диавол приходит сам и кромсает человека, делает с ним, что хочет. Начинается, однако, с «анестезиолога», который делает нам обезболивающий укол, и мы забываемся. Например, как монахи, мы обещаем «терпеть досаждения и укоризны», даём другие священные обеты, а после бывает, что диавол запутывает нас, и мы делаем противоположное тому, что обещали. Мы начинаем с одного, а заканчиваем другим, мы отправляемся в одно место, а приходим в другое. Мы невнимательны. Разве я не приводил вам такие примеры?

Раньше в Конице не было банка. Когда люди хотели получить заём, они шли в Янину. По нескольку человек из окрестных деревень собирались и шли семьдесят два километра пешком, чтобы занять денег и купить, например, лошадь. В то время, имея лошадь, можно было содержать семью: впрягали свою лошадь в пару ещё с чьей-нибудь лошадью и пахали. Так вот, как-то раз отправился один крестьянин в Янину занять денег, чтобы купить лошадь, пахать на ней землю и не мучиться с мотыгой. Получил он в банке заём, а потом пошёл ротозейничать по еврейским лавкам. Один еврей увидел его и потащил внутрь. «Ну-ка, дядя, заходи, что за прелесть, погляди!» Зашёл крестьянин в магазин, начал еврей снимать с полок рулоны ткани, брал один, бросал другой.

«Бери, — говорил, — хороший материал, а для детей твоих я отдам и подешевле!» Вырвался простофиля из одной лавки и пошёл к другой. «А ну-ка, дядя, — говорит ему другой еврей, — проходи внутрь, для тебя-то уж я продам подешевле!» Снимал перед ним рулоны, раскрывал, разворачивал… Под конец закружилась у нашего бедолаги голова. Было у него вдобавок и немного любочестия. «Ну что же поделать, — говорит, — раз уж он и поснимал рулоны с полки, и поразворачивал их… и якобы уступает для детей подешевле…» Отдал он еврею те деньги, что взял в банке, и купил рулон ткани, но и она оказалась истлевшей! Да и к чему было покупать целый рулон материи? Рулонами ткань даже богатые не покупали, брали, сколько было нужно. Вернулся он в конце концов домой с рулоном гнилой ткани. «А где лошадь?» — спрашивают его. «Я, — говорит он, — материалу для ребят принёс!» Но что им было делать с таким количеством ткани? И в банк он задолжал, и лошади не купил — ничего, кроме рулона изъеденной ткани! Ну и давай опять за своё: мотыжить землю, мучиться, отрабатывать долг! А если бы он купил лошадь, то вернулся бы верхом, прикупил бы и для дома чего-нибудь и впредь не убивался бы на поле с мотыгой. Но видите, до чего он дошёл из-за своего ротозейства по еврейским магазинам? Так же поступает и диавол. Как хитрый торгаш, он тянет тебя то с одного бока, то с другого, он ставит тебе подножки, добиваясь в конечном итоге того, что ты идёшь туда, куда хочет он. И если ты невнимателен, то, отправляясь в одно место, ты заканчиваешь свой путь в другом. Диавол обманывает тебя, и ты теряешь свои лучшие годы.

Диавол делает всё для того, чтобы человек не получил пользы

Диавол — искусник. Например, если духовному человеку принести во время Божественной Литургии скверный помысел, то он поймёт это, встрепенётся и отгонит его. Поэтому диавол приносит ему помысел духовный. «В такой-то, — говорит он, — книге о Божественной Литургии написано то-то». Потом он отвлекает внимание, например, на паникадило, и человек думает о том, кто его изготовил. Или же лукавый напомнит о том, что надо проведать такого-то больного. «Вот это да! — скажет человек. — Озарение пришло во время Божественной Литургии!» — тогда как внутрь уже встревает диавол. Человек начинает собеседовать со своим помыслом и только услышав, как священник возглашает: «Со страхом Божиим и верою приступите!» — понимает, что Божественная Литургия закончилась, а сам-то он нисколько не соучаствовал в ней. Да вот и здесь, в храме, когда монахиня идёт зажигать свечи на паникадиле, я замечаю, что даже людям немолодым искуситель переключает туда внимание, и они глазеют на то, как сестра возжигает свечи. Это же совершенное детство! Подобные вещи только ребятишкам на радость. «Зажгла!» — говорят они. Малым детям есть в этом оправдание, но взрослым людям? Или, тогда как во время Божественной Литургии должно избегать движений, искуситель может подтолкнуть какую-нибудь из сестёр перелистывать в священный момент книгу на аналое, создавать шум и отвлекать других молящихся, которые слышат шелест и спрашивают: «Что это такое?» Их ум уходит от Бога, а тангалашка рад. Поэтому следует быть внимательными, чтобы во время богослужения из-за нас не отвлекалось внимание других. Мы вредим людям и не понимаем этого. Или проследите за каким-нибудь чтением в храме: как только чтец дойдёт до самого священного момента, от которого люди получат пользу, то сразу что-нибудь произойдёт: или ветер сильно хлопнет дверью, или кто-то закашляется... Внимание людей оторвётся, и пользы от читаемых священных слов они не получат. Так делает своё дело тангалашка.

О если бы видели, как действует диавол! Вы не видели его, потому и не понимаете некоторых вещей. Он делает всё для того, чтобы человек не получил пользы. Я замечаю это у себя в каливе, когда разговариваю с людьми. Только лишь я дохожу до нужного мне, чтобы помочь слушающим, до кульминационного момента беседы, то сразу или происходит какой-то шум, или кто-то приходит, и я прерываюсь. Диавол заранее внушает им или ротозейничать, глядя на скит напротив[1], или помогает им увидеть что-то занимательное и подгадывает время так, чтобы они пришли в самый важный момент беседы, я сменил тему, а мои собеседники не получили пользы. Потому что диавол, зная в начале беседы, чем она закончится, и видя, что он потерпит ущерб, в самый важный момент присылает кого-нибудь, чтобы меня прервать. «Эй, — кричит вновь пришедший, — отец, где здесь вход?» — «Возьмите, — отвечаю, — лукума и воды и заходите оттуда», а в ту же минуту заходят другие и прерывают меня, потому что я должен встать и поздороваться с ними. Через недолгое время приходят третьи, опять мне надо вставать, а они и разговор заводят: «Ты откуда?» — и прочее, так что я опять вынужден начинать всё сначала, например повторять то сравнение, которое я уже приводил. Только я разойдусь, снизу кричит ещё кто-то: «Эй, отец Паисий! Ты где живёшь? Дверь здесь?» Давай опять поднимайся.

---

[1] Имеется в виду Кутлумушский скит святого великомученика Пантелеимона, напротив которого расположена келья «Панагуда». — *Прим. пер.*

Да чтоб тебя, искушение! В один день диавол шесть-семь раз устраивал мне такое, и я даже был вынужден... выставить часовых! «Ты садись там и смотри, чтобы никто не пришёл оттуда. А ты сиди здесь, пока я не кончу своего дела». Так можно шесть-семь раз начинать рассказывать целую историю, доводить рассказ до момента, в который люди могут получить пользу, а тангалашки опять будут тебе представления устраивать.

Ах искушение, что же творит враг! Он постоянно переключает нашу настройку на другую частоту. Только лишь подвизающийся готов прийти от чего-то в умиление, он «щёлк!» — переключает ему настройку на что-нибудь, что может отвлечь человека. Опять вспоминает что-то духовное? «Щёлк!» — приводит ему на память что-нибудь другое. Так враг то и дело сбивает христианина с толку. Если человек поймёт, как работает диавол, то от многого освободится.

— Геронда, а как это понять?

— Наблюдать. Наблюдая, учишься. Кто самые лучшие метеорологи? Пастухи. Почему? Потому что они наблюдают за облаками, следят за ветром.

Крыло человеческой воли

Люди легко попадают как под хорошее, так и под дурное влияние. Под дурное влияние попасть легче, потому что канонаршит там диавол. Скажи, например, кому-то бросить курить, потому что это вредно. Как только он решит бросить, к нему сразу направится диавол и скажет: «Вот в этих сигаретах меньше никотина, а в этих — очищающий фильтр, так кури такие, вреда не будет». То есть диавол найдёт для этого человека оправдание, чтобы не бросать курение, найдёт для него «выход»! Ведь диавол может найти нам целую кучу оправданий. А те сигареты, которые он предлагает, могут приносить ещё больше вреда. Поэтому мы должны иметь силу воли. И если не преодолеть свои недостатки, пока ты ещё молод, то потом их будет трудно преодолеть, ибо чем старее становится человек, тем слабее его воля.

Если у человека нет силы воли, то он не может сделать ничего. Святой Иоанн Златоуст говорит: «В „хотеть" и „не хотеть" заключается всё»[2]. То есть всё зависит от того, хочет человек или не хочет. Великое дело! Бог по природе благ и всегда хочет нам добра. Однако нужно, чтобы хотели и мы. Потому что человек духовно летит при помощи двух крыльев: воли Божией и воли собственной. Одно крыло — Свою волю — Бог навсегда приклеил к одному из наших плеч. Но для того, чтобы лететь духовно, нам тоже нужно приклеить к другому плечу своё собственное крыло — волю человеческую. Если человек имеет сильную волю, то у него есть человеческое крыло, равнодействующее с крылом Божественным, и он летит. Если же воля у человека неразвита, то он хочет взлететь, а вместо этого летит кувырком. Старается снова — и опять тоже самое!

— Геронда, а можно ли разработать силу воли?

— Разве мы не говорили о том, что можно разработать всё? У всех людей есть сила воли — у одних меньше, у других больше. Когда человек расположен к подвижничеству, когда он молится и просит Бога умножить в нём силу воли, Бог помогает ему. Человек должен знать, что если он не преуспевает, то он либо совсем не прикладывает воли, либо прикладывает её недостаточно, и

---

[2] «Итак... верен Бог и, дав обетование спасти вас, несомненно спасёт; но — как обещал. А как Он обещал? Если мы сами захотим, если будем повиноваться Ему, а не просто, не тогда, когда будем пребывать в бездействии, подобно камням и деревьям». См.: *Свт. Иоанн Златоуст.* Творения. Т. 11. Кн. 2. СПб., 1905. С. 607.

к тому же она ослаблена, так что проку в этом опять-таки нет. Предположим, что у какой-то птицы одно крыло крепкое, а другое она оставляет в небрежении. Из этого крыла начинают выпадать перья, и впоследствии птица не может летать как следует. Одно её крыло работает хорошо, но другое — словно поломанная гребёнка. Птица шевелит этим крылом, но его насквозь продувает ветер, и она не может взлететь. Чуть подскакивает и летит кувырком. Для того чтобы взлететь, целым должно быть и второе крыло.

Я хочу сказать, что также и человеку, если он хочет всегда лететь правильно, духовно, следует быть внимательным и не оставлять без попечения человеческую волю. Тангалашка что делает? Потихонечку подбирается и выдёргивает из человеческого крыла сперва какое-нибудь малюсенькое пёрышко, потом перо покрупнее, а затем, если человек невнимателен, вытаскивает и большое перо, так что человек хочет взлететь и не может. И если враг выдернул несколько перьев, то человек, стараясь взлететь, летит вверх тормашками, потому что сквозь общипанное крыло его воли вовсю гуляет ветер. Крыло Божественное постоянно полно перьев, оно «укомплектовано», диавол не может общипать это Божественное крыло. Внимание человека должно быть направлено на то, чтобы не вознерадеть и не дать диаволу выдернуть перо из своего человеческого крыла. Когда человек потихоньку начинает где-то лентяйничать, где-то быть равнодушным, то его воля теряет силу. А если сам человек не хочет, то что сделает Бог? Бог не вмешивается, потому что Он чтит человеческую свободу. Таким вот образом и Божие крыло человек тоже делает бесполезным. Однако когда у человека есть сила воли, то есть когда не повреждено и его собственное крыло, тогда хочет Бог — хочет и человек. И тогда человек летит.

— Геронда, что же всё-таки такое этот полёт? Вы имеете в виду желание духовного преуспеяния, желание спастись?

— Ну конечно же! Когда я говорю «полёт», то подразумеваю духовный подъём, не имею в виду того, чтобы залететь на какой-нибудь кипарис!

— Геронда, раньше Вы говорили, что можно вспахать и засеять землю, сделать всё, что требуется, и в итоге не собрать ни одного зёрнышка.

— Да, это так. Труды человека невнимательного расхищает диавол. Но тот, кто внимателен и горячо берётся за спасение своей души, — подвизается, преуспевает, плодоносит, питается духовно и радуется ангельски.

ГЛАВА ТРЕТЬЯ
О пользе, происходящей от доброго общения

Братские отношения

Геронда, я тревожусь, когда Вы говорите, что нам предстоят нелёгкие годы.

— Будьте между собой дружны и согласны, будьте духовно подготовлены и отважны, будьте единым телом и ничего не бойтесь. Помогает и Бог. Возделайте духовную любовь, имейте её такой, какую питает мать к своему ребёнку. Пусть отношения между вами будут братскими, пусть живёт среди вас жертвенность. А трудные дни мы потихонечку переживём.

Мы, монахи, понятно, уходим из мира и оставляем знакомых и родных ради того, чтобы войти в великую семью Адама и Бога. Но миряне должны поддерживать отношения с живущими духовно родственниками и знакомыми для того, чтобы помогать друг другу. Если христианин, подвизающийся среди мира, поддерживает связь с людьми духовными, то ему есть на кого опереться. Как бы духовно ты ни жил, добрый круг общения (особенно в наше время) необходим. Связь с людьми духовными очень (даже больше, чем духовное чтение) помогает христианину, потому что эта радость духовного союза пробуждает в нём сильное рвение к духовным подвигам. Хорошо также, если и на работе, на службе духовные люди знакомы друг с другом для того, чтобы они могли друг другу помогать. Например, среди сотрудников может возникнуть какая-то проблема, и понадобится взаимная поддержка. Если люди духовные не знают друг друга, то они могут и не решиться заговорить между собой.

— Геронда, допустим, кто-то однажды отказался помочь нам в чём-то, и теперь мы не решаемся снова попросить его о помощи. Правильно ли это?

— Нет-нет. Может быть, раньше он не имел возможности помочь. Всё равно что ты у меня просишь крестик, и я тебе его даю. В другой раз ты попросишь, а у меня нет, и понятно, что я тебе его не даю. Потом я покупаю крестики, чтобы было что раздавать, а ты подходишь и не просишь, тогда как я жду случая, чтобы их раздать.

Сегодня люди живут в одной многоэтажке и не знакомы между собой. А раньше существовало соседство, помогавшее людям узнать друг друга, и при нужде один другого поддерживал. Ехал, например, кто-то куда-то на телеге, встречал на дороге знакомого, спрашивал: «Откуда идёшь, куда путь держишь? Туда же и я еду. Садись, вместе поедем». Или если человек хотел куда-то ехать на лошади, шёл к соседу и спрашивал его: «Собираешься куда? Если можешь обождать, я через три часа еду на лошади и могу взять тебя с собой». Или говорил: «Завтра еду туда-то. Приходи, переночуешь у нас, чтобы поутру вместе выехать». Люди думали о ближнем, и когда могли в чём-то помочь, не уклонялись от этого. У людей был добрый интерес, и спрашивали они на всякий случай, чтобы выручить. Даже и по другим деревням имели хороших знакомых.

— Геронда, какая польза от того, что люди духовно связаны между собой?

— В наши дни, если даже духовные люди и не хотят быть связанными между собой, их принудит к этой связанности диавол. Сегодня диавол многой своей злобой делает людям величайшее благо. Если, к примеру, верующий отец хочет найти для своих детей домашнего учителя, то он вынужден будет найти учителя хорошего и верующего, потому что он собирается ввести его в свой дом. С другой стороны, верующий учитель, не получивший ещё места и желающий давать детям частные уроки, будет искать хорошую семью, чтобы чувствовать себя в безопасности. Или какой-то мастер, живущий духовной жизнью, будь то маляр или электрик, станет искать работу в хорошей семье, чтобы чувствовать себя легко, потому что в доме мирском он наживёт себе неприятности. Хозяин-христианин тоже будет искать для работы у себя в доме хорошего мастера и верующего человека. Как один, так и другой будут искать человека духовного, с которым можно сотрудничать. И так потихонечку духовные люди всех ремёсел и всех наук познакомятся между собой.

В конечном итоге диавол, не желая того, делает своей злобой добро: отделяет овец от козлищ. Овцы отделятся от козлищ и станут жить единым стадом и с Единым Пастырем[1]. Раньше в деревнях крестьяне давали овец и коз пастуху — кто пять, кто десять, и овцы паслись с козами вместе, потому что козы в то время были разумны и не бодали овец своими рогами. Сейчас козлища ожесточились и больно бодают овец Христовых. Овцы ждут доброго пастуха и хотят себе стадо, состоящее из одних лишь овец. Ибо то, во что превратился мир, годится лишь для живущих во грехе. Поэтому люди разделятся. И овцы, и козлища будут сами по себе. Желающие жить духовной жизнью постепенно не смогут жить в этом мире, они

---

[1] См. Мф. 25:32–33, Ин. 10:16.

постараются найти подобных себе людей Божиих, обрести духовника и ещё больше удалиться от греха. Вот это-то добро и делает сейчас диавол, сам того не желая. И сейчас не только в городах, но и в деревнях видишь, что одни спешат в развлекательные центры и живут безразлично, другие же спешат на бдения, на молебны, на духовные собрания, и эти люди спаянны между собой.

Очень сильные братские отношения рождаются в тяжёлые годы. На войне мы, солдаты одного полубатальона, два года прожили вместе и были спаянны между собой больше, чем братья, потому что трудности и опасности мы переживали вместе. Мы были настолько спаянны, что звали друг друга «брат». Мирские были люди, с мирским образом мыслей, ни Евангелия не читали, ни духовных книг, а тем не менее один с другим не хотел расставаться. У людей было обычное мирское, в хорошем смысле этого слова, образование, но они имели то, что всего выше, — любовь, братство. Недавно скончался один из наших сослуживцев, и остальные однополчане приехали на его похороны со всех концов страны. И сюда несколько дней назад приехал повидаться со мной один мой однополчанин. Как же он меня стиснул в своих объятиях! Я не мог из них вырваться!

Сейчас мы воюем с диаволом. Поэтому постарайтесь ещё больше сродниться друг с другом, ещё больше стать друг другу братьями. Так все вместе мы будем идти по избранному нами пути, вместе подниматься по крутой тропе на сладкую Голгофу.

О духовном родстве

— Геронда, вчера Вы сказали нам, что ощущали всех людей, с которыми встречались в прошедшие дни, своими братьями. Что такое духовное родство?

— Со всеми людьми мы братья по плоти. Все мы братья, и все мы рабы Бога. Мы же, верующие, кроме того, и по благодати дети Божии, искупленные Божественною Кровию нашего Христа. В жизни духовной мы плотски являемся родственниками по Адаму и духовно — родственниками по Христу. Люди, живущие духовно, ощущают между собой это духовное родство. Они думают об одном, они стремятся к одному, они преследуют единую цель. А если бы, к примеру, у тебя была сестра по плоти, жившая, как ей заблагорассудится, по-мирски, то никакого духовного родства с ней ты бы не ощущала.

— А может ли распасться духовное родство?

— Когда один из людей прекращает жить духовно, то и его родство с другим, духовно живущим, прекращается. Не другой, духовно живущий, удаляется, а прекративший духовно жить отделяет себя от него. Так же как насколько живёт человек по Богу, настолько он к Богу и приближается, насколько же удаляется он от жизни по Богу, настолько дальше от Него уходит. И как Божественная благодать является силой, действующей на расстоянии и передаваемой людям, так и лукавая энергия диавола есть действующая на расстоянии и передаваемая сила. Если, к примеру, две души находятся в состоянии духовном и одна из них думает о другой, то между ними есть духовное соединение и одна душа передаёт Божественную силу другой. Также и две души, живущие греховно и имеющие между собой некое общение: одна из них на расстоянии принимает от другой бесовское воздействие, от одной идёт телеграмма к другой.

— Геронда, а когда один из двух людей, имевших между собой такую бесовскую связь, изменяется в добрую сторону, то помогает ли это другому?

— Да. Он не получает ответа, потому что тот, кто изменился к лучшему, как бы не поднимает трубку своего духовного телефона. Обрывается линия, и связи уже нет. Таким образом, есть вероятность, что человек, оставшийся без ответа, задумается, и, если он захочет, это может ему помочь.

— Когда мы общаемся с человеком, имеющим страсти, и эти страсти не оказывают на нас вредного влияния, то значит ли это, что мы влияем на его характер?

— Если мы имеем духовное состояние, святость, то мы оказываем на него большое влияние, поскольку тогда на него влияет благодать Божия, и таким образом наш ближний получает пользу. Когда мы от любви терпим нашего брата, то он это понимает. Также и злоба: если она в нас есть, то он её тоже понимает, даже если она не проявляется внешне. Что душа имеет, то она и передаёт другой душе. Страсть передаёт страсть, раздражение передаёт раздражение, гнев передаёт гнев. Благодатный же дар облагодатствованной души передаст ближнему благодатный дар.

— Помогает, стало быть, общение с людьми добродетельными?

— Конечно помогает. Если пойдёшь в келью, где постоянно кадят ладаном, то, выйдя из неё, ты и сам будешь пахнуть ладаном. Пойдёшь в хлев — пропахнешь запахом хлева. После мирского дома будешь пахнуть мирскими ароматами. Помню, в оккупацию мы посадили пять гектаров дынь разных сортов: американский сорт из сельскохозяйственной школы — белые дыни во-от такие здоровые и очень сладкие, а также «аргские» дыни местного сорта и другие. Если случалось, что рядом с американскими дынями росли кабачки, то сладость из дыни уходила в кабачок. Кабачок становился слаще, а дыня безвкусней. Такое происходит от опыления, от пчёл, которые перелетают с цветка на цветок. Если увидишь дыню с большим «пупком», то знай, что она выросла рядом с кабачками.

Если «аргская» дыня будет расти рядом с хорошей дыней, то она заберёт у хорошей сладость. Хорошая дыня сладость потеряет, но, по крайней мере, в этом случае она тоже пойдёт в дыню. Но если рядом с хорошей дыней окажется кабачок, то он станет слаще, и потом при его готовке понадобится целая пригоршня соли. И дыня теряет, и кабачку это не на пользу. Если же дыня рядом с дыней, то хорошая теряет, но другая становится слаще. Я хочу сказать, что если христианин, не очень преуспевший духовно, будет находиться возле духовно преуспевшего человека, то последний может утомиться, может немного повредиться, но зато первый получит пользу. Если же близ человека духовного будет человек мирской, неверующий, то и труд и время первого будут потрачены зря. Если человека мирского тронет что-то из сказанного другим, то это будет самое большее из того, что возможно. Но истолкует он сказанное в понятиях своей мирской философии, то есть воспримет это духом мирским, и пользы не получит. То есть останется он кабачком, хотя и станет послаще на вкус.

Осмотрительность в общении

В армии, в войсках связи, у нас была таблица распознавания, указывавшая некоторые конкретные признаки, по которым было понятно, какая радиостанция наша, а какая чужая; свои радиостанции мы знали. Какое-то время на специальных занятиях по технике радиоприёма мы устанавливали промежуточную радиостанцию и старались распознать принадлежность чужой станции. Спрашивали: «Что это?» — или говорили: «Раз!» — и слушали, какой будет ответ, чтобы поймать их на этом. Иными словами, если мы не могли с уверенностью определить радиостанцию, то мы ей не доверяли и старались её распознать. Так и в жизни духовной: видя, что какая-то «радиостанция» не наша, мы должны сказать самим себе: «К чему мне с этой станцией работать? Ещё чего!» Когда радист, понимая, что радиостанция чужая, хочет с ней работать — это серьёзный проступок. Но насколько серьёзнее его вина, когда он знает, что радиостанция не только чужая, но к тому же вражеская, — и хочет работать с врагом! Я хочу сказать, что в вопросах, касающихся наших связей с другими людьми, необходимо рассуждение и осмотрительность. А самое надёжное — это каждому советоваться со своим духовником.

В разговорах также следует быть внимательным, потому что зачастую начинается с духовного предмета, а заканчивается пересудами. Человек не только теряет время, но и душу свою убивает осуждением, поскольку у нас нет права никого осуждать. Мы не имеем права осуждать даже то, что происходит в мире. Если можем, то, с болью поговорив о чём-то, постараемся посодействовать в исправлении дурного положения дел. И умерших осуждать тоже не должно, ибо, к счастью, души всех людей находятся в руках Божиих.

Я вижу, что часто у многих людей помысел повреждается от одного невнимательного слова. Знаете, какими мы были бы внимательными, если бы с произносимых нами слов брали налог? Если бы нам говорили: «Столько-то слов скажешь, столько-то заплатишь», то мы бы считали свои слова. По телефону-то мы думаем, что говорить и сколько говорить, потому что платим за разговоры. Много времени теряется сейчас на слова.

— Геронда, в «Лествице» пишется, что осуждение есть порождение ненависти[2]. А простые пересуды могут иметь в себе любовь?

---

[2] *Иоанн Лествичник, прп.* Лествица. Слово 10, пп. 1, 2.

— Да. Сильно любя какую-то душу и видя, что другие завидуют ей, можно сказать что-нибудь на её счёт, чтобы другие ей не завидовали. Всё надо испытывать. Однако человек ущербный или повреждённый, считающий, что с ним поступают несправедливо, по этой причине огорчённый или раздражённый и выражающий по какому-нибудь поводу своё возмущение, может принести другим душам такой вред, который не в состоянии сделать даже диавол. Иуда возмутился растратой излитого мироносицей мира и сказал, что это миро можно было продать, а деньги раздать нищим. Под влияние Иуды попали и другие апостолы, имевшие благодать[3]. Они увидели внешнюю правильность того, что сказал Иуда, и попали под его влияние, ибо не ведали его сребролюбивого сердца. А Христос даже денежный ящик поручил Иуде, чтобы насытить его страсть, и тот *вметáемая ношáше*[4].

— Геронда, когда два человека не согласны между собой и спрашивают мнения третьего, то какую позицию следует занять ему?

— Если он имеет дело с людьми, несогласие которых касается чего-то личного, то ему лучше сказать своё мнение в присутствии обоих. Иначе каждый использует его слова так, как ему выгодно. Если же слово человека, у которого спросили о его мнении, имеет вес, то противники будут использовать сказанное им как тяжёлую артиллерию и начнут безжалостно обстреливать друг друга. И в самого сказавшего эти снаряды попадут, а он не будет этого ожидать. Поэтому ему следует, насколько возможно, избегать подобных людей, чтобы хранить в себе мир и быть способным молиться о мире между этими людьми — и вообще о мире всего мира. Если он не может совсем

---

[3] См. Мф. 26:6 и далее; Мк. 14:3 и далее; Ин. 12:3 и далее.
[4] Ин. 12:6.

избежать таких любителей создавать соблазны, то пусть, по крайней мере, избегает многих слов, чтобы иметь соблазнов поменьше. То, что у некоторых нет злобы, но есть просто поверхностность, значения не имеет, ведь соблазны-то своей поверхностностью они тоже создают.

Материнская любовь

— Геронда, а если человек отличается и любовью и предупредительными манерами, то это значит, что у него есть душевная чистота?

— Бывает по-всякому. Часто это бывает мирской вежливостью. Да, у многих людей есть доброта, они вежливы, но это не значит, что они имеют духовное благородство, жертвенность. Добрые задатки у них есть, но речь сейчас идёт не об этом. Тот, кто имеет мирскую вежливость и лицемерит, может натворить много зла. Потому что другой человек обманывается, раскрывает перед ним своё сердце и в конечном итоге транжирит своё благоговение на человека мирского, не знающего, что значит благоговение. Это всё равно что давать золотые лиры тем, кому знакомы одни лишь бронзовые монеты. Не следует также бесцельно тратить своё время и духовно увещевать людей, которые находят удовольствие в мирских разговорах и в эгоистичном высказывании собственных мнений.

— Геронда, а если у кого-то есть какая-то проблема, он приходит и без конца говорит о ней, причём к тому времени проблема уже в какой-то мере улажена, то как нужно поступать?

— Когда он приходит в первый раз, у него есть оправдание: он должен выговориться и имеет право отнять у тебя много времени. В этом случае ты должен его выслушать. Если не выслушаешь, то человек станет думать, что он тебе надоел или что ты его не понимаешь. Однако, если после этого он продолжает повторять всё время одно и то же, скажем ему: «Дело не в том, что я не могу тебя слушать, а в том, что тебе это не на пользу. Ты и из лета делаешь зиму. Но сейчас-то уже дела идут получше, сейчас весна. Скоро и лето наступит. А ты летом думаешь о зимних холодах и зябнешь от собственных помыслов». Однако иногда даже в отношениях между людьми духовными наблюдается следующее: один идёт рассказать о своей боли другому, а тот не хочет его слушать, чтобы не лишиться своей радости. Он может притвориться спешащим или сменить тему беседы для того, чтобы пребывать в спокойствии. Это совершенно по-сатанински. Всё равно что кто-то возле меня умирает, а я отхожу чуть подальше и распеваю песенки. А как же *плакать с плачущими*[5]? Тем более когда речь идёт о серьёзных церковных вопросах. Если христианин не сочувствует чужой тревоге, то он не причастен Телу Церкви.

— А если я не нахожу для других людей оправдания в каком-то их проступке, то это значит, что у меня есть жестокосердие?

— Не находишь оправдания другим, но находишь себе самой? Тогда пройдёт совсем немного времени, и Христос не найдёт оправдания для тебя. Если человек невнимателен, то его сердце может в одного мгновение стать жёстким, как камень. И в одно мгновение оно может опять стать нежным. Стяжи материнское сердце. Знаешь, как чувствует мать: она всё прощает и иногда делает вид, что каких-то шалостей не замечает. Терпи и оправдывай, снисходи к другим, чтобы и Христос снисходил к тебе.

— Геронда, а как расширяется сердце?

— Оно расширяется, когда ты всё время оправдываешь непорядки, несовершенства, упущения других и

---

[5] Рим. 12:15.

смотришься в них как в зеркало. Конечно, лукавый иногда может приносить помыслы о других, тем более когда существует какая-то действительная причина. Однако принятие или отвержение этих помыслов зависит от нас. Поставив себя на место другого человека, мы отнесёмся к нему с сочувствием и оправдаем его. Кроме того, если что-то совершается не от злобы, а от легкомыслия, то это бывает понятно и отрицательной реакции в нас не вызывает. То, что существуют человеческие слабости, — это естественно и свойственно всем людям. Злом является наличие в людях злого расположения.

— Если кто-то находится в плохом состоянии, а я в хорошем, то могу ли я оказывать на него влияние?

— А если это искуситель представляет тебе дело таким образом? С чего ты взяла, что находишься в лучшем состоянии? С того момента как я начинаю верить, что я лучше другого, и жалеть его, мне должно жалеть уже не его, а самого себя. Даже когда христианин видит, что его ближний действительно не в порядке, он оправдывает его и находит для него смягчающие вину обстоятельства. Он не ищет смягчающих обстоятельств только для самого себя, он находит себя худшим других, ему больно за свою скверну. Он признаёт, что за всё, данное ему Богом, он не воздал ничем, и говорит: «Боже мой, не считайся со мной, отбрось меня в сторону. Я не сделал ничего. Помоги другому». Те, кто действительно преуспевают, не ощущают своего большого продвижения вперёд, но одно лишь великое сокрушение, смирение и божественную любовь с неизреченной радостью.

ГЛАВА ЧЕТВЁРТАЯ
О том, что благоговением приводится в умиление Бог

Что такое благоговение

— Геронда, что такое благоговение?

— Благоговение — это страх Божий, внутренняя скромность, духовная чуткость. Человек благоговейный может стесняться, но эта стеснительность источает мёд в его сердце, она привносит в его жизнь не мучение, но радость. Движения человека благоговейного тонки и аккуратны. Он отчётливо ощущает присутствие Бога, ангелов и святых, он чувствует близ себя присутствие призирающего его ангела-хранителя. В своём уме он постоянно имеет мысль о том, что его тело есть *храм Святаго Духа*[1]. И живёт он просто, чисто и освященно. Человек благоговейный везде ведёт себя со вниманием и скромностью, он живо ощущает всякую святыню. Например, он внимателен к тому, чтобы не встать спиной к иконам; туда, где сидят — например, на диван или стул, — он не положит Евангелие, духовную книгу или какую-то святыню; если он видит икону, то его сердце исполняется взыграния, его глаза заволакиваются

---

[1] См. 1 Кор. 3:16 и 6:19.

слезами. Даже просто увидев имя Христово где-то написанным, он благоговейно его лобызает, и его душа внутренне услаждается. Даже заметив брошенный на землю обрывок газеты, где напечатано, к примеру, имя Христово или же слова «священный храм Святой Троицы», он нагибается, подбирает этот клочок, благоговейно лобызает его и огорчается, что он был брошен на землю.

— То есть, геронда, благочестие — это одно, а благоговение — другое?

— Благочестие[2] — это одеколон, а благоговение — это фимиам. Для меня благоговение есть величайшая добродетель, потому что человек благоговейный привлекает к себе благодать Божию, он становится приёмником благодати, и она естественно пребывает с ним. Потом, когда благодать его «выдаёт», все благоговеют перед ним и расположены к нему, в то время как человек-бесстыдник внушает отвращение и взрослым, и детям.

Вы, женщины, должны иметь благоговение большее, чем мужчины. Женщина по природе своей должна иметь благоговение. Если у мужчин нет благоговения, то они просто равнодушны. Если же теряют благоговение женщины, то они доходят до тяжёлых проступков. Один человек рассказывал мне: «Были мы с женой в паломничестве по святым местам и поехали на Иордан. В то время, как я вошёл в его воды и омывался в них, она сидела на берегу и болтала ногами в водах Иордана! „Эй, — говорю, — ты! Ты что это здесь творишь? На Иордан-реку приехала ноги мыть?" Распсиховался я, отругал её». Видно, его жена была совершенно равнодушным человеком, не понимала элементарного, сам же этот бедняга был весьма благоговеен.

---

[2] Словом «благочестие» преподобный определяет исполнение внешних форм благоговения, не имеющих соответствующего внутреннего состояния.

О том, что благоговение передаётся

— Геронда, как стяжать благоговение?

— Отцы говорят, что для стяжания благоговения надо жить или общаться с людьми, его имеющими, и наблюдать за тем, как ведут себя они. Паисий Великий, будучи спрошен кем-то, как возможно стяжать страх Божий, ответил: «Сообщайся с людьми, которые любят Бога и имеют страх Божий, чтобы и тебе стяжать Божественный страх». Это, конечно же, не значит, что надо смотреть за тем, что они делают и внешне повторять это, не ощущая смысл действий внутренне, поскольку в таком случае это будет не благоговение, а лжеблагоговение. Ложное отталкивает. Благоговение — это благодать от Бога внутри человека. Благоговейный делает то, что он делает, потому что так он это ощущает в себе. Есть в нас, конечно, благоговение от естества, но если мы не возделываем его, то тангалашка, вселяя забывчивость, низвергает нас в бесчувствие и неблагоговение. Однако благоговение просыпается вновь от наблюдения за тем, как ведёт себя человек благоговейный.

— А почему, геронда, святые отцы только об одном благоговении говорят, что если хочешь его стяжать, то следует общаться с человеком, его имеющим? Почему они не говорят того же самого и о других добродетелях?

— Потому что благоговение передаётся. Движения, поведение человека благоговейного, как аромат, передаётся другому; конечно, если в нём самом есть доброе расположение и смирение. Скажу тебе, что если человек не имеет благоговения, то он не имеет ничего. Благоговейный же, будь он и необразован, всякую святыню видит чисто, видит её такой, какая она есть в действительности. Он не ошибается ни в чём, что связано с божественными смыслами. Благоговейный человек — словно ребёнок, не имеющий злого помысла о своих отце и матери, потому что своих родителей он любит, уважает и видит всё, что они делают, добрым и чистым. Насколько же больше должно благоговеть перед Богом, Который ни с чем не сравним и во всём совершенен! Тот, у кого нет благоговения, совершает ошибки, уклоняется в заблуждения относительно догматов. Я вижу, какие ошибки совершают те, кто не имеет благоговения и пишет толкования или комментарии на Священное Писание и святоотеческие творения.

Во всём духовном необходимо благоговение и сердце. Всё, что исходит от благоговения, освящено. Особенно для того, чтобы написать службу какому-то святому, надо любить этого святого, благоговеть перед ним, тогда и служба сочинится от сердца и будет источать аромат благоговения. А если достичь состояния божественного рачения, божественного безумия, то стихи будут сами изливаться изнутри.

— Геронда, а что ещё помогает человеку в стяжании благоговения?

— Поможет в этом исследование умом всего священного и углубление в него, а также использование тех благоприятных возможностей, которые нам даются. Всё это потихоньку пробуждает в человеке благоговение. Например, если мне дана благоприятная возможность зайти ненадолго в какой-то храм и помолиться, а я её не использую, то я лишаю себя благодати. Но когда я хочу зайти, и не делаю этого, столкнувшись с неким препятствием, то я не лишаюсь благодати, потому что Бог видит моё благое намерение. В стяжании благоговения также очень помогает знакомство со святыми нашего края, нашей Родины, любовь к ним и соединение себя с ними. Бог радуется, когда мы благоговеем перед святыми и любим их. А когда у нас будет благоговение к святым, насколько большее благоговение будет у нас к Богу!

— Геронда, а каким образом нам помогает благоговейное поведение в храме?

— Когда идёшь в храм, то говори в своём помысле: «Куда я иду? Сейчас я вхожу в дом Божий. Что я делаю? Поклоняюсь иконам, Богу». Из своей кельи или с послушания ты идёшь в храм. Так иди же из храма на небо и ещё дальше — к Богу.

— А как это происходит?

— Храм — это дом Божий. И наш настоящий дом находится в раю. Здесь поют сёстры. Там — ангелы, святые... Если, приходя в какой-нибудь мирской дом, мы стучимся в дверь, вытираем ноги и скромно присаживаемся, то как мы должны вести себя в дому Божием, где приносится в жертву Христос? Единою каплей Божественной Крови Он искупил нас от греха и после этого Он отдаёт для нашего уврачевания реки Своей Честной Крови и питает нас Своим Всесвятым Телом. Итак, все эти страшные и божественные события, когда мы возобновляем их в памяти, помогают нам вести себя в храме с благоговением. Но на Божественной Литургии я замечаю, что даже в тот миг, когда священник возглашает: «Горе́[3] име́им сердца́» — и мы отвечаем: «И́мамы ко Го́споду», тех людей, чей ум действительно устремлён к Господу, так мало! Поэтому нам лучше в уме говорить: «Да будем иметь наши сердца ко Господу», ибо наши ум и сердце всё время пресмыкаются долу. Мы и лжём вдобавок, говоря «и́мамы», но не имея там своего ума. Понятно, что если мы будем иметь наше сердце устремлённым «горе́», то и всё остальное будет устремлено «горе́».

— Геронда, а если кто-то умилительно поёт в церкви, то какая от этого польза?

---

[3] *Горе́* (церк.-слав.) — ввысь. — *Прим. пер.*

— Поющему следует держать свой ум в божественных смыслах и иметь благоговение. Кроме того, не надо относиться к тропарям и стихирам как к литературному произведению, но воспринимать их божественный смысл сердцем. Благоговение — это одно, а искусство, наука церковного пения — это другое. Искусство без благоговения — это внешний слой краски. Когда певчий совершает своё послушание с благоговением, псалмопение изливается из его сердца и поёт он умилительно. Всё идёт хорошо, когда внутренне человек находится в хорошем духовном состоянии. Поэтому для того, чтобы петь с умилением, нужно быть упорядоченным внутренне и петь с сердцем, с благоговением. Если у певчего есть помыслы слева, то каково будет псалмопение? Он не сможет тогда петь сердцем. Ведь Священное Писание говорит: *Благодушествует ли кто; да поёт*[4]. Когда однажды святой Иоанн Кукузе́ль пас козлов и запел, козлы поднялись и встали на ноги. Отсюда наблюдавшие за ним поняли, что это был Кукузель, певчий императорского двора. Так делайте же всё, что вы делаете, с сердцем, для Христа. И в вышивки ваши вкладывайте благоговение, ибо ими будут покрываться святыни, даже в те покровцы, которые вы вышиваете для каций[5]. Когда человек имеет благоговение, его душевная красота проявляется во всём, что он делает: и в чтении, и в пении, и даже в ошибках.

— И в ошибках?

— Да. Видишь, благоговение, скромность присутствуют даже в его ошибках.

---

[4] Иак. 5:13.

[5] *Ка́ция* (каце́я) — большая кадильница с ручкой, которой, в определённые моменты богослужения, кадит пономарь (монах, несущий послушание в храме), имеющий на правом плече вышитый покров. Над ручкой кации имеются ёмкости для угольного порошка и ладана, а на её конце подвешены бубенцы, производящие во время каждения ритмичный звон.

О благоговении внешнем

Тот, в ком есть крепкая вера и истинное благоговение, питается высшим, духовным, тем, что неописуемо. Однако есть и такие, кто имеет лишь сухое, внешнее, благоговение. Такие люди сухо говорят сами в себе: «Так, сейчас я вхожу в церковь, значит, надо аккуратно сесть, двигаться не следует, голову нужно склонить, а крестным знамением осенять себя вот так!» Бывают и такие, что относительно веры могут колебаться, а целое бдение простаивают на ногах.

— Они что, геронда, обеспокоены чем-то, ищут чего-то? Почему они так себя ведут?

— Что-то есть в них… Всё это хорошо, но чувствовать это нужно изнутри. Эти поступки не должны совершаться лишь внешне. Снимать скуфью, входя в церковь, от благоговения — это одно, и снимать её, чтобы освежить голову, — это другое. Благоговение видно в том, как мы причащаемся, как берём антидор и тому подобное.

— Геронда, а может ли один человек искуситься тем, как проявляет благоговение другой?

— Вот что я тебе скажу: если осенять себя широким крестным знамением, но делать это просто, смиренно, то других это не заденет. Но если человек думает о том, видят ли его другие и без конца крестится, то над ним станут смеяться. Или если он проходит мимо храма и смотрит, есть ли поблизости народ, или может даже маленько «потерпеть», чтобы народу собралось побольше, и только тогда начинает креститься и класть поклоны с тем, чтобы его увидели, тогда другие правы, насмехаясь над ним. Видишь, что мирской дух не принимается. Когда есть настоящее благоговение, его видно. А без настоящего благоговения *благообразно*[6] превращается в «безобразно».

---

[6] См.: Рим. 13:13; 1 Кор. 14:40; 1 Фес. 4:12.

«Не дади́те свята́я псом»

Когда люди дают вам одежду больных, чтобы приложить её для освящения к святым мощам, то смотрите внимательно, чтобы это были только маечки, а не другое нижнее бельё. Другое что-нибудь не годится — это неблагоговение. Понятно, что солнце не испачкаешь и Бога тоже не испачкаешь. Дело в том, что самими же нами от такого неблагоговения овладевает нечистый дух.

Раньше люди, заболев, брали маслице из своей лампадки, помазывались им и выздоравливали. Сейчас лампада горит просто как формальность, лишь для подсветки, а масло, когда моют лампаду, выливают в раковину. Как-то я был в одном доме и увидел, как хозяйка моет в раковине лампадку. «Вода куда идёт?» — спрашиваю я её. «В канализацию», — отвечает она. «Понятно, — говорю, — ты что же это, то берёшь из лампады маслице и крестообразно помазываешь своё дитя, когда оно болеет, а то всё масло из стаканчика льёшь в канализацию? Какое же ты этому находишь оправдание? И как придёт на твой дом благословение Божие?»

В теперешних домах некуда выбросить какую-то освящённую вещь, например бумажку, в которую был завёрнут антидор. А я помню, что у нас в доме не шла в канализацию даже та вода, которой мыли тарелки. Она сливалась в другое место, потому что даже крошки освящаются, раз мы молимся до и после еды. Всё это сегодня ушло, потому ушла и Божественная благодать, и люди беснуются.

Будем, насколько возможно, внимательны ко всему. Хорошо будет после Божественного Причащения, антидора или соборования протереть руки смоченной в спирте ваткой, а потом сжечь её. Когда мы чистим алтарь, то всё, что соберётся после уборки, надо выбросить в море или сжечь в чистом месте, потому что на пол могла упасть частичка антидора или Святого Тела. Конечно, если падает на пол малая частичка Святого Тела, то Христос не остаётся на попрание, но от нас самих уходит Божественная благодать.

За границей в храмах нет даже специальных сливов. Вода с проскомидии сливается вместе с дождевой. «Нам, — говорят заграничные священники, — запрещают делать специальные сливы, чтобы не размножались микробы». Всех людей заполонили микробы — и телесные и духовные, а они, если капля мира попадёт им на голову, говорят: «Микробы будут размножаться!» Как же придёт благодать Божия? Беснование в миру начинается отсюда. К счастью, есть ещё благоговейные женщины, молодые и пожилые, и ради них Бог хранит этот мир.

— Геронда, одна госпожа попросила нас написать икону святого Арсения, чтобы повесить её у себя в гостиной.

— У неё там будут одни иконы? Не будет ли там других картинок, фотографий? И потом: курить не будут в этой гостиной? Пусть она лучше поместит эту икону в другую комнату в иконостас вместе с остальными образами и молится там. В одном доме, где мне как-то пришлось побывать, иконостас устроили под лестницей, хотя места имели предостаточно. А в другом доме хозяйка устроила себе иконостас перед канализационной трубой. «Хорошо, — спросил я её, — как же это ты додумалась в таком месте сделать иконостас?» — «А мне, — говорит она, — здесь нравится». И не то, чтобы к востоку было это место, нет — к северу! Так как же после этого придёт благодать? *Иже бо имать,* — говорит Священное Писание, — *дастся ему и преизбудет (ему), а иже не имать, и еже имать, возмется от него*[7]. Мы думаем, что имеем, но даже и то, что имеем, от нас отнимается.

Благоговение потихоньку теряется, и зло, которое мы видим, происходит от этого. От невнимания можно даже

---

[7] Мф. 13:12.

бесноватым стать. Была одна женщина — Бог её простит, она уже умерла, — так она стала бесноватой, потому что вылила в раковину святую воду. У неё в бутылочке оставалось немножко святой воды. «А, — сказала она, — эта святая вода несвежая, надо её вылить, да и пузырёк мне нужен». Вылила она святую воду, ещё и помыла бутылочку, потому что внутри были остатки базилика, а потом начала бесноваться. Ушла благодать, потому что благодать не может пребывать в человеке неблагоговейном.

— А если, геронда, кто-то выльет святую воду по ошибке?

— Если он сам поставил бутылку со святой водой, например, в шкаф, а по прошествии времени не обратил внимание на то, что это святая вода, то на нём полгреха. Если же её поставил туда кто-то другой, а выливший не знал, что это святая вода, то он не виноват.

Как Божественной благодати приблизиться к человеку, если он не благоговеет перед святыней? Благодать пойдёт к тем, которые её чтут. *Не дади́те свята́я псом*[8], — говорит Священное Писание. Преуспеяние невозможно, если отсутствует духовная чуткость. Один монах-келиот на Святой Горе утащил стасидии из какого-то храма и поставил их в свой. Другой поснимал с крыши над алтарём каменные плитки и отнёс их к себе в келью, чтобы покрыть веранду. Начались дожди, вода потекла в алтарь и лилась прямо на святой престол! Зашёл я как-то внутрь и что же вижу: храм был освящён великим чином, и в центре престола были святые мощи — позвоночек. Я взял эти мощи, промыл их в особом месте. «Что же вы там натворили! — сказал я после тем, кто это сделал. — Храм освящён, а вы поснимали камни с крыши, и вода льётся на святой престол!» Потом они нашли мастера, пошли и маленько привели крышу в порядок. А ещё в одном

---

[8] Мф. 7:6.

месте взяли доски из алтаря, чтобы использовать их для строительства набережной. И доски эти, и цемент унёс в море поднявшийся шторм. Те, кто так делает, даже и не понимают, сколько во всём этом неблагоговения. Помню, в Конице был один дедок, который гонял детей за то, что они царапали стену церкви: он считал это неблагоговением. А до чего мы дошли сейчас!

Благоговение во всём

И вот ещё в чём будьте внимательны: у вас на диване было постелено что-то с крестами, но садиться на кресты и наступать на них нельзя. Евреи делают обувь с крестами, изображёнными часто не только на подошве снаружи, но и изнутри — под каблуками и подошвами. И денежки плати и кресты попирай! Они же раньше делали погремушки, на которых с одной стороны был Христос и Божия Матерь, а с другой — Петрушка. Они словно говорили этим: «А какая разница: что Петрушка, что Христос!» Несчастные люди видели Христа и Богородицу и покупали эти погремушки своим детям. Младенцы бросали погремушки на пол, наступали на них, пачкали их… А сейчас, мне рассказывали, где-то возле Китая католические миссионеры надевают на себя такие медальоны, на которых изнутри изображён Христос, а снаружи Будда. Либо изобразите одного лишь Христа изнутри, либо исповедайте Его явно! Иначе ведь не придёт благодать Божия! И здесь, в Греции, к несчастью, нашлись такие, что, не подумав, изобразили Пресвятую Богородицу на почтовых марках, которые бросают и топчут.

— Геронда, может ли человек в чём-то иметь благоговение, а в чём-то нет?

— Нет. Если благоговение настоящее, то человек имеет его во всём. Однажды в монастыре Ставроникита гостил один священник. На шестопсалмии⁹ он опустил сиденье стасидии и сидел. «Отче, — говорю ему, — шестопсалмие читают». — «А я, — отвечает он, — так его лучше воспринимаю!» Подумай-ка, а! По прошествии многих лет он приехал опять и нашёл меня. В разговоре он упомянул о том, что наклеивал бумажные иконки на деревянные дощечки и раздавал их в благословение. «А как ты их клеишь?» — спрашиваю. «Намазываю, — говорит он, — на дерево клей, сажаю на него иконку, а когда наделаю их побольше, кладу одну иконку на другую, а сверху сажусь сам, чтобы клей хорошо схватился. Возьму и книжку какую, почитаю маленько». У меня, когда я это услышал, волосы на голове встали дыбом! «Ты что же, — говорю, — делаешь! Садишься на иконы, чтобы они приклеились?!» — «А что, — спрашивает он, — нельзя?»

Видишь, до чего потихоньку доходят? Плохо то, что неблагоговение не стоит на месте, развивается к худшему. Человек развивается или в добром, или в злом. И этот священник, смотри, с чего начал и до чего дошёл! Сперва: «Так я лучше воспринимаю шестопсалмие», а потом дошёл и до того, что говорил: «Так и иконы приклеются, и я почитаю». Тогда в Ставрониките ему показалось странным, что я сказал ему о шестопсалмии. А ведь были там и другие старые монахи, которые стояли. Маленько опирались о стасидию и нисколько не шевелились. Одно дело — когда ты устал, болен, ноги дрожат, и поэтому ты садишься; ну не казнит тебя за это Христос. Но другое

---

⁹ *Шестопса́лмие* — шесть избранных псалмов (3-й, 37-й, 62-й, 87-й, 102-й, 142-й) из Псалтири, читаемых в начале утрени. После первых трёх псалмов, составляющих первую статью шестопсалмия, когда произносятся слова: «Слава Отцу и Сыну и Святому Духу, и ныне и присно и во веки веков, аминь. Аллилуия, аллилуия, аллилуия, слава Тебе, Боже (трижды)», не совершаются крестное знамение и поясные поклоны, как предусматривает это церковный устав в других подобных случаях.

дело — считать, что так, как ты делаешь, — правильнее и говорить: «Сидя я лучше воспринимаю». Какое этому оправдание? Духовная жизнь — это не приятное времяпровождение. Если тебе больно — сядь, Христос не тиран. И авва Исаак говорит: «Если не можешь стоя — сядь»[10]. Но не говорит же он: «Если можешь — сядь!»

— Геронда, скажите, а почему мы не садимся на шестопсалмии?

— Потому что оно символизирует Страшный Суд. Поэтому хорошо, если во время чтения шестопсалмия ум идёт на час Страшного Суда. Шестопсалмие занимает шесть-семь минут. После первой статьи мы даже не крестимся, потому что Христос придёт сейчас не для того, чтобы распяться, но явится миру как Судия.

О том, какое благоговение было раньше

— Почему же, геронда, благоговение столь нечасто встречается в наши времена?

— Потому что люди перестали жить духовно. Они истолковывают всё посредством мирской логики и изгоняют Божественную благодать. А раньше какое же было благоговение! В Акарнании и Этолии[11] были бабульки, очень простые и благоговейные, так они падали на землю перед мулами монастыря Пруссу и кланялись им, когда монахи

---

[10] «Если же, когда пребываешь во бдении, продолжительное стояние одолевает тебя своею долговременностью, и изнеможешь от безсилия, и скажет тебе помысел, вернее же сказать, злохитренный проговорит в помысле, как в змии: „Окончи, потому что не можешь стоять", то отвечай ему: „Нет; но посижу одну кафизму, и это лучше сна. И если язык мой молчит и не выговаривает псалма, ум же поучается с Богом в молитве и в собеседовании с ним, то бодрствование полезнее всякаго сна". См.: Авва Исаак Сириянин. Творения. Сергиев Посад, 1911. Слово 52-е. С. 231.

[11] *Акарна́ния и Это́лия* — соседствующие области в Центральной Греции. В тех местах преподобный Паисий проходил военную службу. — *Прим. пер.*

спускались на мулах по делам. «Это ведь, — говорили бабули, — Божией Матери мулашечки!» — и давай класть им поклоны! Если они проявляли столько благоговения перед мулами обители Пресвятой Богородицы, то, представь, сколько благоговения они питали к Ней Самой!

— Геронда, а благоговение, которое было у фарасиотов, развил в них святой Арсений?

— У них и прежде было благоговение, а святой ещё больше развил его в них. У фарасиотов было благоговение по преданию. У старика Продро́ма Карцино́глу, певчего святого Арсения, было много благоговения. Он и в Конице, по переезде туда, был певчим в храме. Этот старик, которому было больше восьмидесяти лет, каждое утро спозаранку примерно полчаса спускался пешком в Нижнюю Коницу для того, чтобы петь в церкви. «Аз, — говорил он, — есмь пес Христов». Зимой, в заморозки, спуски были очень опасные. Дорога покрывалась льдом, и надо было искать, куда наступить, чтобы не поскользнуться. А он на всё это не обращал внимания. Вот какое благоговение!..

Родители рассказывали мне, что фарасиоты, когда они ещё были у себя на родине, собрали деньги, чтобы построить там, в Фарасах, церковь. Однако потом святой Арсений хотел раздать эти деньги нищим, потому что храм в Фарасах уже был. Сам святой пошёл по бедным семьям раздавать деньги, но несчастные их не брали. Как забрать деньги у церкви? И поскольку деньги не брали, преподобный был вынужден послать старосту[12] сельской общины с этими деньгами к владыке в Кесари́ю. «Возьми, — сказал ему святой, — спутника в дорогу». — «Хватит мне, — ответил староста, — твоего благословения». Когда

---

[12] Старостой сельской общины Фарас был Продро́м Эзнепи́дис — отец преподобного Паисия.

он привёз деньги владыке, тот спросил его: «Хорошо, а что Хаджефенди вам велел с ними сделать?» — «Раздать бедным семьям», — ответил староста. «Почему же вы не послушали его?» — «Не берут люди этих денег, потому что они церковные». В конце концов и владыка вернул эти деньги старосте. Фарасиоты, уезжая из Фарас по обмену, сказали святому Арсению, что возьмут эти деньги с собой, чтобы построить в Греции церковь. Тогда святой Арсений заплакал и сказал им: «В Греции вы найдёте много церквей, но той веры, которая здесь, вам там не найти».

Благоговение к иконам

А какое благоговение должны мы питать по отношению к иконам! Один монах приготовил кому-то в благословение икону святителя Николая: завернул её в хорошую бумагу и на время положил в шкаф. Но по невниманию он поставил икону вверх ногами. Вскоре в комнате стал слышен какой-то стук. Монах начал глядеть туда-сюда, чтобы понять, откуда этот стук исходит. Но разве догадаешься, что он идёт из шкафа! Стук продолжался довольно долгое время: тут-тук-тук! — и не давал монаху покоя. Наконец, подойдя к шкафу, монах понял, что стук раздавался изнутри. Открыл он шкаф и увидел, что стук исходил от свёртка с иконой. «Что это с иконой такое? — удивился монах. — Дай-ка посмотрю». Развернув икону, увидел, что она стояла вверх ногами. Тогда он поставил её как подобает, и шум сразу же прекратился.

Человек благоговейный особенно благоговеет перед иконами. Говоря «благоговеет перед иконами», мы подразумеваем, что он благоговеет перед тем, кто на ней изображён. Если человек, имея фотографию своего отца, матери, деда, бабушки или брата, не может порвать её или наступить на неё, то разве не в гораздо большей мере это относится к иконе! У иеговистов нет икон, и честь, которую мы воздаём иконам, они считают идолопоклонством. Как-то раз я спросил одного иеговиста: «У вас что, в домах нет фотографий?» — «Есть», — ответил он. «Хорошо, — говорю, — разве мать, когда её дитя находится в дальней отлучке, не целует его фотографию?» — «Целует», — говорит иеговист. «А что она целует: бумагу или своё дитя?» — «Своё дитя», — отвечает он. «Ну так вот, — говорю, — как она, целуя фотографию своего ребёнка, целует его самого, а не бумагу, так и мы целуем Христа, а не бумагу или доску».

— Геронда, а если на какой-то доске раньше была икона Христа, Божией Матери или какого-то святого и краски от времени стёрлись, то должны ли мы всё равно её лобызать?

— Да, конечно! Когда человек с благоговением и горячей любовью лобызает святые иконы, он как бы вбирает, впитывает в себя краски этих икон, и в нём самом, внутри, изображаются эти святые. Святые радуются, «отрываясь» от бумаг и досок и запечатлеваясь в человеческих сердцах. Когда христианин благоговейно лобызает святые образы и просит помощи от Христа, Матери Божией, святых, то он совершает лобзание своим сердцем, которое впитывает в себя не одну только благодать Христову, Матери Божией или святых, но всего Христа или Пресвятую Богородицу или святых, которые встают в иконостас его внутреннего храма. Человек есть *храм Святаго Духа*[13]. Смотри, ведь и каждая служба начинается и заканчивается лобызанием икон. Если бы люди понимали это, то сколько бы радости они ощущали, сколько бы они принимали силы!

— Геронда, почему в молебном каноне Пресвятой Богородице в одном из богородичных говорится: «Не́мы устне́ нечести́вых, не покланя́ющихся о́бразу Твоему́ честно́му»?

---

[13] См. 1 Кор. 3:16 и 6:19.

— Если у кого-то нет благоговения и он прикладывается к иконам, то разве его уста не немы, не беззвучны? И разве не благозвучны уста человека благоговейного, когда он лобызает святые образы? Некоторые, прикладываясь к иконе, даже не касаются её. Другие, прикладываясь к иконе, только дотрагиваются до неё губами. Вот так[14]. Слышали что-нибудь?

— Нет.

— Ну вот, значит, уста «немы», беззвучны. А если икону лобызает человек благоговейный, его целование слышится. И тогда уста благозвучны. Когда о устах говорится «немы», это не значит, что они богохульствуют. Но факт есть факт: одни уста беззвучны, а другие — благозвучны. Когда мы видим святые иконы, наше сердце должно преизливаться от любви к Богу и святым, и нам следует падать пред ними, поклоняться им и лобызать их со многим благоговением. Если бы вы видели одного благоговейного старенького монаха из монастыря Филофей — отца Савву: со сколькким же благоговением, с каким умилением и любовью он прикладывался к иконе Пресвятой Богородицы «Сладкое лобзание»! На этой иконе Божией Матери образовался даже бугорок, потому что отцы лобызали её в одно и то же место.

Тот образ, который пишется с благоговением, впитывает от благоговейного иконописца благодать Божию и передаёт людям вечное утешение. Иконописец «перерисовывает», переводит себя на ту икону, которую он пишет, поэтому его душевное состояние имеет большое значение. Батюшка Тихон[15] говорил мне: «Я, сынок, когда рисую плащаницы, пою „Благообра́зный Ио́сиф, с дре́ва

---

[14] Старец приложился к какой-то иконе так, что ничего не было слышно.

[15] См.: *Старец Паисий*. Отцы-святогорцы и святогорские истории. Свято-Троицкая Сергиева Лавра, 2001. С. 13–40.

снем…"» Он не переставая пел и плакал, и его слёзы капали на икону. Такая икона совершает в мире вечную проповедь. Иконы проповедуют и проповедуют веками. И когда кто-то, например человек, которому больно, бросает взгляд на икону Христа или Божией Матери, то получает утешение.

Вся основа в благоговении. Кто-то лишь прикасается к стене, к которой была прислонена икона, и уже принимает благодать, а кто-то может иметь самую лучшую икону, но не получать пользы, потому что у него нет благоговения. Один может получить пользу от обычного креста, а другой, не имея благоговения, не получит пользу от самого Животворящего Древа.

В приношение Богу должно отдавать самое чистое

Однажды здесь, в вашем храме, я пришёл в смущение: увидел, что вы зажигаете на святом престоле вот такую маленькую свечечку. Я у себя в церкви таких маленьких свечек не оставляю даже на подсвечнике перед иконостасом — считаю это пренебрежением.

— Однако, геронда, говорят, что свеча должна догорать до самого низа.

— Да, пусть догорает до низа, но имеет значение то, где она догорает. Одно дело, если она сгорает до низа на тех подсвечниках, где ставит свечи народ, и другое дело — на святом престоле или жертвеннике. Не годится зажигать в алтаре полусвечечки, это пренебрежение. И в паникадиле, даже если свечи и дотянут до конца службы, всё равно, если они очень маленькие, заменяйте их. А на входах Божественной Литургии — малом и великом — всегда используйте большую свечу, потому что она символизирует Честного Предтечу. Кое-где для экономии даже лампады гасят, не понимая того, что, если благоговеть перед Богом, Он пошлёт великие благословения. И на панихидах будет пренебрежением использовать тонюсенькие свечки, всё равно что опущенные в воск нитки. Такие свечи и давать-то людям стыдно.

— Геронда, а сёстры в своих кельях пусть жгут свечи, сколько хотят?

— Пусть жгут, чтобы и диавол сгорел. Тут вон весь мир полыхает. Только свечечка, которую они зажигают, должна быть со смыслом, то есть она должна сопровождаться молитвой.

Великое дело — отдать себя Богу! Мы едим сладкие плоды, а смолу деревьев в кадиле приносим в жертву Богу. Вкушаем мёд, а в жертву Богу приносим воск, но ведь и тот мы часто смешиваем с парафином! Одну-то лишь восковую свечу мы приносим Богу из благодарности за Его щедрые, богатодаянные благословения, так что же — смошенничаем и с ней? А если бы Бог хотел, чтобы мы приносили Ему мёд? Представляю, что бы мы делали тогда! Мы приносили бы Ему в жертву или медовый сиропчик, или немножко водички с сахаром. Да не примет нас Бог всерьёз! Экономить можно на всём, кроме служения Богу. Богу должно приносить самое чистое, самое лучшее.

— А народ, геронда, не очень-то понимает, почему жечь парафиновые свечи — это неблагоговение.

— А вы им скажите: «Жечь парафиновые свечи в храмах вредно для вашего здоровья». Тогда они маленько задумаются. А если храм ещё и маленький, то с такими ненатуральными свечами можно задохнуться! Лучше возжечь одну маленькую свечечку, но из чистого воска, чем здоровенную свечу из парафина. Как раз от этого многие чувствуют себя дурно в храмах и падают в обморок. Маленький храмик — и полыхает весь этот парафин!.. Но если бы ещё только это… Маслами, негодными в пищу, хотят наполнять лампадки. До чего же дошли люди! В Ветхом Завете говорится, что елей, который использовался в храме, должно было изготовлять из маслин, собранных с деревьев, а не из тех, что упали на землю. Что, Бог имеет нужду в масле и ладане? Нет, но от этого Он приходит в умиление, потому что это приношение, через которое выражается благодарность и любовь человека к Нему. На Синае на меня произвело впечатление вот что: бедуины не имеют, несчастные, ничего для приношения Богу. И что же они делают: подбирают камушек, который чуть-чуть отличается от других — во-о-т такой малюсенький, или если найдут где-нибудь в расселине два-три листочка, кладут это на тот камень, в который Моисей ударил жезлом и истекла вода, и оставляют своё приношение там. А матери, кормящие грудью, идут туда и выдавливают на этот камень несколько капель молока, помышляя: «Да даст мне Бог молоко для кормления моих детей». Посмотри только, какая у них благодарность Богу! Это ведь не пустяшное дело. А что творим мы?.. Эти люди будут судить нас. Они оставляют там, на камне, деревяшечки, листочки, камушки… Что, Богу всё это нужно? Нет, не нужно, но Бог помогает, видя благое сердце, благое произволение.

— Геронда, зажигая свечу, надо говорить, что она ставится ради такой-то цели?

— Ты зажигаешь свечу — куда ты её посылаешь? Разве ты не посылаешь её куда-то? Свечой мы что-то просим у Бога. Когда ты возжигаешь её и говоришь: «За тех, кто страдает телесно и душевно, и за тех, кому это нужно больше всего», то среди этих людей есть и живые и усопшие. Знаешь, какое упокоение испытывают усопшие, когда мы ставим за них свечу? Так мы находимся в духовной связи с живыми и усопшими. Одним словом, свечка — это «антенна», с помощью которой мы вступаем в контакт с Богом, с больными, с усопшими и так далее.

— Геронда, а зачем мы кадим ладаном?

— Мы возжигаем его для славословия Богу. Его мы славословим и благодарим за Его великие благодеяния во всём мире. Ладан — это тоже приношение. И после того как мы, покадив иконы в храме, приносим его Богу и святым, мы кадим и людей — живые иконы Бога.

В просьбе ли, в благодарении ли — прилагайте сердца. «Боже мой, всем сердцем прошу, чтобы Ты оказал мне эту милость», — так я «говорю» свечой. А ладаном я «взываю» так: «Благодарю Тебя, Боже мой, всем сердцем моим за все Твои дары. Благодарю Тебя за то, что Ты прощаешь многие мои грехи, и всего мира неблагодарность, и собственную мою неблагодарность многую».

Насколько можете, возделывайте в себе благоговение, скромность. Это поможет вам приять благодать Божию. Потому что, имея благоговение, духовную скромность, человек, если он ещё и смиренный, принимает Божественную благодать. Если же в нём нет благоговения и смирения, то благодать Божия не приближается к нему. В Священном Писании написано: *На кого́ воззрю́, то́кмо на кро́ткаго и молчали́ваго и трепе́щущаго слове́с Мои́х*[16].

---

[16] Ис. 66:2.

ГЛАВА ПЯТАЯ
О том, что даяние содержит в себе Божественный кислород

Люди забывают о тех, кто страдает

— Геронда, раньше Вы говорили о том, что насколько избегаешь утешения человеческого, настолько принимаешь божественное. Так вот почему, когда ты голоден, то лучше ощущаешь молитву?

— Да, но, кроме того, и один голодный понимает другого. Сытый голодного не разумеет. Я слышал, что в одном городе выбрасывают еду, а чуть подальше живут переселенцы из России, которым нечего есть. Эти несчастные ютятся в каких-то теплицах, в сараях из жести. Предположим, что те, кто выбрасывает пищу, не знают о том, что рядом с ними есть люди, имеющие нужду. Но почему же они не спрашивают, чтобы узнать? Выбрасывают еду! Мы не даём даже того ненужного, что у нас есть. Когда один человек не может купить необходимого ему, а другой имеет вещи, которые сам не использует и не даёт их тому, кто в нужде, — то это грех. Для меня это самая большая мука. Христос скажет нам на Страшном Суде: *Взалка́хся и не да́сте Ми я́сти*[1].

---

[1] Мф. 25:42.

Некоторые имеют всё и говорят: «Сегодня нет нищеты». О ближнем они не думают. Они не ставят себя на место другого, чтобы не потревожиться и не потерять своего покоя. Но с таким внутренним расположением как они смогут найти бедняка? Если человек думает о другом, то он находит бедняка и находит то, в чём он имеет нужду. А сколько есть сирот, которых некому погладить по головке! Люди забывают о тех, кто страдает. Их ум занят теми, кто живёт припеваючи, и с ними, а не с теми, кто страдает, они сравнивают себя. А если бы они подумали, например, о тех несчастных жителях Северного Эпира (Албании), которые за то, что осеняли себя крестом, по двадцать лет сидят в тюрьме, в тесной камере, один на другом!.. Тогда люди смотрели бы на вещи по-другому. Страшно! Мы даже подумать об этом не можем. Знаете, что такое один на другом? И не сидя, и не лёжа, и не стоя... И какое там окно, хорошо ещё, если есть какая-нибудь дырка в стене[2].

— То есть в могилах, геронда!

— В могиле у тебя хоть ноги протянуты. Какие же муки! В мире сегодня много горя, потому что боеприпасы производят, а людей бросили на произвол судьбы. В Африке я видел, как люди едят верблюжий помёт. Человеческие тела там не похожи на тела. Как лягушки. Грудная клетка как корзиночка из прутиков. Почему мне больно? У нас есть всё, и поэтому нам не больно за других. А ещё в рай хотим попасть...

Когда я в 1958 году приехал в монастырь Стомион, то в Конице был один протестант, который, благодаря экономической поддержке из Америки, совратил в протестантство восемьдесят семей. Он даже успел построить им молитвенный дом для собраний. Несчастные люди

---

[2] Произнесено в мае 1990 г.

находились в большой нужде, великая нищета вынуждала их становиться протестантами, потому что последние помогали им материально. Как-то раз один из этих несчастных сказал мне: «Да я не только протестантом, но и евреем стать готов, потому что нахожусь в нужде». Услышав это, я сказал: «Надо что-то предпринимать». Собрал людей, которые, имея некоторый материальный достаток, могли помочь другим, и поговорил с ними. Они, бедные, были тогда людьми совершенно мирскими, но имели добрую настроенность. В частности, один из этих людей, несмотря на то что вёл совершенно мирской образ жизни, имел широкое сердце. Я, когда впервые увидел его, сказал: «Снаружи выглядит гнилушкой, но внутри есть добрая лучина». Итак, мы решили собрать какие-то деньги и раздать их бедным семьям. Я посоветовал имевшим достаток самим идти к бедным и раздавать им деньги, для того, чтобы и сами они пришли в умиление и получили пользу. Так их сердце, будь оно и каменным, смягчалось, становилось человеческим. Так им открывалась райская дверь. В короткое время все эти благодетели изменились, потому что они видели то горе, которое жило рядом с ними, и их уже не тянуло развлекаться по клубам и танцулькам. «Ты, — говорили они, — нас разоружил. Как мы теперь пойдём развлекаться?» Они и к церкви приблизились, а об одном из них я после узнал, что он даже стал певчим. Но и те восемьдесят семей по благодати Божией одна за другой вернулись в православие. Когда потом приехали американские протестанты, чтобы посмотреть, чего добился протестант-проповедник, то они подали на него в суд, потому что последователей у него уже не было!

— Геронда, одни, имея нужду, не стесняются просить помощи, другие же ничего не говорят.

— Многие стыдятся и не хотят портить свою репутацию. Такие люди нуждаются в помощи больше, чем другие. И правильнее помогать в первую очередь им. Я знаю двух врачей, у которых, когда случилось какое-то несчастье, не было денег даже на аспирин. Человек, имеющий любовь, не довольствуется лишь тем, чтобы давать тому, кто попросит у него милостыни, но и сам ищет людей, находящихся в нужде, чтобы поддержать их. Моя мать очень старалась делать это.

Критерий любви

Если человек имеет достаток и подаёт милостыню, то невозможно понять, есть у него любовь или нет, потому что он может давать не от любви, но для того чтобы избавиться от каких-то вещей. Любовь видна, когда человек даёт, сам находясь в лишении. Допустим, я считаю, что у меня есть любовь. Бог, для того чтобы испытать мою любовь, посылает мне бедняка. Если у меня есть, к примеру, двое часов — одни хорошие, а другие немного испорченные, — и я отдам бедняку испорченные, то это значит, что моя любовь второго сорта. Если я имею настоящую любовь, то отдаю бедняку хорошие часы. Однако впутывается ущербная логика, и мы говорим так: «Хорошие, что ли, отдавать? Да для него, раз у него вообще нет часов, хорошими будут и старые». И я отдаю ему старые часы. Но когда ты даёшь старое, то в тебе ещё живёт ветхий человек, если же ты даёшь новое, то ты человек возрождённый. Состояние же, когда ты оставляешь у себя и старые и новые и не даёшь вообще ничего, является адским.

— Геронда, как выйти из этого состояния?

— Надо размыслить так: «Если бы на месте нищего был Сам Христос, то что я дал бы Ему? Безусловно, самое лучшее». Так человек понимает, какова настоящая любовь, принимает твёрдое решение следовать её принципам и в следующий раз отдаёт лучшее. Вначале ему может быть немного трудно, но, подвизаясь таким образом, он достигает такого состояния, что помогая другим, отдаёт и старое и новое. Сам он хотя будет и вовсе без часов, зато с Христом внутри и будет слышать сладкий стук своего сердца, играющего от божественной радости. Если у тебя взимают ризу, а ты отдаёшь и ту срачицу, что имеешь[3], то тебя потом оденет Христос. Если тебе больно за какого-то несчастного и ты помогаешь ему, то подумай, на какую бы ты пошёл жертву, если бы Сам Христос был на его месте. Так человек сдаёт экзамены. В лице своего ближнего верующий видит Христа. А Христос Сам говорит, что, делая что-то одному из несчастных, вы тем самым делаете это Мне[4]. Конечно, каждому подобает воздавать соответствующую ему честь, но любовь должна быть для всех одна и та же. Министр и нищий, генерал и солдат занимают в сердце человека верующего одинаковое место.

— Геронда, почему иногда бывает так, что человек благодетельствуемый неуважительно ведёт себя в отношении к тому, кто ему помогает?

— Встревает диавол и подзуживает того, кому мы помогли, дурно вести себя по отношению к нам, чтобы мы разгневались. Сделанное нами добро мы при этом теряем. Человек не виноват, его подстрекает диавол для того, чтобы лишить нас всего. Делая добрые дела, имейте всегда такое чувство, что вы обязаны их делать, и будьте готовы встретить искушение, чтобы вы не потеряли то добро, которое сделали, и весь прибыток с этого добра был вашим. Например, человек жертвует какие-то деньги, не желая выставлять это напоказ. Но встревает искуситель и подстрекает других сказать ему: «Ведь ты сребролюбец: ничего не пожертвовал, а такой-то сделал

---

[3] См. Лк. 6:29.
[4] Мф. 25:40.

то, такой-то — другое». Так диавол вынуждает этого человека «смиренно» ответить: «Так ведь и я сделал некую малость. Устроил... больницу». Или же враг побуждает его разгневаться и выдать: «Кто, я?! Я, человек, сделавший и то и сё?!» И так он теряет... всё. Или диавол подтолкнёт того, кому человек оказал благодеяние, сказать ему: «Скряга! Эксплуататор!» — чтобы благодетель ответил: «Кто? я, что ли, эксплуататор? Я, человек, сделавший тебе добро, оказавший тебе такое благодеяние?» — «Ах, он неблагодарный, — скажет он потом, — ведь я, конечно, не хотел, чтобы он говорил мне „спасибо", но уж, по крайней мере, мог бы признать то, что я его благодетель!» Однако если человек ждёт признания своих заслуг, то он теряет всё. Если же сделавший благодеяние в добром помысле скажет так: «Даже хорошо, что он забыл добро, которое я ему сделал», или так: «Может быть, он был расстроен или устал и потому разговаривал в таком тоне», то он оправдывает ближнего и не теряет сам. Когда мы не ждём воздаяния, то имеем чистую мзду. Христос сделал для нас всё, а мы Его распяли. Как мы поем в храме? «За ма́нну желчь»[5]. Итак, будем всегда стараться делать добро, не ожидая за него воздаяния.

Дающий приемлет божественную радость

Две радости имеются у человека: одна — когда он принимает, и другая — когда даёт. Радость, которую испытывают, отдавая, несравнима с той, которую ощущают, что-то принимая. Человеку, для того чтобы понять, верно ли он преуспевает в отношении духовном, должно прежде всего испытывать себя, радуется ли он, отдавая, а не принимая. Расстраивается ли, когда дают ему,

---

[5] Из 12-го антифона утрени Великого Пятка.

и переживает ли радость, когда даёт сам? И потом, если он правильно трудится в духовном отношении, то, делая какое-то добро, он никогда его не запоминает, но никогда не забывает даже самое малое добро, сделанное ему. Он не может закрыть глаза даже на самое ничтожное благодеяние других по отношению к нему. Сам он, может быть, подарил кому-то целый виноградник и забыл об этом. Но одну виноградную гроздь, данную ему из подаренного им же самим виноградника, он не может забыть никогда. Или, может быть, он дал кому-то много резных деревянных икон и этого не помнит. Если, однако, этот «кто-то» подарит ему одну иконочку, запаянную в пластик, то он придёт в умиление от этой иконочки, несмотря на её малую цену, и с благодарностью будет потом думать, как за это отплатить. Он может построить целую церковь, пожертвовать землю под строительство и забыть об этом. То есть правильный духовный путь таков: забывать добро, сделанное тобой, и помнить добро, сделанное тебе другими. Пришедший в такое состояние становится человеком, Божиим человеком. Если же кто-то всё время забывает добрые дела, сделанные ему другими, и помнит добрые дела, сделанные им самим, то это делание противоположно тому, которого хочет Христос. Но и расчёты вроде: «Ты мне дал столько-то, а я тебе столько-то» — это мелочный базар. Я стараюсь дать тому, кто находится в большей нужде. Я не мелочусь по-базарному, типа: «Такой-то дал мне эти книги, теперь я ему столько-то должен, надо отдавать, чтобы расплатиться». Или: «Если другой мне не дал ничего, то и он от меня ничего не получит». Это правда человеческая.

Тот, кто что-то берёт, принимает радость человеческую. Тот, кто даёт, приемлет божественную радость. Мы приемлем божественную радость даянием. Например, кто-то даёт мне книгу, и в это время он радуется духовно, божественно, я же, взяв книгу, радуюсь по-человечески. Отдав эту книгу другому, я тоже возрадуюсь божественно, а тот, кто её от меня получит, возрадуется по-человечески. Отдав её, в свою очередь, другому, испытывает божественную радость и он, а человеческую радость ощущает тот, следующий, кто её примет. Но и он, если отдаст её кому-то, возрадуется божественно и так далее. Видите, как от одной вещи многие люди могут испытывать радость и божественную и человеческую?

Надо выучиться радоваться, подавая. Человек занимает верную позицию, если он радуется, подавая. Он «подключён» тогда ко Христовой «сети» и имеет божественную радость. Радость, которую он испытывает, раздавая что-то или в чём-то помогая, содержит в себе Божественный «кислород». Но когда человек радуется тому, что он принимает, или тому, что другие жертвуют собой ради него, то в его радости есть зловоние, удушье. Люди, которые, не принимая в расчёт своё «я», отдают себя другим, будут очень скоро судить нас. Какую же радость испытывают они! Им покровительствует Христос. Но большинство людей радуется, принимая. Они лишают себя божественной радости и потому испытывают муку. Христос приходит в умиление, когда мы любим нашего ближнего больше, чем себя, и исполняет нас божественным веселием. Смотри, Он не ограничился заповедью *Возлю́биши бли́жнего своего́, я́ко сам себе́*[6], но принёс Себя в жертву за человека.

Сребролюбец собирает для других

— Вот, геронда, два маленьких братишки: младший раздаёт, а старший нет.

---

[6] Лев. 19:18; Мф. 22:39; Мк. 12:31; Лк. 10:27.

— Пусть родители выучат и старшего находить сладость в даянии. И если старший потрудится над этим, то он получит воздаяние большее, чем младший, дающий по своей природе, и станет лучше его.

— Геронда, как избавиться от сердечной стеснённости, которая мешает нам давать что-то другим?

— Ты что же это, скряга?! Вот я тебя! Выгоню! И на послушании, например, если ты трудишься в архондарике⁷, то сразу на будущее возьми себе благословение раздавать (чтобы не испрашивать каждый раз вновь). Видишь, сколь независтно Бог подаёт всем Свои благословения? А если не привыкнуть давать, то потом приучаешься к скупости и дать что-то другому уже нелегко.

Сребролюбец — это копилка, он собирает для других. Таким образом он теряет и радость даяния, и воздаяние божественное. «Что ты их копишь? — спросил я как-то одного богача. — Обязательств у тебя нет. Что ты с ними будешь делать?» — «Когда умру, — отвечает он, — здесь останутся». — «А я, — говорю ему, — даю тебе благословение взять всё, что накопишь, с собой на тот свет». — «Здесь, — говорит он, — здесь останутся. Если умру, то пусть другие их разберут». — «Здесь-то, — говорю, — они останутся. Но задача в том, чтобы ты раздал их своими руками сейчас, пока ты жив!» Нет человека глупее, чем многостяжатель. Он постоянно собирает, постоянно живёт в лишении и в конечном итоге на все свои сбережения покупает себе вечную муку. Многостяжатель дошёл до последней степени глупости, потому что он не даёт другим материальные блага, тонет в них и теряет Христа.

Над скрягой смеются люди. Был один помещик, очень богатый: и земли имел в одной области, и апартаменты в Афинах, но уж очень он был скуп. Однажды он сварил для

---

⁷ *Архондáрик* — место для приёма гостей в греческих монастырях. — *Прим. пер.*

рабочих, которые трудились у него на полях, кастрюлю фасолевой похлёбки, жидкой-прежидкой. А в те времена несчастные работники начинали трудиться с утра, с восхода солнца, и заканчивали на закате. В полдень, когда они присели отдохнуть, хозяин опростал похлёбку в большой противень и позвал их обедать. Бедняги рабочие расселись вокруг, начали есть: то какую фасолину подцепят ложкой, а то одну жижу! А один из этих рабочих здорово умел поддеть. Откладывает он ложку, отходит в сторонку, снимает башмаки, носки и делает вид, что хочет забраться с ногами в противень с похлёбкой. «Ты чего делаешь?» — спрашивают его остальные. «Да вот, — говорит, — хочу залезть внутрь, поискать, может быть, нашарю какую-нибудь фасолину!» Таким вот скрягой был этот несчастный помещик. Поэтому в тысячу раз предпочтительнее, если человеком овладеет расточительность, чем скупость.

— Скупость, геронда, это болезнь.

— Очень страшная болезнь! Нет болезни страшнее, чем овладевшая человеком скупость. Бережливость — это дело хорошее, но надо быть внимательным, чтобы диавол потихоньку не овладел тобой с помощью скупости.

— А некоторые, люди геронда, от скупости остаются голодными.

— Разве только лишь голодными? Был один богатый торговец, держал большой магазин, а сам разрезал перочинным ножиком спички на три части. А у другой большой богачки была сера, так она всегда держала горящие угли и, чтобы развести огонь, зажигала серу от углей, чтобы не потратить ни спички. А сама имела дома, земли, богатое состояние.

Я не говорю, что надо быть транжиром. Но транжир, если у него что-то попросишь, по крайней мере, даст тебе это легко. Скряга же пожалеет дать тебе что-либо. Однажды две соседки, домашние хозяйки, завели беседу о салатах, об уксусе, и в разговоре одна из них говорит: «У меня есть очень хороший уксус». Прошло какое-то время, и другой бедолажке понадобилось немного уксуса. Пошла она к соседке с просьбой, а та ей в ответ: «Послушай-ка, милая, ведь если бы я свой уксус раздавала, то он бы у меня и по семи лет не водился!»

Хорошо одновременно быть бережливым и раздавать. Бережливый не значит скряга. У моего отца деньги не задерживались. В Фарасах не было гостиницы, вместо неё был наш дом. Кто приходил в село, шёл на ночлег к старосте. Гостя кормили, мыли ему ноги и ещё носки ему чистые давали.

Сейчас я вижу, как даже в некоторых храмах, где бывают паломники, целые кладовые забиты лампадами, но всё равно не говорят: «У нас есть», чтобы люди перестали их приносить. Ни использовать эти лампады не могут, ни продать, но и не раздают их. Начав собирать, человек этим связывается и отдавать уже не может. Но если человек начнёт не собирать вещи, а раздавать их, тогда его сердце — он и не поймёт, как — соберётся во Христе. У какой-то вдовы нет денег, чтобы купить на одёжку своим детям аршин ткани, а я буду копить? Да как я это вынесу? У меня в каливе нет ни тарелок, ни кастрюль, есть жестяные баночки. Чем покупать что-то для себя, я предпочитаю дать пятьсот драхм какому-нибудь студенту, чтобы он смог поехать из одного монастыря в другой. Не собирая, ты имеешь благословение от Бога. Когда ты даёшь благословение другому, то берёшь благословение сам. Благословение рождает благословение.

Доброе расположение — это всё

— А если, геронда, у меня просят помощи, но мне нечего дать?

— Когда я хочу подать милостыню и мне нечего дать, я даю милостыню кровью. Тот, кто что-то имеет и оказывает другим материальную помощь, испытывает радость, тогда как человек, которому нечего дать другим, постоянно страдает и в смирении говорит себе: «Я не оказал милостыни своему ближнему». Доброе расположение — это всё. У иного богача есть что дать, но он не даёт. А какой-нибудь бедняк хочет дать, но не даёт, потому что дать ему нечего. Одно от другого отличается. Богатый, подав милостыню, чувствует удовлетворение. А бедному больно, он хочет сделать добро, но ему нечего дать ближнему. Он душевно страдает, тогда как, будь у него что-то, он отдавал бы его и не мучился. Доброе расположение видно по делам. Если кто-то попросит милостыни у бедняка и тот, сам испытывая лишения, подаст ему, то независимо от того, пропьёт ли эти деньги человек, получивший милостыню, бедняк, подавший её, получит душевную радость, а Бог, просветив кого-то ещё, поможет материально и милостивому бедняку. А иногда, знаете, какая случается несправедливость? Человек, чтобы помочь ближнему, отдаёт ему то, что имеет сам, а другой в своём помысле истолковывает это, как ему нравится...

— Что Вы имеете в виду, геронда?

— Предположим, что у какого-то несчастного есть всего-навсего пять тысяч драхм[8] в кармане. Встречает он на дороге нищего, суёт их ему в руку и убегает. Нищий видит, что это пять тысяч, и радуется. Проходит в это время мимо какой-то богатей и, видя, что другой подал пять тысяч милостыни, говорит в своём помысле: «Раз он так пятёрки раздаёт, то кто его знает, сколько у него денег? Миллионер, небось!» И подаёт этот богатей нищему пятьсот драхм, успокаивая помысел тем, что исполнил свой

---

[8] Около 15 долларов США. — *Прим. пер.*

долг. Между тем всё, что имел тот несчастный, и была эта пятёрка. И как только он увидел нищего, его сердце взыграло, и он её отдал. А если бы и богач немножко духовно работал над собой, то имел бы добрый помысел и сказал бы: «Гляди-ка, отдал последнее», или: «У самого и было-то всего тысяч десять, а пять отдал нищему». Но как ему придёт добрый помысел, если он духовно не работал над собой? Вот он и комментирует: «Раз он так деньгами швыряется, значит, лопатой их гребёт».

А некоторые люди подают пятьсот или тысячу драхм нищему, но с бедным работником, трудившимся у них, из-за пяти или десяти драхм устраивают целые еврейские базары. Я не могу понять: ну хорошо, ты даёшь пятьсот или тысячу драхм тому, кого не знаешь, и при этом оставляешь голодным того, кто рядом с тобой и помогает тебе? А ведь его ты обязан полюбить и ему помочь прежде всего. Но, видимо, милостыня этих людей делается для того, чтобы их похвалили. А какого-нибудь рабочего такие люди, движимые мирской логикой, могут ещё и в суд потащить — якобы для того, чтобы не быть посмешищем в глазах других. Одна женщина, ходившая в церковь, рассказала мне[9], что однажды она хотела купить дрова у одной бабушки, которая их три часа везла на мулах из леса в деревню. А в тот день эта бабушка прошла ещё полчаса лишних, то есть в общей сложности три с половиной, потому что обходила сторожевые посты, чтобы её не схватили лесники. «И почём же?» — спрашивает её госпожа. «Пятнадцать драхм», — отвечает старушка. «Нет, — говорит госпожа, — это много. Я плачу тебе за них одиннадцать драхм». «Так-то вот, — сказала она мне потом, — это чтобы нас, людей духовных, не считали дураками». Я ей после задал трёпку! Бабуля держала двух

---

[9] В 1958 г.

мулов и потеряла два дня, чтобы выручить двадцать две драхмы. Почему бы не дать ей двадцать драхм сверху?! Так нет же, вместо этого надо было устроить настоящую еврейскую торговлю.

Милостыня весьма помогает усопшим

Богатство, не будучи раздаваемо бедным за здравие и спасение нашей души или за упокой душ наших умерших близких, приносит человеку разрушение. Милостыня, поданная болящим, вдовам, сиротам, другим несчастным, очень помогает и усопшим. Потому что, когда подаётся милостыня за усопшего, принимающие её говорят: «Бог его простит. Да будет благословен его прах». Если кто-то будет страдать от болезней, не сможет работать, будет в долгах и ты в таком тяжёлом положении поможешь ему и скажешь: «Возьми эти деньги за упокой души такого-то», то этот человек скажет: «Бог его простит. Да будет благословен его прах». Берущие милостыню совершают сердечную молитву за усопших, и это весьма помогает последним.

— Если у какой-то женщины муж умрёт не причастившись, не поисповедовавшись или если у неё разобьётся ребёнок, то что ещё может она сделать, чтобы помочь их душам?

— Пусть она сама, насколько может, станет лучше. Естественно, этим она поможет себе самой, но и мужу своему тоже, потому что раз они венчаны, то умерший тоже имеет свою часть в её духовном преуспеянии. Это важнее всего: стать лучше самой. Иначе она может сделать что-то доброе, но при этом не измениться к лучшему. «Свой долг, — скажет она, — я выполнила. Что ещё ты от меня хочешь?» И останется неисправленной или даже сделается ещё хуже.

Милостыня «втайне»[10]

— Геронда, некоторые считают фарисейством, если человек ходит в церковь, но отстаёт в любви и жертвенности.

— Э, откуда они это знают? Они уверены в этом?

— Так они судят.

— Христос что сказал? *Не судите*[11]. Иной человек может и не подать милостыни цыгану, потому что знает какого-нибудь больного, находящегося в большой нужде, и помочь последнему. Цыгана встретит прохожий и подаст ему, а кто подаст больному? Как же можно, не зная, строить такие заключения? Фарисейство — это когда кто-то подаёт милостыню явно с тем, чтобы его похвалили.

Помню, когда я в 1957 году был в одном особножительном монастыре[12], за каждое послушание, в зависимости от его сложности, братии давали денежное вознаграждение. Поскольку в то время в монастырях была нехватка людей, некоторые из братии, у кого были силы, брали на себя помногу послушаний и вознаграждения получали больше, но раздавали полученное бедным. Был там один монах, которого звали жадиной, потому что он не раздавал денег. Когда этот монах умер, то на погребении оплакивать его собрались бедные крестьяне отсюда, с Халкидики — с Великой Панагии, с Палеохори, Нэохори[13]. Эти крестьяне держали волов и перевозили лес, деревянные лаги; тогда все возили на волах, не то, что сейчас — на самосвалах, на лесовозах. Так вот, этот монах что делал: собирал-собирал деньги, которые ему давали за те

---

[10] Мф. 6:4.
[11] См. Мф. 7:1; Лк. 6:37; Ин. 7:24.
[12] *Особножительный (идиоритмический) монастырь* — обитель, в которой братия не выбирают общего игумена, следуют индивидуальному порядку в духовной жизни и материальном обеспечении себя.
[13] Селения на Халкидики. — *Прим. пер.*

послушания, которые он выполнял, а когда видел, что у какого-то хозяина, главы семейства, был только один вол или же он околевал, то монах покупал ему вола. Купить вола в те годы было делом нешуточным, он стоил пять тысяч драхм, а деньги тогда были «твёрдые». Другие монахи подавали пять драхм одному нищему, десять — другому, двадцать — третьему, и их благодеяния были видны. А умерший был совсем незаметен, потому что он не подавал милостыню подобно другим, а копил деньги и помогал людям по-своему. Так вот его и прозвали жадиной, скупердяем. А в конце концов, когда он скончался, собрались бедняки и плакали: «Он меня спас!» — говорил один. «Он меня спас!» — говорил другой. В те годы, имея вола, можно было перевозить лес и содержать семью. Братия монастыря была поражена. Потому я и говорю: «Где нам знать о других, что делают они?»

— Геронда, иногда человек оказывает милостыню, но ощущает и какую-то пустоту. В чём причина?

— Пусть присмотрится к себе, может быть, им движет человекоугодие. Когда побудительные мотивы чисты, человек ощущает радость. Знаете, что устроили однажды в одном городе? Мне рассказывал об этом один мой знакомый, благоговейный человек, адвокат по профессии. Приближалось Рождество, и некоторые христиане решили собрать разные вещи, сделать свёртки, разные подарки и раздать их бедным на городской площади. Тогда, после оккупации[14], люди жили в нужде. Этот адвокат сказал: «Раз мы знаем, кто бедный, а кто нет, давайте лучше раздадим эти подарки без шума». — «Нет, — ответили ему, — раздадим их на площади во славу Божию, чтобы люди видели, что нам не всё равно». — «Да зачем

---

[14] Речь идёт об оккупации Греции в 1941–44 гг. Германией, Италией и Болгарией. — *Прим. пер.*

это надо? — снова возразил им мой знакомый. — В какой книге вы видели, чтобы так раздавали милостыню?» Те своё: «Во славу Божию». Никак он не мог переубедить их и, когда осознал это и выбился из сил, оставил их делать так, как они хотели. Ну и что же: свезли они подарки на большую городскую площадь и объявили, что будут их там раздавать. Всем это стало известно, и тут же налетел самый прожжённый народец, как гориллы всё равно: хватали, хватали и остальным ничего не оставили. Подарки достались тому, кто был варваром и нужды не имел, а несчастная беднота осталась с пустыми руками. А когда ответственные за это мероприятие попробовали навести там порядок, то они ещё и по шее как следует получили — «во славу Божию»! Видите, как действуют духовные законы? Для человека мирского есть оправдание в том, чтобы погордиться, похвалиться, но какое в этом оправдание для человека духовного?

— А бывают, геронда, люди неверующие, но сострадательные и делающие добро…

— Когда человек мирской даёт милостыню по доброму расположению, а не по человекоугодию, Бог не оставит его и в какой-то момент заговорит в его сердце. Один мой знакомый, живший в Швейцарии, рассказывал об одной богатой даме, атеистке, которая, будучи чрезвычайно сострадательной, дошла до того, что раздала всё своё состояние бедным и несчастным и в конце концов осталась совершенно нищей. Тогда те, кому она раньше помогала, постарались пристроить её в самый лучший дом престарелых. Однако, несмотря на все добрые дела, которые сделала эта женщина, она оставалась атеисткой. Когда пытались заговорить с ней о Христе, она уклонялась от разговора, говорила, что Христос был всего лишь добрый человек, общественный деятель, излагала и другие подобные теории. Возможно и то, что христиане, которые с ней беседовали, не помогли ей, она не увидела в их жизни ничего особенного. «Помолись за эту душу», — говорил мне мой друг и сам много молился о её обращении. По прошествии какого-то времени он рассказал мне, что, придя как-то в дом престарелых, он увидел её совершенно преображённой. «Я верую, — восклицала она, — верую!» С ней произошло одно чудесное событие, изменившее её, и после этого она захотела креститься.

«Сие́ бо творя́ у́глие о́гнено собира́еши на главу́ его́»

— Геронда, если человек не нуждается, но только притворяется таким, то надо ли ему помогать?

— Христос сказал, что надо, не испытывая, давать тем, кто у нас просит[15]. И даже если просящий не нуждается, ты всё равно должен ему дать. Радуйся, что у тебя есть возможность оказать милостыню. Бог *дожди́т на пра́ведныя и на непра́ведныя*[16], так почему же нам не помочь своему ближнему? А разве сами мы достойны всех тех даров, которые подаёт нам Бог? Он *не по беззако́нием на́шим сотвори́л есть нам, ниже́ по грехо́м на́шим возда́л есть нам*[17]. Какой-то бедняк просит тебя о помощи. Даже если у тебя есть сомнения на его счёт, всё равно с рассуждением помоги ему, чтобы тебя потом не искушал помысел. Помнишь, что писал авва Исаак: «Даже если человек сидит верхом на коне и просит у тебя — дай ему»[18]. Ты не знаешь

---

[15] См. Мф. 5:42. Лк. 6:30.
[16] Мф. 5:45.
[17] Пс. 102:10.
[18] «Если кто, сидя на коне, протянет к тебе руку, чтобы принять милостыню, не откажи ему, потому что в это время он, без сомнения, скуден, как один из нищих» См.: *Исаак Сирин, прп.* Слова подвижнические. Слово 56-е. Сергиев Посад, 2008. С. 346.

истинного положения дел. Твоё дело — верить тому, что говорит тебе просящий, и подавать соответственно тому, сколько он у тебя просит.

Если у нас, к примеру, есть всего лишь тысяча драхм и мы, отдавая их нищему, переживаем, что не можем дать больше, то помимо подаваемого нами благословения (то есть этих денег) мы вкладываем Христа и добрую обеспокоенность в совесть этого нищего. То, что мы сделали, растревожит его, потому что его ум будет постоянно возвращаться к тому милосердному человеку, который вместе с хилиариком[19] отдал ему своё наполненное болью сердце. Этот несчастный дойдёт до того, что анонимно вышлет своему благодетелю все взятые у него деньги или даже ещё больше. Со мной как-то произошло подобное. Однажды, когда я был в Салониках, меня остановила одна женщина, с виду цыганка, и попросила денег для своих детей, потому что её муж был болен. У меня было только пятьсот драхм, я отдал их ей и сказал: «Прости, но больше дать тебе нечего. Если хочешь, возьми мой адрес и напиши мне о здоровье твоего мужа. Постараюсь прислать тебе со Святой Горы больше». В скором времени я получил письмо, в котором было пятьсот драхм и приписка: «Благодарю тебя за твою доброту. Возвращаю тебе деньги, которые ты мне дал». Если подавать с болью, то принимающий милостыню будет опаляться любовью, Христом, и сам станет раздавать, а не собирать. А если просящий милостыню окажется человеком очень жестокосердым и будет копить собираемые деньги, то радости ему они не принесут. Бог устроит так, что собранные им деньги пойдут туда, где они будут нужны. А на долю жестокосердого попрошайки достанется лишь усталость и изнурение от

---

[19] Тысяча драхм (разг.) — *Прим. пер.*

того «сбора пожертвований» (назовём это так), который он, сам того не ведая, организовал для других.

— Стало быть, геронда, сколько надо давать?

— Столько, чтобы тебя потом не грызла совесть. Необходимо рассуждение. Не надо давать сто, а потом расстраиваться, что не дал пятьдесят. Требуется особое внимание, если человек имеет любовь со многим вдохновением, энтузиазмом. В таком случае следует маленько притормаживать свою любовь и энтузиазм, чтобы после не раскаиваться в том, что, дескать, много дал тому несчастному, а надо было дать меньше, и вот самому теперь приходится сидеть с пустыми руками. Потихонечку такой человек приобретёт опыт и будет давать милостыню в соответствии с тем самоотвержением, которое у него есть.

— Геронда, а когда претензии просящего чрезмерны, надо ли их удовлетворять?

— Здесь требуется рассудительность и ещё раз рассудительность. Когда человек просит у тебя что-нибудь для того, чтобы покичиться полученным перед другими, дай ему. Смотри, ведь Христос не сказал Иуде: «Какой же ты апостол? Положи конец своему сребролюбию!» — но поручил ему и денежный ящик. Однако если кто-то просит у тебя, к примеру, банку варенья, и у тебя она есть, но ты знаешь, что и у самого просящего есть целая бочка, а у кого-то ещё нет варенья совсем, то скажи тому, кто имеет и просит ещё: «Брате, аще хощеши, дай и ты маленько из того, что имеешь, такому-то». Но если такого нуждающегося нет, то дай просящему, раз он попросил тебя об этом, и ничего ему не говори. Если в нём есть чувствительная струнка, то от этого даяния он может прийти в умиление и исправиться.

Итак, в подобных случаях происходит то, о чём пишет святой апостол Павел: если враг твой делает тебе зло, а ты делаешь ему добро, то ты *собираешь на его главу горящие угли*[20]. Не в том смысле, что ты испепеляешь своего врага, но в том, что, когда ты делаешь ему добро, в нём приходит в движение любовь. Любовь есть Христос, и в человеке начинает действовать Божественная благодать. А потом человек изменяется, потому что его обличает совесть, то есть он бывает палим тогда собственной совестью. Однако делать добро ради того, чтобы кто-то был обличаем совестью и возвращался на путь истинный, неправильно, поскольку и этим добро лишается силы. Делай добро с любовью. Когда ты «мстишь» своему врагу добром, то он в хорошем смысле изменяется и исправляется.

В Конице был один пьяница, имевший семью. Я давал ему какие-то деньги. Некоторые узнали, что я помогал этому несчастному (он сам им об этом рассказывал), и сказали мне: «Не надо давать ему денег, он пьёт». Сам он говорил мне: «Дай мне для моих детей», и я, когда давал ему милостыню, говорил: «Возьми это для твоих детей». Я знал, что он пьёт, но знал и то, что мои слова немножко помогут ему: он будет продолжать пьянствовать, но и о детях своих маленько будет думать. Если бы я не давал ему денег, то он мучил бы свою жену, потому что забирал бы тогда те деньги, которые она зарабатывала (а она, бедная, ходила горбатилась по чужим домам), пропивал бы их, а дети страдали бы ещё больше. Однако, когда я говорил ему: «Возьми это для твоих детей», он вспоминал маленько и о своих детях. Понятно? Мне было за него больно, он видел это, и в нём начиналась внутренняя работа. Многие исправились подобным образом. А некоторые, обличаемые впоследствии совестью, возвращали и деньги.

Своей логикой мы не даём работать Христу. Если вы хотите быть евангелистами (но, конечно, не протестантами), то учитесь истинному Евангелию уже сейчас.

---

[20] См.: Рим. 12:20.

ЧАСТЬ ТРЕТЬЯ
О ДУХОВНОЙ ОТВАГЕ

«Наивысшая радость происходит от жертвы. Только жертвуя, человек пребывает в родстве со Христом, ибо Христос есть Жертва».

ГЛАВА ПЕРВАЯ
О знамениях времён[1]

Антихрист

— Геронда, скажите нам что-нибудь об антихристе.

— Давайте сейчас поговорим о Христе… Будем как можно ближе ко Христу. А если мы со Христом, то отчего же нам антихриста бояться? Или, может быть, сейчас нет антихристова духа? Так или иначе, зло творит антихристов дух. И если чудовище антихрист родится и наделает разных безумных дел, то в конце он всё равно окажется посмешищем. Однако произойдут многие события. Возможно, что и вам придётся пережить многое из того, о чём говорится в Апокалипсисе. Потихоньку многое вылазит наружу. И я, несчастный, начал вопиять ещё сколько лет назад! Положение ужасно, безумно! Безумие перешло все границы. Наступила апостасия[2], и сейчас осталось только прийти *сыну погибели*[3].

---

[1] Собранное в настоящей главе было произнесено или написано преподобным Паисием в период с 1981 по 1994 г.

[2] *Апостаси́я* (греч. ἀποστασία «отступление, отпадение») — вероотступничество. Апостасия как мировое явление пророчески предсказана апостолом Павлом, считающим её одним из основных признаков эсхатологических событий, предшествующих Страшному Суду (см. 2 Фес. 2:3: *ибо день тот не придёт, доколе не придёт прежде отступление* (ἡ ἀποστασία)). — *Прим. пер.*

[3] См. 2 Фес. 2:3.

Мир превратится в сумасшедший дом. Будет царить сущий разброд, среди которого каждое государство начнёт творить, что ему вздумается. Дай Бог, чтобы интересы тех, кто делает большую политику, были нам на руку. То и дело мы будем слышать что-то новенькое. Будем видеть, как происходят самые невероятные, самые безумные события. И эти события будут сменять друг друга очень быстро.

Экуменизм, общий рынок, одно большое государство, одна религия, сшитая по их мерке — таковы планы у этих диаволов. Сионисты уже готовят кого-то в мессии. Для них мессия будет царём, то есть он будет властвовать здесь, на земле. Иеговисты тоже ждут земного царя. Сионисты представят своего царя, а иеговисты его примут. Все они признают его царём, скажут: «Да, это он». Произойдёт великая смута. В этой смуте все захотят царя, который мог бы их спасти. И тогда они выдвинут человека, который скажет: «Я — имам, я — пятый Будда, я — Христос, Которого ожидают христиане, я тот, кого ждут иеговисты, я — мессия евреев». У него будет пять «я».

Евангелист Иоанн говорит в своём Первом послании: *Де́ти… анти́христ гряде́т и ны́не анти́христи мно́зи бы́ша…*[4] Он имеет в виду не то, что ожидаемый антихрист будет подобен гонителям максимилианам и диоклетианам, но что ожидаемый антихрист будет, если можно так выразиться, воплощением диавола[5]. Он предстанет израильскому народу как мессия и прельстит мир. Наступают

---

[4] 1 Ин. 2:18.
[5] Говоря: «Антихрист будет, если можно так выразиться, воплощением диавола», преподобный имеет в виду, что антихрист будет человеком-носителем всей диавольской энергии, послушным орудием для воплощения сатанинских планов. О том, что антихрист будет человеком, согласно свидетельствуют святые отцы. Выше и ниже преподобный Паисий прямо говорит о том, что антихрист будет человеком. Таким образом, его мнение по этому вопросу находится в полном согласии со святоотеческим. — *Прим. пер.*

тяжёлые времена, нас ждут большие испытания. Христиане перенесут великое гонение. Между тем очевидно, что люди даже не понимают того, что мы уже переживаем знамения последних времён, что печать антихриста становится реальностью. Словно ничего не происходит. Поэтому Священное Писание говорит, что прельстятся и избранные[6]. Те, в ком не будет доброго расположения, не получат просвещения от Бога и прельстятся в годы апостасии. Потому что тот, в ком нет Божественной благодати, не имеет духовной ясности, как не имеет её и диавол.

— А сионисты, геронда, верят ли в антихриста и в то, что связано с ним?

— Они хотят управлять миром. Для того чтобы достигнуть своей цели, они используют колдовство и сатанизм. На поклонение сатане они смотрят как на силу, которая поможет в осуществлении их планов. Стало быть, они хотят управлять миром с помощью сатанинской силы. Бога они в расчёт не берут. Однако благословит ли их при этом Бог? Из всего этого Бог явит много хорошего. Прежние сатанинские теории господствовали семьдесят лет, а эти не продержатся и семи.

— Геронда, слыша об антихристе, я испытываю страх.

— Чего боишься? Что он страшнее диавола, что ли, будет? Он человек. Вон святая Марина отлупила диавола, а святая Иустина скольких бесов поразила! Но надо помнить самое главное: мы пришли в этот мир не для того, чтобы поудобнее устроиться.

Земной царь евреев

Знамением того, что приближается исполнение пророчеств, будет разрушение мечети Омара в Иерусалиме. Её

---

[6] См. Мф. 24:24; Мк. 13:22.

разрушат, чтобы восстановить храм Соломона, который, как говорят, находился на её месте. В восстановленном храме сионисты в конце концов провозгласят антихриста Мессией. Я слышал, что евреи уже готовятся к возведению храма Соломона.

— Геронда, почему же евреи, читая Ветхий Завет, не веруют во Христа?

— Что же ты не пойдёшь и не спросишь об этом их самих? Евреи искони имели фанатизм. Понимать-то они понимают, но их ослепляет эгоизм. Будь они чуть более внимательны, никто из них не остался бы иудеем.

— А как они истолковывали прочитанное?

— Как они его истолковывали и как толкуют! Духовные смыслы они превращают в вещественные. Пойди, например, посмотри, как они истолковали слова пророка Исаии *процвете́т... пусты́ня Иорда́нова*[7]. Для того чтобы показать, что пустыня «процвела», они повернули какую-то реку, сделали террасы, сады, насадили бананов, лимонов, апельсинов, всё озеленили, так что теперь говорят: «Процвела пустыня!» И всё они изъясняют подобным образом. Между тем эти слова пророка относятся к возрождению мира через Святое Крещение — *ба́ню пакибытия*[8].

— Сейчас они ждут земного царя?

— Да, антихриста. Раввины знают, что Мессия пришёл и Его распяли. Я узнал от одного человека, что, когда еврей лежит при смерти, к нему идёт раввин и говорит на ухо: «Мессия пришёл». Видишь, их обличает совесть, они чувствуют свою вину, но не смиряются.

— А какая польза от того, что эти слова говорятся умирающему?

---

[7] См. Ис. 35:2.
[8] См. Тит. 3:5.

— Никакой. Они говорят это просто потому, что их искушает совесть. Думают, раз эти слова сказаны, то всё в порядке.

— А другие этих слов не слышат?

— Нет, это на ухо говорится. И еврейская молодёжь восстала против раввинов. «Мессия, — говорят они, — пришёл, какого мессию ищете вы?» В Америке одна группа молодёжи, изучающая Священное Писание с точки зрения истории, издаёт журнал, в котором написано: «Мессия пришёл. Тому, кто не верит в то, что пришёл Мессия, мы бесплатно вышлем настоящий журнал, чтобы он уверовал. Если же он уверует, то пусть подпишется на журнал, чтобы мы посылали его другим и они тоже становились верующими».

— Они евреи?

— Да, евреи.

— И стали христианами?

— Э, сейчас хотя бы то, что они уверовали, уже что-то значит.

— А могут ли раввины быть тайными христианами?

— Раввин и тайный христианин? Останется ли человек в раввинах, став христианином? Тогда что же, он будет учить евреев тому, что Мессия ещё не приходил, а когда они будут умирать, станет говорить им о том, что Он пришёл?

Печать 666

— Геронда, как скоро произойдут все эти события?

— Они задерживаются ради тебя и ради меня — для того, чтобы мы приобрели доброе духовное устроение. Бог терпит нас, потому что, случись всё это сейчас, мы с тобой пропали. В учении Христа нигде не упоминается конкретное время[9], однако Священное Писание говорит, что приход этих событий будет предвозвещён знамениями времён[10]. Будем постоянно готовыми, а когда это время приблизится — увидим. Тогда мы будем более уверены. Святой Андрей Кесарийский говорит: «Трезвящимся это откроет время и опыт»[11].

Мне в руки попала одна книга, на обложке которой было три большие шестёрки. Вот ведь бесстыдники! Они делают это для того, чтобы представить цифру шесть красивой и приучить к ней людей. Так потихоньку придёт и печать.

— Геронда, и кнопки-застёжки для одежды продают на таких картонках, где стоит число 666.

— Да чтоб тебя, диаволе! На кредитных картах три шестёрки уже давно поставили, а теперь ещё и на застёжках! Многие ставят «666» как фирменный знак, чтобы предпочитали их товары. Один поддерживает другого. То есть «666», как пароль, принимает «666». Написано, что когда распространится эмблема со змеёй, пожирающей собственный хвост, это будет значить, что евреи поработили весь мир. Сейчас этот знак поставили на некоторые денежные купюры. Число 666 распространяется уже и в Китае, и в Индии.

— Геронда, а откуда они знают это число, чтобы ставить его на вещи?

— Евангелист Иоанн знал, что сделает диавол, подобно тому как и пророки предвозвестили, что Христа продадут

---

[9] См. Мф. 24:36; Мк. 13:32; Деян. 1:7; 1 Фес. 5:1.
[10] См. Мф. 24:29 и далее; Мк. 13:24 и далее; Лк. 21:25 и далее.
[11] «Старательное исследование числа печати и всего остального, написанного о нём (антихристе), откроет время искушения бодрствующим и здравомыслящим». *Андрей Кесарийский, свт.* Толкование на Апокалипсис. Глава 13, статья 38. М.: «Правило веры», 2000..

за *тридесять сребреник*[12], что Его напоят уксусом[13], что разделят Его ризы[14]. Две тысячи лет назад в Апокалипсисе было написано, что люди будут запечатлены числом 666. *И́же и́мать ум, да почте́т число́ зверѝно: число́ бо челове́ческо есть, и число́ его́ шесть сот шестьдеся́т шесть*[15]. «666» является для евреев символом экономики. Как говорит Священное Писание, евреи обложили покорённые ими в разных войнах народы конкретным налогом. Годичный налог был равен 666 талантам золота[16]. Сейчас, для того чтобы покорить весь мир, они опять вводят своё старое налоговое число, которое связано с их славным прошлым. Поэтому они и не хотят заменить это число другим. То есть «666» есть символ мамоны[17]. Его взяли с мер золота. Того, о чём говорит святой Иоанн Богослов, они не знали, но мамона при этом остаётся мамоной. *Не мо́жете Бо́гу рабо́тати и мамо́не*[18].

Всё идёт своим чередом. В Америке запечатлели собак. Через передатчик они излучают радиоволны, и их находят, знают, где находится каждая собака. Бездомных собак, не имеющих метки, убивают лазерными лучами. А потом начнут убивать и людей. Запечатлели целые тонны рыбы и со спутника наблюдают, в каком она находится море. А сейчас появилась ещё одна болезнь, против которой уже нашли вакцину. Она будет обязательной, и когда человеку будут делать прививку, ему будет ставиться и печать. Сколько уже людей в Америке запечатлены лазерными лучами: одни на лоб, другие на руку. А впоследствии тот,

---

[12] См. Зах. 11:12–13.
[13] См. Пс. 68:22.
[14] См. Пс. 21:19.
[15] Откр. 13:18.
[16] См. 3 Цар. 10:14 и 2 Пар. 9:13.
[17] *Мамо́на* — богатство, прибыль, житейские блага. — *Прим. пер.*
[18] Мф. 6:24.

кто не будет запечатлён числом 666, не сможет ни продавать, ни покупать, ни брать заём, ни устраиваться на работу. Помысел говорит мне, что этой системой антихрист хочет подчинить себе весь мир. Люди — будь они красными, чёрными или белыми, — находясь вне этой системы, не смогут работать, станут социальными изгоями. Таким образом антихрист будет навязан с помощью системы, контролирующей всемирную экономику, и только те, кто примет печать — начертание с числом 666, — смогут вступать в торговые отношения.

Как, однако же, пострадают люди, принявшие печать! Один специалист рассказывал мне, что лазерные лучи очень вредны для человека. Люди, принявшие печать, будут «впитывать» в себя солнечные лучи и получат такой вред, что от боли станут кусать языки[19]. Тем, кто не примет печати, будет лучше других, потому что им поможет Христос. А это не пустячное дело…

— Когда Он им поможет, геронда? После?

— Нет, именно тогда.

— Геронда, но как же им будет лучше других, раз они не смогут ни продавать, ни покупать?

— Увидишь. Бог знает как. И я тоже знаю. Такие-то дела… Этот вопрос меня весьма занимал, и Бог прислал мне… телеграфное сообщение. Как же заботится о нас Бог! О!..

— Скажите, почему, геронда, печать называется ещё и «начертанием»[20]?

— Потому что она не будет поверхностной. «Начертать» — это что значит? Провести глубокие прямые линии, не так ли? Печать будет начертанием, которое сперва

---

[19] См. Откр. 16:10.
[20] *Начертание* (греч. χάραγμα, от глагола χαράσσω) — чертить, высекать, вырезать. — *Прим. пер.*

поставят на все товары, а потом людей принудят к тому, чтобы её ставили им на лоб или на руку. Два года назад я рассказал о печати одному врачу из Торонто, а сейчас он сообщил мне, что прочитал в газете, как вместо кредитной карты уже требуют отпечаток руки. Они идут вперёд, но нельзя сказать, что произойдёт то или другое. У некоторых телевизоров, привезённых в Грецию в недавнее время, есть особое устройство, следящее за теми, кто смотрит телевизор. Скоро имеющие телевизор будут его смотреть, а другие в это же время будут смотреть на них самих! Люди будут и наблюдать, и подвергаться наблюдению. Вся их жизнь, всё, что они говорят, что делают — всё будет контролироваться с помощью компьютера. Видишь, какую диктатуру задумал диавол? В Брюсселе над центральным компьютером построен целый дворец с тремя шестёрками. Этот компьютер может контролировать миллиарды людей. Шесть миллиардов — это почти весь мир. Исповедь через нажатие кнопки! Некоторые европейцы выразили протест, потому что они боятся всемирной диктатуры. А мы, православные, противодействуем этому потому, что не хотим антихриста, и диктатуры, конечно, тоже не хотим. Нас ждут серьёзные события, но долго они не продержатся. Как православие якобы исчезло при коммунизме, так оно «исчезнет» и сейчас.

Новые удостоверения личности

— Геронда, один человек сказал: «А как же банкнота в пять тысяч драхм? Она имеет на себе три шестёрки, и мы ей пользуемся? То же самое будет и на удостоверении личности»...

— Пять тысяч драхм — это денежная купюра. На английском фунте тоже нарисована королева Виктория, но меня это не беспокоит. *Ке́сарю ке́сарево.* Однако другое дело, когда речь идёт об удостоверении личности. Это не деньги, а нечто личное. У слова «тавто́тита»[21] буквальный смысл, то есть человек отождествляется с тем, что он декларирует. Они, значит, подсовывают диавола, а я расписываюсь в том, что его принимаю? Да как же я пойду на это?

— Геронда, а какая связь между новым удостоверением и печатью?

— Новое удостоверение — это не печать. Это введение печати.

— Люди, геронда, спрашивают, что им делать в связи с навязыванием новых удостоверений.

— Если спрашивают, то вы лучше рекомендуйте им советоваться со своими духовниками и проявлять терпение, чтобы увидеть, как поведёт себя Церковь[22], потому что многие задают вопросы, но немногие понимают ответы. В брошюре «Знамения времён»[23] я пишу обо всём предельно ясно. Каждый же пусть поступает согласно

---

[21] В Греции существует два вида документов, удостоверяющих личность граждан: для пользования внутри страны — карточка-удостоверение и для поездок за границу — паспорт. Греческое название карточки-удостоверения личности: ταυτότητα.

Ταυτότητα — «1) тождество (мат.), тождественность, идентичность, совпадение 2) паспорт, удостоверение личности 3) личность» (И. П. Хориков, М. Г. Малев. Новогреческо-русский словарь. М., 1980. С. 743).

Запланированное Шенгенским соглашением введение новых удостоверений личности, имеющих на себе штриховой код, в основу которого положено число зверя, вызвало бурю протестов со стороны Элладской Церкви, Святой Горы Афон, подавляющего большинства греческих граждан. — *Прим. пер.*

[22] Принятые уже после кончины преподобного Паисия решения Священного Синода Элладской Церкви говорят о неприемлемости для православных христиан документов с числом антихриста. При обсуждении проблемы мнение преподобного явилось для иерархии, клириков и мирян Элладской Церкви одним из решающих. — *Прим. пер.*

[23] В 1987 г. преподобный Паисий выпустил брошюру «Знамения времён — 666», посвящённую данной теме. — *Прим. пер.*

своей совести. Конечно, есть и такие, которые говорят: «А, это мнение одного монаха. Это не позиция Церкви». Однако мнение, которое я выразил, не было моим собственным. Я всего лишь изложил слова Христа, слова Евангелия, поскольку собственное мнение мы должны покорять воле Божией, которая выражена в Евангелии. А другие говорят противоположное моим словам и, прикрываясь моим мнением, утверждают, что это сказал отец Паисий. А третьи, слушая это, не берут в расчёт того, что эти вопросы чрезвычайно серьёзны, не спрашивают, говорил ли я такое в действительности, но принимают это на веру. Я не боюсь, говорю без стеснения. Приходят какие-то люди ко мне в каливу, бросают в ящик шестёрки. Это ещё ладно, куда ни шло. Но однажды бросили одну картонку за калиткой. Я думал, что кто-то приходил, не застал меня дома и написал для других: «Его нет». Потом читаю и вижу такое!.. Такое скверное ругательство, что и мирскому человеку не услышать! Наступит, наступит чистка для всей этой грязи, но мы пройдём через грозу. Люди уже поднялись на борьбу. Надо со многою молитвою подниматься и нам.

Одни переживают за проблему с удостоверениями личности, а другие используют это и создают трудности. Церковь должна занять правильную позицию, она должна говорить, объяснять верующим, чтобы те поняли, что принятие ими нового удостоверения будет падением. И одновременно Церковь должна добиваться от государства того, чтобы новое удостоверение личности, по крайней мере, не было обязательным. Если позиция, занятая Церковью, будет серьёзной, если к свободе верующих будет проявлено уважение и кто захочет — возьмёт новое удостоверение, кто не захочет — останется со старым, то лишь немногие люди твёрдых убеждений не примут трёх шестёрок. Их ждут испытания, потому что остальные пойдут против них. Большинство людей примет удостоверение с числом зверя. Те, кто захочет спокойствия и комфорта, примут новые удостоверения, а несчастные благоговейные люди останутся со старыми документами, и поэтому их будут мучить.

Сейчас и обещание министра о том, что 666 не будет стоять на удостоверениях ни явно, ни скрыто, тоже что-то значит. Проявим терпение, время покажет. Их слова о том, что трёх шестёрок не будет, это уже кое-что. Они начали отказываться сами. Посмотрим, что же поставят на удостоверения в конечном итоге. А до того времени, как станут распространяться новые удостоверения, может разразиться и гнев Божий. И потом, ведь не в двадцать четыре часа все получат новые удостоверения. Появятся первые карточки, они будут рассмотрены, и если министр окажется лжецом, то борьба будет праведной. А если мы сейчас продолжим протесты, то те, кто всем этим заправляет, скажут: «Вот, смотрите, православные устраивают смуту. Ещё и вопрос не встал, а они горланят и протестуют». Хороший сторожевой пёс лает, когда приходит вор. Когда вор убегает, он прекращает лаять. Если же пёс лает беспрерывно, то хорошим сторожем его не назовёшь.

— А ещё, геронда, было сказано, что раз у нас веротерпимость, то в новых удостоверениях не будет указано вероисповедание[24].

— Да, их это не интересует, однако это интересует меня, потому что это удостоверение моей личности. Там написано, откуда я и что я за человек. Если будет отсутствовать вероисповедание, то возникнут проблемы. Например, кто-то придёт в брачную контору. Если в его удостоверении написано «православный», не имеет значения,

---

[24] В Греции в удостоверении личности графа «вероисповедание» до последнего времени являлась обязательной. — *Прим. пер.*

какой пробы, то всё в порядке. Если же вероисповедание не указано, то как ему дадут разрешение на брак? Церкви от этого будет путаница. Но если вероисповедание станут вписывать по желанию, то это будет и как исповедание веры. Европа — это Европа. У нас другой расклад.

Коварный способ введения печати

Помаленьку, после введения карточек и удостоверений личности, то есть составления персональных досье, они лукавым образом приступят к нанесению печати. С помощью разнообразных ухищрений людей станут принуждать принимать печать на лоб или руку. Они устроят людям затруднения и скажут: «Пользуйтесь только кредитными картами, деньги упразднятся». Для того чтобы что-то купить, человек будет давать карту продавцу в магазине, а хозяин магазина будет получать деньги с его счёта в банке. Тот, у кого не будет карточки, не сможет ни продавать, ни покупать. А с другой стороны, они начнут рекламировать «совершенную систему»: незаметное для глаз начертание числа 666 на лбу и руке. Одновременно по телевидению станут показывать, как кто-то взял чужую карту и получил по ней деньги в банке. Будут без остановки говорить: «Печать лазерными лучами на лбу или руке — это более надёжно, поскольку номер печати знает только её владелец. Печать — это совершеннейшая система: вор ни головы, ни руки у вас не украдёт, ни номера подглядеть не сможет». Поэтому бандитам, злодеям и дают сейчас возможность свободно действовать. На Афоне вокруг Кариеса ограбили пятнадцать келий, а одного монаха убили во время грабежа. Таким-то вот образом каждый получит возможность присваивать чужое и красть всё, что захочет. Допустим, кому-то вздумается обманом приобрести земельное угодье. Он скажет, что оно якобы принадлежало его дедушке или что сам он когда-то арендовал эту землю под пастбище. Попробуй разберись! А потом представители властей скажут: «К сожалению, контролировать их мы не можем. Контроль может осуществляться только с помощью компьютера». И они приступят к запечатлению. В компьютере будет высвечиваться, запечатлён ли ты, и в зависимости от этого тебя станут или не станут обслуживать.

Три с половиной года будут тяжёлыми[25]. Тем, кто не согласится с этой системой, придётся нелегко. Их будут стараться засадить в тюрьму, постоянно находя для этого какой-нибудь новый повод. Пройдёт год, и их повезут на допрос в другой город, чтобы дело было рассмотрено в другом суде, из того города повезут в третий. А потом скажут: «Извини, ты невиновен. Если бы ты был запечатлён, то мы проверили бы тебя за одну минуту. А сейчас мы были не в состоянии осуществить контроль».

— Геронда, а не смогут ли они ставить печать силой?

— До этого они не дойдут из-за учтивости. Они ведь будут корректны, как и подобает европейцам. Они проявят высшее благородство! Мучить людей они не будут, однако, не имея печати, человек не сможет жить. «Вы страдаете без печати, — скажут они, — а если бы вы её приняли, то трудностей у вас бы не было». Имей человек хоть золотые монеты или доллары, использовать их он не сможет. Поэтому, приучив себя уже сейчас к жизни простой, умеренной, можно будет пережить те годы. Иметь маленько землицы, возделать немного пшенички, картофеля, посадить несколько масличных деревьев, и тогда, держа какую-нибудь скотинку, козочку, несколько

---

[25] См. Дан. 9:26–27; Откр. 12:6; 13:5. См. также: *Ириней Лионский, сщмч.* Творения. Пять книг против ересей. Кн. V, гл. XXV и XXX. М.: Паломник, Благовест, 1996. , С. 500–501, 512.

курочек, христианин сможет пропитать свою семью. Потому что от запасов пользы тоже немного: продукты долго не лежат, быстро портятся. Но и, конечно, продлятся эти притеснения недолго: года три, три с половиной. Ради избранных дни сократятся[26], они даже и не заметят, как пройдут эти годы. Бог не оставит человека без помощи.

— Геронда, вмешается ли Христос в то, что будет происходить в эти нелёгкие годы?

— Да. Тут вон видишь, как к человеку с добрым расположением, но подвергающемуся обидам, часто являются святые, Пресвятая Богородица, Христос, для того чтобы его спасти. Насколько же больше поможет Господь теперь, когда несчастные люди находятся в таком затруднительном положении. Сейчас разразится одна гроза, наступит непродолжительная диктатура антихриста-сатаны. А потом Христос вмешается, задаст хорошую трёпку всей этой антихристовой системе, зло будет попрано Им, и Он в конце концов обратит его в добро.

Печать равна отречению

При том что святой евангелист Иоанн Богослов предельно ясно пишет в Апокалипсисе о начертании[27], некоторые этого не понимают. И что ты им скажешь? К несчастью, можно услышать ужасно много глупостей от ума некоторых современных гностиков. «Я приму удостоверение с тремя шестёрками и изображу на нём крест», — говорит один. Другой вторит: «А я приму печать на лоб и осеню свой лоб крестным знамением». И повторяют целую кучу подобных глупостей. Они думают, что освятятся

---

[26] См. Мф. 24:22; Мк. 13:20.
[27] См. Откр. 13:16 и далее; 14:9 и далее; 16:2 и 20:4.

подобным образом, в то время как такие мнения являются прелестью. Один владыка сказал мне: «Я в удостоверении, там, где буду расписываться, нарисую крестик. От Христа я не отрекаюсь: я всего лишь пользователь обслуживающей меня системы». — «Ну хорошо, — говорю я ему, — вот ты владыка и ставишь, ввиду своего особого положения, крестик перед своим именем. Другой — архимандрит, его положение тоже особое, и он тоже ставит крестик перед своим именем. А людям что прикажешь делать?» Грязь не освящается. Чистая вода приемлет благодать и становится водой святой. Но моча святой водой стать не может. Камень чудесным образом превращается в хлеб. Но нечистоты освящения не приемлют. Следовательно, диавол, антихрист, находясь в виде своего символа в нашем удостоверении, на нашем лбу или руке, не освящается, даже если мы ставим там крест. Силу Честного Креста — этого святого символа, Божественную благодать Христову мы имеем только тогда, когда храним благодать Святого Крещения, в котором мы отрицаемся сатаны, сочетаемся Христу и принимаем святое запечатление — «печать дара Духа Святаго». А они, видишь ли, объясняют всё такой простой логикой!.. Поставят рядом крестик — и всё в порядке! А ведь мы видим, что святой апостол Пётр отрёкся от Христа внешне, но и это было отречением[28]. Они, принимая печать антихриста, отрекаются от печати Христовой, данной им во Святом Крещении, и ещё говорят, что имеют в себе Христа!

— А если, геронда, кто-то примет печать по своему неведению?

— Скажи лучше, по равнодушию. Какое там неведение, когда всё ясно до предела? Да если и не знает человек, ему должно поинтересоваться и узнать. Предположим, что

---

[28] См. Мф. 26:69–75; Мк. 14:4–72; Лк. 22:54–62; Ин. 18:16-18, 25–27.

мы не знали и поэтому приняли печать. Но тогда Христос скажет нам: *Лицеме́ры, лице́ у́бо небесе́ уме́ете разсужда́ти, зна́мений же времено́м не мо́жете искуси́ти*[29]. Приняв печать, пусть даже и по неведению, человек теряет Божественную благодать и принимает бесовское воздействие. Вон, когда священник при крещении погружает дитя во святую купель, оно, и не понимая того, принимает Святого Духа, и потом в нём обитает Божественная благодать.

Толкования пророчеств

— Геронда, некоторые говорят: «Чему от Бога суждено быть, то и будет. Какое нам до этого дело!» Как к этому относиться?

— Да, детонька моя, говорят-то они говорят, но на самом деле это не так! Мне тоже приходится слышать от некоторых: «Евреи не такие дураки, чтобы разоблачать себя тремя шестёрками, раз об этом пишет в Апокалипсисе евангелист Иоанн. Если бы это было так, то они устроили бы всё более умно и тайно». Хорошо, так что же, книжники и фарисеи не знали разве Ветхого Завета? Разве Анна и Каиафа не знали лучше всех других написанного о том, что Христос будет предан за *тридесять сре́бреник*[30]? Почему же они дали Иуде не тридцать один или двадцать девять сребреников, а тридцать? Но они были ослеплены. Бог знал, что всё произойдёт именно так. Бог предведает, но не предопределяет. Это только турки верят в судьбу, в кишмет[31]. Бог знает, что события произойдут таким-то

---

[29] Мф. 16:3.
[30] См. Зах. 11:12–13.
[31] *Кишме́т, кисме́т* (арабск., букв. «наделение») — то, что предназначается каждому человеку провидением. — *Прим. пер.*

образом, а человек делает по своей глупости то, о чём заранее знал Бог. Не потому, что Бог отдал распоряжение о чём-то; нет, Он видит, до чего дойдёт злоба людей, и знает, что своего мнения они не изменят. Это не значит, что Бог предопределяет события.

А другие заняты пророчествами, на которые дают собственные толкования. Не оговариваются, по крайней мере: «Так мне говорит помысел», — но утверждают: «Это так!» И приводят целую кучу собственных мнений. Есть и такие, что истолковывают пророчества, как хотят, для того чтобы оправдать свои страсти. Так, например, о словах святого Кирилла: «Лучше, чтобы в нашу эпоху не произошли знамения антихриста»[32], — человек, желающий оправдать себя, свою трусость, скажет: «А вот видишь? Святой Кирилл боялся, что он отречётся! А я что же, разве выше святого Кирилла? Следовательно, даже если я и отрекусь от Христа, то в этом нет ничего страшного!» А между тем святитель говорит: «Лучше, чтобы не произошли», — чтобы его глаза не увидели антихриста, а не потому, что он якобы боялся. Видишь, что делает диавол?

К сожалению, и некоторые современные гностики пеленают своих духовных чад, как младенцев, для того, чтобы те не волновались. «Это неважно, — говорят они, — ничего страшного, лишь бы вы имели веру внутри себя». Или же причитают: «Не говорите вы на эту тему — об удостоверениях, о печати, чтобы люди не волновались!» Тогда как, говори они людям: «Давайте постараемся жить более духовно, быть близ Христа и ничего не бояться, ведь самое большее — мы станем мучениками», они бы хоть как-то готовили их к грядущим трудностям. Узнав

---

[32] «Не дай Боже, чтобы это случилось при нас. Однако же должны мы быть осторожными». См.: *Кирилл Иерусалимский, свт.* Поучения огласительные. Поучение 15-е. М., 1991. С. 236.

истину, человек задумается и отрясёт с себя сон. Ему станет больно за происходящее, он будет молиться и остерегаться, чтобы не попасть в ловушку.

Что же происходит сейчас? Мало того что такие «толкователи» комментируют пророчества по-своему, так они ещё и сами трусят, подобно людям мирским. А им следовало бы проявлять духовное беспокойство и помогать христианам, всевая в них добрую обеспокоенность ради того, чтобы те укрепились в вере и ощутили божественное утешение. Я удивляюсь: неужели всё то, что происходит, не заставляет их задуматься? И почему после толкований, данных ими от своего ума, они не ставят хотя бы вопросительного знака? А если они помогут антихристу с его печатью и увлекут в погибель и другие души?! Говоря в Евангелии: *Е́же прельсти́ти, а́ще возмо́жно, и избра́нныя*[33], Господь имеет в виду то, что прельстятся те, кто истолковывает Писания от ума.

Итак, за «совершенной системой кредитных карточек», за компьютерной безопасностью кроется всемирная диктатура, кроется иго антихриста. *Да даст им начерта́ние на десне́й руце́ их или́ на челе́х их, да никто́же возмо́жет ни купи́ти, ни прода́ти, то́кмо кто и́мать начерта́ние, или́ и́мя зве́ря, или́ число́ и́мене его́. Зде му́дрость есть. И́же и́мать ум, да почте́т число́ звери́но: число́ бо челове́ческо есть, и число́ его́ шесть сот шестьдеся́т шесть*[34].

---

[33] Мк. 13:22.
[34] Откр. 13:16–18.

ГЛАВА ВТОРАЯ
О том, что жертва доставляет человеку радость

В нашу эпоху жертвенность является редкостью

«Дети — это сплошная морока», — сказала мне одна женщина, имевшая всё. Дети ей были в тяжесть! Если мать думает подобным образом, то она ни на что не годна, поскольку для матери естественно иметь любовь. Какую-то девушку до замужества мать может не будить до десяти часов утра. Однако с того времени, как сама она станет матерью и ей надо будет кормить своё дитя, мыть его, ухаживать за ним, она и ночью-то спать не будет, потому что моторчик завёлся. Имея жертвенность, человек не хнычет и не тяготится, а радуется. Вся основа в этом: должен присутствовать дух жертвенности. И эта женщина, если бы она говорила: «Боже мой, как мне Тебя благодарить? Не только детей Ты дал мне, но и множество благ. У скольких людей нет ничего, у меня же и несколько домов, и наследство от отца, и у мужа большая зарплата, и за аренду мне платят в двух местах!.. Я не испытываю трудностей. Как мне благодарить Тебя, Боже мой? Всего этого я не была достойна».

Если бы она думала так, то со славословием исчезло бы и чувство злополучия, то есть если бы она только благодарила Бога день и ночь, этого уже было бы достаточно.

— Жертва, геронда, приносит радость.

— О, что же это за радость! Вкус этой жертвенной радости неведом нынешним людям, и потому они так измучены. Они не имеют в себе идеалов, они тяготятся тем, что живут. Отвага, самоотвержение являются в человеке движущей силой. Если же этой силы нет, то человек мучается. В старину в деревнях люди по ночам, без шума, стараясь, чтобы никто их не увидел, прокладывали какую-нибудь дорогу — для того чтобы после смерти другие поминали их. Сейчас этот дух жертвенности встречается редко. Однажды на Афоне во время крестного хода я наблюдал, как монахи, идя по тропинке, цеплялись своими наметками за ветку куста, но ни один не обломал её, чтобы облегчить путь идущим сзади; все они пригибались, чтобы не зацепиться. Всё равно что поклоны кусту клали! Если бы это хоть Купина Неопалимая была, тогда ещё ладно! Но каждый думал: «Пусть это делает кто-то другой, а мне лишь бы пройти самому». Но почему же тебе этого не сделать, если ты первым увидел эту ветку? Ведь так ведут себя люди мирские, не верующие в Бога. На что мне такая жизнь, умереть тогда в тысячу раз лучше. Цель в том, чтобы думать о другом человеке, о его боли.

Мир уже потерял контроль над собой. От людей удалилось любочестие, жертвенность. Я как-то рассказывал вам о том, в каком состоянии я находился, когда в каливе на Святой Горе меня прихватила грыжа. Когда кто-то стучал клепальцем возле калитки, я и в снег, и в холод выходил открывать. Если у человека были серьёзные проблемы, то я даже и не чувствовал своей боли, хотя перед этим был буквально придавлен к кровати. Я угощал пришедшего чем-нибудь: одной рукой угощал, а другой держал грыжу. Всё время, пока мы беседовали, я, несмотря на сильную боль, ни к чему не прислонялся, чтобы он не догадался, что мне больно. А когда посетитель уходил, я опять загибался от боли. Дело было не в том, что боль проходила или что я чудесным образом поправлялся, нет. Я видел, что другому больно, и забывал свою собственную боль. Чудо происходит, когда ты соучаствуешь в боли другого. Главное в том, чтобы ты ощутил человека братом и тебе стало за него больно. Эта боль трогает Бога, и происходит чудо. Потому что нет ничего другого, столь умиляющего Бога, как благородное великодушие, то есть жертвенность. Но в нашу эпоху великодушие является редкостью, потому что пришли себялюбие, корысть. Редкостью является человек, который скажет: «Я уступлю свою очередь другому, а сам подожду». Как же немного таких благословенных душ, что думают о другом! Даже и в людях духовных есть этот противный дух, дух равнодушия.

Добро является добром лишь в том случае, если делающий его жертвует чем-то своим: сном, покоем и тому подобным. Потому и сказал Христос: *...от лише́ния своего́...*[1] Когда я делаю добро, отдохнув, оно недорого стоит. Однако если я устал и, к примеру, выхожу показать дорогу кому-то просящему об этом, то это стоит дорого. Когда я, предварительно выспавшись, провожу ночь без сна там, где нуждаются в моей помощи, то цена этому невелика. Если же при этом и беседа мне по душе, то я и вовсе могу сделать это для того, чтобы порадоваться общению и немножко развлечься. Тогда как, устав и идя на жертву, для того чтобы помочь другому, я испытываю райскую радость. Тогда я захлёбываюсь в Божием благословении.

---

[1] Лк. 21:4.

А если человек тяготится не только тем, чтобы помочь другому, но даже и тем, чтобы сделать что-то для себя самого, то он устаёт и от самого отдыха Тот же, кто помогает ближнему, отдыхает и от усталости. Если в человеке есть жертвенный дух, то, увидев кого-то, к примеру, физически обессиленного, работающим и уставшим, он скажет ему: «Сядь, отдохни маленечко», — и сделает его работу сам. Тот, кто выбился из сил, отдохнёт телом, а тот, кто ему помог, ощутит духовное отдохновение. Какое бы дело ни делал человек, он должен делать его от сердца, в противном же случае делающий не меняется духовно. То, что делается от сердца, не утомляет. Сердце — это словно самозаряжающееся устройство: чем больше оно работает, тем больше и заряжается. Вон бензопила, когда попадает на трухлявый пенёк, фыркает «фр-р-р»… и глохнет. Но, попадая на твёрдое дерево, она упирается в работе, подзаряжается и пилит. И не только в даянии, но и в случае, когда предстоит взять что-то, мы не должны думать о себе, но всегда стремиться к тому, что приносит покой душе другого. В нас не должно быть алчности. Мы не должны помышлять о том, что имеем право взять сколько мы хотим, а другому пусть не останется ничего.

— Опять, геронда, всё возвращается к духу жертвенности.

— Так ведь это и есть основа всей духовной жизни! И знаешь, какую радость ощущает человек, принося себя в жертву? Он не может выразить переживаемой радости. Наивысшая радость происходит от жертвы. Только жертвуя, человек пребывает в родстве со Христом, потому что Христос есть Жертва. Ещё здесь человек начинает переживать рай или ад. Человек, делающий добро, радуется, потому что ему воздаётся за это божественным утешением. Делающий же зло переживает муку.

Мой собственный покой рождается от доставления покоя другому

— А как, геронда, человек может пойти на жертву, если ему ещё неведом вкус жертвенной радости?

— Если поставит себя на место другого. Когда я был в армии, наш дзот часто заливало водой. У рации надо было менять аккумуляторы, а это было делом очень нелёгким, потому что линия была загружена. Я был мокрым по пояс, и шинель впору было выжимать. Однако, чтобы не мучились другие, я предпочитал делать эту работу сам и, делая её, радовался. Командир говорил мне: «Когда ты выполняешь эту работу, то я спокоен, но мне тебя жаль. Скажи, чтобы это делал кто-нибудь другой». — «Нет, господин командир, — отвечал я ему, — я от этого радуюсь». В нашем полубатальоне был ещё один радист, но, когда мы отправлялись на операции, чтобы не подвергать его опасности, я не давал ему таскать ни аккумулятора, ни рации, хотя мне было и тяжело. Он просил меня об этом, обижался: «Почему ты мне их не даёшь?» — «У тебя, — отвечал я ему, — жена и дети. Если тебя убьют, я буду за это отвечать перед Богом». И так Бог сохранил нас обоих: ни ему, ни мне Он не попустил быть убитым.

Для человека чувствительного предпочтительнее быть единожды убитым самому, прикрывая другого из чувства любви, чем проявить небрежность или трусость и всю последующую жизнь испытывать постоянные угрызения совести. Однажды на гражданской войне[2] манёвр мятежников отрезал нас от остальных сил за одной деревней. Солдаты собирались бросать жребий о том, кому идти в деревню за продовольствием. «Я пойду», — сказал я. Если

---

[2] Гражданская война 1946–1949 гг. между правительственной армией Греции и коммунистами-мятежниками. — *Прим. пер.*

бы пошёл кто-то неопытный и невнимательный, его могли бы убить, и меня потом мучила бы совесть. «Лучше будет, — думал я, — если убьют меня, чем кого-то другого, а меня потом всю жизнь будет убивать совесть. Как я такое вынесу?» — «Ты мог бы его спасти, — будет говорить мне моя совесть, — почему же ты не спас его?» К тому же я постился и был на голодный желудок… В общем, ладно. Ну и командир мне говорит: «И я бы предпочёл, чтобы ты пошёл, ты ведь и из воды сухим выйдешь, только поешь, чтобы сила была». Взял я автомат и двинул. Мятежники приняли меня за своего и дали пройти. Пришёл я в деревню, зашёл в какой-то двухэтажный дом. Там была одна старушка, она дала мне продуктов, и я возвратился к своим.

Величайшую радость я переживал зимой в горах, среди снегов. Помню, проснулся однажды ночью. Все спали, а наши палатки завалил снег. Я вылез из палатки, схватил рацию и стал вытряхивать из неё снег. Смотрю: работает. Побежал к командиру и рассказал о том, что творится. В ту ночь я мотыгой откопал из снега двадцать шесть обмороженных.

Для Христа я не сделал ничего. Если бы я сделал для Христа 10 процентов от того, что делал на войне, то сейчас творил бы чудеса! Вот почему потом, в жизни монашеской, я говорил: «В армии я претерпел такие муки ради Отечества, а что я делаю для Христа?» Иными словами, по сравнению с теми муками, что я пережил в армии, в монашеской жизни я чувствовал себя царским сыном, тут уж не имело значения, был у меня какой сухарь или нет. Потому что там, во время операций, знаешь, какой мы держали пост? Снег ели! Другие хоть рыскали вокруг, находили что-нибудь съедобное, а я был привязан к рации — не мог от неё отойти. Однажды мы остались без еды на тринадцать дней: нам дали только по одному солдатскому хлебу и по половине селёдки. Воду я пил из следов копыт, и то не чистую дождевую, а смешанную с грязью. А однажды довелось отведать и «лимонада»! В тот раз от жажды я дошёл до предела и тут увидел след от копыта, полный воды — жёлтой! Уж я её пил-пил!.. И поэтому после, в жизни монашеской, вода, даже если она была полна всяких козявок, казалась мне великим благословением. Она, по крайней мере, была похожа на воду.

А однажды вечером порвалась кабельная линия связи. Был декабрь 1948 года. Снега вокруг — сугробы. В четыре часа пополудни нам дают приказ: идти в деревню (это два часа пешком), восстановить линию и возвращаться назад. Через два часа — темнота. Солдаты были как мёртвые от усталости и не находили в себе мужества идти. И где там ещё найдёшь кабель в таких сугробах!

— Вы что, геронда, не знали дороги и того, как был проложен кабель?

— Э, дорогу-то примерно я знал, но всё равно ночь застала бы нас в дороге. Короче говоря, дали мне несколько человек, и мы пошли. Сначала мы, ещё будучи в расположении нашей части, лопатами очистили дорогу от снега, чтобы успокоить командира, и маленько прошли вперёд. Потом я им говорю: «Пошли-пошли, нам ведь ещё возвращаться!» Я пошёл первым, потому что остальные всё время роптали. «Эллада-то, — говорили они мне, — погибнуть не может, а вот мы погибаем!» Как заладили одно и то же без конца! Так продвигались мы вперёд: я проваливался в снег, они меня вытаскивали, снова проваливался, снова вытаскивали... У меня была сабля, и я то и дело прощупывал ей снег перед собой, чтобы найти, куда можно ступить. Надо было постоянно проверять. Я продвигался первым и говорил им: «Пошли-пошли, здесь скот не ходит и кабель порвать не может. Дойдём до какого-нибудь оврага, где кабель висит над землёй, и только там проверим». Дошли мы наконец до одной деревни, перед которой были террасы, скрытые от глаз под снежными заносами, и я упал с одной террасы вниз, в снег. Остальные испугались идти дальше и меня доставать. Наконец мы спустились вниз, перебираясь с одной террасы на другую, — как, лучше не спрашивай — и поздно вечером вошли в деревню. В каких-то оврагах в одном-двух местах я нашёл обрыв, мы соединили кабель и связались с командиром. «Возвращайтесь назад», — говорит нам командир. Но как тут возвращаться? Мало того что ночь наступила, так ещё надо каким-то образом лезть наверх, на террасы! Спускались-то мы кубарем! И как найдёшь дорогу? «Но как мы возвратимся? — спрашиваю командира. — Спуститься-то мы ещё кое-как спустились, но как теперь подниматься? Давайте мы лучше завтра утром вернёмся: выйдем с другого края деревни и сделаем круг». — «Никаких „давайте", — говорит командир, — сегодня!» На наше счастье, этот разговор услышал адъютант командира и упросил его разрешить нам остаться на ночь в деревне. Так мы и остались. В одном доме нам дали пару-тройку толстых шерстяных покрывал. Меня начало знобить: я ведь шёл впереди, расчищал дорогу и был весь мокрый. Товарищи пожалели меня, потому что мне, так сказать, досталось больше других, и положили меня в середину. Поужинали мы тогда одним ломтем солдатского хлеба. Не помню, чтобы когда-нибудь ещё в своей жизни я переживал большую радость, чем тогда.

Я был вынужден привести вам эти примеры, чтобы вы поняли, что такое жертва. Я рассказал вам всё это не для того, чтобы вы похлопали мне в ладоши, но для того, чтобы вы поняли, откуда происходит настоящая радость.

А после, в отделе связи, меня обманывали сослуживцы. «Ко мне отец приезжает, надо пойти с ним повидаться, посиди за меня, пожалуйста», — говорил один. «А ко мне сестра приехала», — врал другой (никакая она ему была не сестра). Кому-нибудь ещё нужно было зачем-то отлучиться, и я шёл на жертву: всё время сидел на дежурстве то за одного, то за другого. После дежурства подметал, наводил порядок. В помещения взвода связи запрещалось входить другим, даже офицерам из других отделов, к тому же время было военное. Так что уборщицу мы взять не могли. Брал я веник и подметал все помещения. Там и научился подметать. «Здесь, — говорил я, — служебное помещение, место некоторым образом священное, неприбранным его оставлять нельзя». Я не обязан был подметать, да и делать этого не умел: у себя в доме я ни разу и веника-то в руки не брал. Да если бы я и захотел его взять, меня бы тут же моя сестра этим же веником бы и отлупила! «Уборщица», — дразнили меня сослуживцы, — «вечная жертва». Я на это не обращал внимания. И делал это не для того, чтобы услышать «спасибо», но оттого, что ощущал это необходимостью и радовался.

— У вас, геронда, совсем не было помысла «слева»? Вы, например, не думали: «Такой-то гуляет, а не с сестрой своей встречается»?

— Нет, таких помыслов у меня не было. С того момента как кто-то говорил мне: «Прошу тебя, можешь маленько посидеть вместо меня?» — всё, вопрос был закрыт. А ещё один просил у меня денег якобы для своих детей, однако сам не только не отсылал их детям, но ещё и у жены своей просил денег, чтобы тратить на себя самого. Понятно? И я делал это не для того, чтобы мне сказали «молодец», я ощущал это необходимостью. Из расположения части я не выходил, другие пользовались этим и свалили всю работу на меня. Мне приходилось выполнять работу всего взвода. Целая куча позывных, реле стучат без остановки... Я превратился тогда в развалюху. Какое-то время у меня держалась температура тридцать девять и пять, и я никому об этом не говорил. Но потом от перенапряжения свалился, потерял сознание. Меня бросили на носилки, и я слышал голоса сослуживцев: «Ну что, Венедикт[3], поехали на капремонт, сейчас мы тебя отнесём на носилках туда, где чинят старые автомобили». И они отнесли меня в госпиталь. Там я был без присмотра — кому было за мной смотреть, все занимались ранеными, — но ощущал радость. Ту радость, которая происходит от жертвы, потому что мой собственный покой рождается от того, что я доставляю покой другому.

Насколько мы забываем себя, настолько Бог помнит о нас

Тот, в ком есть жертвенность и вера в Бога, себя в расчёт не берёт. Если человек не возделает в себе жертвенного духа, то он думает только о себе и хочет, чтобы ради него и другие жертвовали собой. Но тот, кто думает только о себе, попадает в изоляцию и от людей, и от Бога — в двойную изоляцию — и Божественной благодати не приемлет. Такой человек ни на что не годен. И посмотрите: ведь того, кто постоянно думает только о себе, о своих трудностях и т. п., в минуту нужды никто не поддержит даже по-человечески. То, что он не получит поддержки Божественной, — это ясно и так, но ведь и поддержки человеческой он не получит тоже! Потом этот человек будет искать помощи то здесь, то там, то есть он будет мучиться, чтобы найти помощь от людей, но не сможет найти её. И наоборот: о том, кто не думает о себе, но постоянно думает о других — о таком человеке всё время думает Бог. И потом другие люди тоже думают о нём. Чем больше

---

[3] Так звали одного известного в тех краях священника-проповедника, и сослуживцы, желая подразнить преподобного Паисия, называли его Венедиктом.

человек забывает себя, тем больше помнит о нём Бог. Вот, например, в общежительном монастыре тот, в ком есть любочестие, приносит себя в жертву, отдаёт себя другим. Думаете, остальные этого не замечают? И разве смогут они не подумать об этой душе, которая всецело отдаёт себя другим, а о самой себе не думает? И разве может не подумать об этой душе Бог? Великое дело. В этом видно Божие благословение, виден образ Божественного действия.

Попадая в трудную ситуацию, человек сдаёт экзамены. Действительная любовь, жертвенность проявляются в такие минуты. Когда мы говорим, что у кого-то есть жертвенность, мы имеем в виду то, что во время опасности он не берёт в расчёт себя и думает о других. Ведь и пословица говорит: «Друг познаётся в беде». Если бы, Боже упаси, сейчас, например, начали падать бомбы, то стало бы ясно, кто думает о других и кто — о самом себе. Но тот, кто приучился думать лишь о себе, в трудную минуту тоже будет думать о себе, и Бог об этом человеке думать не станет. Если же кто-то заранее учится думать не о себе, но о других, то и во время опасности он тоже подумает о других. Тогда станет видно, в ком есть действительная жертвенность, а в ком — самолюбие.

Если христианин не начнёт уже сейчас чем-то жертвовать: какой-то своей похотью, эгоизмом, то как он достигнет того, чтобы в трудную минуту пожертвовать своей жизнью? И если сейчас он боится труда и озабочен тем, чтобы не переработать больше другого, то как он достигнет такого состояния, что побежит отдавать за другого свою жизнь? Если сейчас он озабочен собой по пустякам, то как он подумает о другом в ту минуту, когда его жизнь будет подвергаться опасности? Тогда будет труднее. Если придут нелёгкие годы и такой человек увидит своего соседа, в горячке упавшего на дороге, то он оставит его лежать там, уйдёт и скажет: «Пойду-ка лучше и я прилягу, а то как бы не свалиться и мне».

А на войне идёт борьба жизней, твоей и чьей-то ещё. Отвага заключается в том, чтобы спешить на помощь другому человеку, но если отсутствует жертвенность, то каждый стремится спасти самого себя. Но вот что замечено: на войне снаряд или мина находят того, кто старается улизнуть. Такой человек вроде бы желает избежать опасности, но тем скорее сворачивает себе шею. Поэтому не надо стремиться улизнуть от опасности, и особенно за счёт других. Помню один случай, происшедший на албанской войне[4]. У одного солдата была каменная плита, и он укрывал за ней голову от пуль и осколков. Когда ему понадобилось отойти за чем-то в сторону, он поставил плиту на дно траншеи, прислонив к стенке. Увидев это, его сосед тут же схватил эту плиту и забрал её. «Сейчас, — подумал он, — подвернулся удобный случай взять её себе». Однако в тот самый момент его накрыла мина, и не осталось даже мокрого места. Видя, как вокруг рвутся снаряды, несчастный взял эту плиту, но о том, что её хозяин вернётся, он не подумал. Он подумал только о себе и своему поступку нашёл оправдание: «Раз он отошёл, то я могу взять эту плиту себе». Да, уйти-то он ушёл, но плита ведь оставалась его собственной. А ещё один отлынивал от службы всё время, пока шла война. Не думал ни о ком. Другие отдавали за Родину свою жизнь — он же сидел дома. До последнего часа, когда положение осложнилось, он стремился избежать опасности. Потом, когда пришли англичане, он постарался попасть в расположение их войск, представился Зе́рвасу[5] и, поскольку имел также

---

[4] *Албанская война* (или *албанский фронт*) — война 1940–41 гг. между Грецией и фашистской Италией. — *Прим. пер.*

[5] *Наполеон Зе́рвас* (1891–1957) — лидер антифашистского движения

и американское гражданство, воспользовался случаем и убежал в Америку. Только он до неё доехал — сразу умер! Его жена, бедняжка, говорила: «От Бога хотел улизнуть!» Итак, он умер, в то время как другие, бывшие на войне, остались в живых.

Те, кто умирают геройски, не умирают

Я помню, что в армии у всех нас была одна общая цель. Старался и я, но жертвенностью обладали и другие — независимо от того, веровали они в иную жизнь или нет. «Зачем умирать этому человеку, он ведь глава семьи», — говорили они и сами шли на опасное задание. Та жертва, на которую шли эти люди, имела цену большую, чем та, на которую шёл человек верующий. Верующий веровал в Божественную правду, в Божественное воздаяние, тогда как неверующие не знали о том, что та жертва, на которую решились они, не напрасна, что им воздастся за неё в жизни иной.

Во время оккупации, при Давакисе⁶, итальянцы арестовали молодых офицеров, погрузили их на корабль, а потом отправили его на дно. А после этого начали хватать гражданских; тех, кого поймали первыми, пытали, чтобы вынудить их назвать имена других жителей, имевших дома оружие. Посмотрели бы вы тогда на то, какую жертвенность проявляли люди мирские! В Конице возле нашего дома, там, где сейчас построили храм святого

«Национальный греческий демократический союз», действовавшего против нацистов в Эпире и некоторых других областях Греции. — *Прим. пер.*

⁶ *Давáкис Константин* (1897–1942) — полковник греческой армии, талантливый военачальник, командующий отдельной Пиндской бригадой в ноябре 1940 года. Одержанная К. Давакисом Пиндская победа над итальянской горнострелковой дивизией «Джулия» стала первым серьёзным поражением фашистского блока во Второй мировой войне. — *Прим. пер.*

Космы Этолийского, раньше была мечеть. Арестованных закрыли в мечети и всю ночь били плётками с колючками или оголёнными кабелями: выпускали наружу проволоку, привязывали на конце куски свинца и били этими проводами людей. Стальная проволока сдирала кожу. А чтобы не было слышно криков, итальянцы пели или заводили музыку. Отсюда и появилось выражение «живодёрня с музыкой». Кроме того, несчастных подвешивали за ноги вниз головой, и у них изо рта шла кровь. Но они молчали, потому что думали: «Если признаемся мы (а ведь они знали, у кого были винтовки), то потом будут так же бить всех остальных, чтобы заставить признаться и их». Поэтому те, кого взяли первыми, решили: «Лучше мы умрём, чтобы доказать, что у других людей нет винтовок». А другие за одну или пять ок[7] муки́ говорили врагам, у кого было спрятано оружие. Был голод, и люди становились предателями. Некоторые итальянцы из батальона, набранного из внебрачных детей, были настоящие варвары со всеми варварскими комплексами. Свою злобу они вымещали на других. Они брали маленьких детей, раздевали их, несчастных, сажали на раскалённые железные щипцы и придавливали ногой, чтобы горело их тело. Они пытали детей для того, чтобы родители признавались, у кого есть винтовки. «У меня нет, у меня нет!» — кричали взрослые, а мучители жгли их деток. Я хочу сказать, что многие предпочли умереть, хотя и были людьми мирскими, ради того, чтобы не мучили или не убивали других. Этим они спасли многих. И так из-за нескольких героев мы выжили как народ.

Те, кто умирают геройски, не умирают. А если отсутствует героизм, то ничего хорошего не жди. Знайте также,

---

[7] О́ка — мера веса, равная 1280 граммам. — *Прим. пер.*

что человек верующий будет и отважен! Макрияннис[8], несчастный, что пережил он! И в какие годы!

— Он как-то сказал, геронда: «Закоптились глаза мои».

— Да, его глаза закоптились. От напряжения и тревоги, которые он переживал, его глаза словно дымились. Живя в нелёгкие времена, он от боли и любви постоянно жертвовал собой. О себе он не думал, никогда не брал себя в расчёт. Борясь за Отечество, он не боялся смерти. Макрияннис переживал духовные состояния. Если бы он стал монахом, то, думаю, немногим бы отличался от Антония Великого. Несмотря на свои раны и увечья, он делал по три тысячи поклонов в день. Когда он делал поклоны, его раны открывались, внутренности вываливались наружу, и он сам вправлял их на место. Три поклона моих стоят одного поклона его. Пол перед ним был мокрым от слёз. А если бы на его месте оказались мы? Да мы побежали бы в больницу, чтобы нам оказали медицинскую помощь! Мирские люди станут судить нас!

*Тот, кто не берёт в расчёт себя,
приемлет Божественную силу*

— А на войне, геронда, приходилось ли вам подвергаться опасности?

— О! Да разве только однажды или дважды? Это сейчас я размышляю о том, как помогал мне Бог, и сильно волнуюсь. А тогда я об этом не думал. Особенно о смерти — о ней я не думал совсем. Когда ты решился на смерть, тебе ничего не страшно. Решимость на смерть

---

[8] *Иоаннис Макрия́ннис* (1797–1864) — генерал-майор, национальный герой Эллады. Один из самоотверженнейших борцов против турок в годы Греческой революции (1821–1830). Автор «Воспоминаний» о революции и освободительной борьбе. Жизнь И. Макрияниса — прекрасный образец жертвенной христианской любви к Богу, ближнему и Отечеству. — *Прим. пер.*

равна по своей силе тысяче телохранителей. Смерть — это безопасность. На войне эмблемой отряда священных добровольцев является череп. Это значит: они решились умереть. Тот, кто ради блага другого человека или ради общего блага забывает о самом себе, приемлет Божественную силу. И посмотрите, если человеком движет жертвенность, то Бог покрывает его. Помню, как однажды мы окопались за одним утёсом. Я вырыл небольшой окопчик и маленько укрылся в нём. Ползёт один: «Пусти и меня», ползёт другой: «И меня тоже». Я дал им залезть в окоп, потому что они просили меня об этом, а сам остался снаружи. Ночью, когда начался сильный артобстрел, один осколок чиркнул меня по голове. Каски на мне не было, один капюшон. «Ребята, — кричу, — в меня осколок попал!» Щупаю рукой голову — крови не чувствую, снова щупаю — ничегошеньки! Осколок чуть-чуть чиркнул по голове и только сбрил волосы от лба до темени: оставил на моей голове чистую полоску в шесть сантиметров шириной.

Вы не жили в трудные годы, в оккупацию, вы не видели войны, врагов, горя. Я желаю вам не видеть всего этого, но потому вы и не понимаете, что это такое. Однако наши годы похожи на бурлящий и свистящий котёл. Необходимы закалка, отвага и мужество. Если что-то случится, то смотрите, не окажитесь совершенно неподготовленными. Готовьтесь уже сейчас, чтобы вы смогли дать отпор трудностям. И Христос как сказал: *бу́дите гото́ви*[9], не так ли? Сегодня, живя в столь сложные годы, нам надо быть не просто готовыми, а трижды готовыми, чтобы не сказать больше! Может быть, нам придётся встретить не одну лишь внезапную смерть, но и другие опасности. Итак, прогоним прочь от себя стремление устроиться

---

[9] Мф. 24:44; Лк. 12:40.

поудобнее! Пусть в нас работает любочестие и присутствует дух жертвенности.

Сейчас я вижу, как что-то готовится, вот-вот должно произойти и постоянно откладывается. Всё время маленькие отсрочки. Кто переносит эти сроки? Бог ли отодвигает их? А ну-ка ещё месяц, ну-ка ещё два!.. Так всё и идёт[10]. Но раз мы не знаем, что нас ждёт, то развивайте в себе, насколько можете, любовь. Это самое главное: чтобы была между вами не ложная, а истинная, братская любовь. Если есть добрая заинтересованность, боль, любовь, человек всегда действует правильно. Доброта, любовь — это сила. Храните, насколько можете, тайну и не пускайтесь в откровенности: ведь если тайну будут знать «только ты, да я, да звонарь Симеон», то что из этого выйдет? Даже и по простой глупости вы можете сделать зло, а потом биться головой о стену. Посмотрели бы вы, как хранят тайну в армии! Если ты понимал, что можешь попасть в плен, то первым делом надо было уничтожить позывные: разрезать запись на кусочки и проглотить. Один раз, оказавшись в опасной ситуации, я так и сделал, потому что если бы позывные оказались в руках мятежников, то они узнали бы, что в таком-то месте находятся наши войска, что у них нет продовольствия и тому подобное. И тогда они послали бы радиограмму в наш центр, чтобы прилетела наша авиация и сбросила им продовольствие, а на наши головы — бомбы. Понятно? Зная позывные, они бы связались с центром от имени правительственной армии. Если ты был радистом и попадал в плен, то тебе, чтобы ты выдал позывные, клещами выдёргивали ногти. И ты предпочитал быть с выдранными ногтями, но не быть предателем. Одному радисту для того, чтобы он рассказал содержание радиограммы, жгли

---

[10] Произнесено в ноябре 1984 г.

огнём подмышки, и он не признался, словно онемел. Он не поведал врагам тайны и поэтому стал исповедником. А женщины перевозили документы для армии в сёдлах мулов и были готовы на смерть.

Смерть на войне способна весьма умилостивить Бога, потому что человек, павший смертью храбрых, жертвует собой, чтобы защитить других. Те, кто от чистой любви жертвуют своей жизнью ради того, чтобы защитить сочеловека, своего ближнего, подражают Христу. Эти люди — величайшие герои, их боится, трепещет и самая смерть, потому что от любви они презирают смерть и таким образом приобретают бессмертие, находя под могильной плитой ключ от вечности и без труда входя в вечное блаженство.

Вся жизнь монаха является жертвой

Вся жизнь монаха естественным образом помогает ему иметь любовь, жертвенность. Он отправился в путь для того, чтобы умереть за Христа. Это значит, он вышел в путь ради жертвы. У монаха нет мирских обязанностей, поэтому ему необходимо развивать в себе дух жертвенности. Мирянин умирать за Христа не собирался, и потому у него есть обязанности мирские: он заботится о своей семье, о своих детях, поэтому спрос с него не такой строгий, у него есть оправдание. Например, на войне человек семейный стремится избежать опасности, чтобы его дети не остались на улице. О том, что если избежит опасности он, то могут убить кого-то другого, у которого тоже есть дети, этот человек не думает. Ну, это ещё куда ни шло: здесь, по крайней мере, присутствует забота о своей семье. «У меня, — скажет такой человек, — дети на улице останутся». Он может, совсем не веруя в иную жизнь, стремиться спасти жизнь эту.

— То есть, геронда, монах должен постоянно жертвовать собой?

— Ведь мы уже сказали, что вся жизнь монаха есть жертва. А в противном случае, зачем мы становимся монахами? Если монах в этом отношении хромает, он не монах. О какой духовной борьбе можно потом говорить? Если отсутствует жертва, то места для духовной борьбы нет. А если нет жертвы, то, сколько бы ни старался монах жить духовно, всё будет без толку. На Святой Горе говорят, что такая духовная жизнь под стать чучелам огородным: монах, ведущий такую духовную жизнь, не то что бесов изгнать не может, ему ворон гонять — и то достижение. Когда человек горячо берётся за подвиг, предстоящий ему в этой жизни, то божественное пламя в нём тоже горит. Если этого божественного пламени нет, то он ни на что не годен. Это пламя даёт ему радость, даёт ему отвагу, даёт ему любочестие. Это то, о чём сказал Господь: *Огня́ прiидо́х воврещи́...*[11] Когда есть этот божественный огонь, то и псалмопение, и молитва монаха, будь она за себя или за других, имеет результат. Особенно женское сердце, когда очистится, обладает большой силой и в молитве весьма преуспевает, становится «радаром». А тот, у кого нет любочестия, жертвы, будет иметь или мирскую радость, или мирское расстройство; радования же духовного такой человек ощутить не может.

Потому я и говорю вам: возделывайте жертвенность, братскую любовь. Пусть каждая из вас достигнет состояния духовного, чтобы, оказавшись в трудной ситуации, она смогла выбраться из неё сама. Не находясь в духовном состоянии, человек трусит, потому что любит самого себя. Он может и отречься от Христа, может предать Его. Вы должны решиться на смерть. Тут вон люди мирские,

---

[11] Лк. 12:49.

которые даже в рай не верят, жертвуют собой. А мы верим в то, что ничто не проходит даром, что в нашей жертве есть смысл. Мирские люди, находясь в полном неведении, будут жертвовать собой, подвергать свою жизнь опасности ради того, чтобы защитить другого, а монахи не будут приносить себя в жертву? Мы отправляемся в путь для того, чтобы умереть ради Христовой любви. Обязанностей мирских мы не имеем, и если у нас нет ещё и жертвенности, то что мы вообще тогда делаем? Да над нами и муравьи станут смеяться! Видела, как муравьи высмеивают людей? Лентяев высмеивают!

— Геронда, а возможно ли такое: у меня есть готовность помочь другим, но побуждающие к этому мотивы не чисты?

— Это всегда видно. Когда побудительные мотивы не чисты, дух не находит покоя, понимает это и старается очистить их. На меня произвела сильное впечатление душа одной женщины, приходившей на днях. Узнав, что кто-то болен и страдает, она не может уснуть: мучается и плачет. А сама живёт в миру. Она поделилась с кем-то тем, что с ней происходит, и в ответ получила: «Может быть, это вражье искушение». Да разве может такое происходить от искушения? Диавол может обмануть человека лишь в том случае, если он делает такие вещи напоказ, и тогда переживания будут ложными.

Убирайте из ваших действий своё «я». Человек, выходя из своего «я», выходит из земли, движется в иной атмосфере. Пока человек остаётся в самом себе, он не может стать человеком небесным. Духовной жизни без жертвы быть не может. Помните хоть немножко о том, что существует смерть. И раз нам всё равно умирать, не будем слишком себя беречь. Не так, чтобы не беречься во вред здоровью, но и не так, чтобы преклонять колени перед покоем. Я не призываю бросаться в опасные приключения, но надо же, брат ты мой, иметь и маленечко героизма! С какой отвагой встречали герои смерть во время войны! Один монах, воевавший вместе с Кондилисом[12] (Кондилис был патриот, герой), рассказывал мне, когда во время малоазиатской войны греки высаживали морской десант возле Константинополя, Кондилис находился на корабле и, лишь увидев Константинополь издали, стал вести себя как сумасшедший. «А ну, ребята, — кричал он, — умирать так умирать! Что сегодня, что завтра! Умирать — так молодцами! Эй, ребята! Умрём героями за Родину!» Он даже не мог дотерпеть, пока корабль пристанет к суше. От напряжения, от сильного желания он не заметил, что корабль ещё не дошёл до берега, — прыгнул и упал в море. Так в нём всё горело! Плавать он не умел: другие побежали, вытащили его из воды.

— Геронда, Вы сказали, что нужно постараться освободить от своего «я» каждое наше действие. Как это сделать?

— Вам всё готовое подавай. Что значит убирать своё «я»? Когда я убираю своё «я»? Как нам изгнать своё «я» из нашей любви? Как нам очистить нашу любовь? Насколько я не беру себя в расчёт, настолько я изгоняю своё «я». И, отсекая нашу волю, нашу слабость, наш покой, мы тоже удаляем своё «я». Благодаря послушанию и молчанию из нашей самости исчезает многое. Когда наша любовь бескорыстна, мы тоже изгоняем своё «я», но в нашей любви должна быть также и жертва. Вам понятно это? Например, какая-то монахиня хочет сходить к матушке-игуменье и видит, что другая сестра тоже хочет к ней зайти. Если первая сразу же уступит сестре свою

---

[12] *Кондилис Георгий* (1879–1936) — видный военный и государственный деятель Греции. Активный участник боевых действий в Малой Азии в 1920-е годы. В последующие годы занимал посты министра обороны, министра внутренних дел, премьер-министра Греции. — *Прим пер.*

очередь, даже зная, что особых проблем у сестры нет, то у неё есть послушание, жертвенность и тому подобное. И когда она от всего сердца уступит своё место другой и с матушкой не поговорит, то с ней будет говорить Сам Христос. Однако она должна осознать, что это необходимо, должна сделать это потому, что так подсказало ей сердце, а не просто потому, что «так говорят святые отцы». Так она приемлет двойную благодать Божию. И в этом случае одна сестра получает духовную помощь по-человечески, другая же получает помощь образом Божественным, непосредственно от Христа.

Понаблюдайте и за теми мирскими людьми, которые проявляют такую жертвенность, какой нет даже у монахов. Я замечаю, что в миру, несмотря на то что люди могут не веровать, иметь слабости и страсти, они — Бог так устраивает — имеют мягкое сердце. Они видят нуждающегося и, пусть он даже им не знаком, оказывают ему помощь. Многие люди, не верующие даже в то, что есть рай, увидев какую-то опасность, бегут предупредить зло, спешат погибнуть сами, чтобы другие остались в живых, торопятся раздать другим своё имущество. Много лет назад на одном заводе рабочего зацепило и стало затягивать в станок. Несмотря на то что вокруг было множество мужчин, спасать его бросилась женщина. Мужчины, «отважные» такие, стояли, глядели. А она вытащила его из станка, но саму её зацепило за платье, закрутило в станок, и она погибла. Мученица! Это великое дело!

О себе такие люди не думают: они выбрасывают из себя своё «я». И, когда они выбрасывают его вон, в них бросается Христос.

ГЛАВА ТРЕТЬЯ
О том, что отвага рождается от доверия Богу

В отваге нет варварства

Подвиги совершают не те, кто ростом велик, а те, в ком есть отвага, широкое сердце и решимость пожертвовать собой. И на войне те, в ком есть отвага, имеют и доброту и не убивают других, потому что в отваге нет варварства. Такие люди стреляют не во врага, а вокруг него и вынуждают его сдаться. Добрый предпочитает быть убитым, нежели убивать. Человек, настроенный таким образом, приемлет Божественные силы. Люди же злые трусливы и малодушны, свой страх они прикрывают наглостью, боятся и самих себя, и других и потому от страха стреляют без остановки. Когда я проходил военную службу во время гражданской войны, мы как-то раз зашли в одну деревню. «Здесь никого из бандитов нет, — сказали нам местные жители, — все ушли. Осталась только одна сумасшедшая». Один из наших издали увидел эту женщину и из ручного пулемёта выпустил по ней две очереди. «Что я вам сделала?» — вскрикнула несчастная и упала на землю.

— Он от страха это сделал?
— Да, от страха. Люди такого склада ищут для себя лёгкие решения. «Врага лучше прикончить», — говорят они,

чтобы уже не сомневаться. Человек менее трусливый будет и менее злым. Он будет стараться вывести врага из строя, например, повредить ему руку или ногу, но убивать его не будет.

Мужество, отвага — это одно, а злобность, уголовщина — совсем другое. Брать врагов в плен для того, чтобы перерезать им горло, — это не мужество. Настоящим мужеством будет схватить врага, сломать ему винтовку и отпустить его на свободу. Мой отец так и делал. Когда он ловил четов[1], совершавших набеги на Фарасы, он отбирал у них винтовки, ломал их и говорил: «Вы бабы, а не мужчины». После этого он отпускал их на свободу. А однажды он оделся богатой турчанкой, пришёл в их стан и спросил главаря. Заранее он договорился со своими парнями, чтобы те начинали атаку сразу, как только услышат условный сигнал. Когда четы провели его к главарю, отец сказал ему: «Пусть твои мужчины выйдут и оставят нас вдвоём». Как только они остались один на один, мой отец выхватил у главаря винтовку, переломил её и сказал разбойнику: «Теперь ты баба, а я — Эзнепидис!»[2] Тут он дал условный сигнал, налетели его молодцы и выгнали четов из деревни.

Для того чтобы преуспеть, надо иметь шальную, в хорошем смысле этого слова, жилку. В соответствии с тем, как человек использует эту шальную жилку, он становится или святым, или героем. Однако, если такой человек собьётся с пути и увлечётся злым, он может стать преступником. Тот, в ком нет шальной жилки, ни святым, ни героем стать не может. А потому должен завестись наш внутренний моторчик, должны заработать сердце, отвага.

---

[1] *Че́ты* — турецкие разбойники. См. также в книге: *Старец Паисий Святогорец*. Святой Арсений Каппадокийский. М.: Святая Гора, 2008. С. 28, 97.
[2] Фамилия преподобного Паисия.

Сердце должно стать безрассудным. Я знаком со многими офицерами, вышедшими в отставку и от расстройства не находящими себе места. Некоторые из них хотят, чтобы началась война, чтобы быть при деле — так в них всё горит. А кто-то, только лишь получает призывную повестку, сразу весь дрожит, а ещё кто-то притворяется сумасшедшим, чтобы не попасть в армию. Сколько отставников говорили мне, что хотят поехать в Боснию и повоевать! Не использовав свою отвагу в жизни духовной, они, слыша о войне, радуются возможности повоевать. Знаешь, какие подвиги, какую духовную борьбу подъяли бы эти могучие люди, познай они духовную жизнь? Да они бы стали святыми.

Какая отвага была в старину

— Геронда, однажды Вы рассказывали нам что-то о своей бабушке…

— Моя бабушка была очень отважным человеком. На всякий случай, для безопасности она всегда имела при себе ятаган[3]. Вот тебе, пожалуйста, женщина вдовая, двое детей, вокруг турки, но жить-то надо было… Тяжёлые были годы… Все её боялись. Молодчиной была! Как-то раз один разбойник залез в виноградник, который находился возле кладбища. Чтобы его испугались, он надел длинную, до пят, белую рубашку. Потом, выйдя из виноградника, он, как был в белой рубашке, зашёл на кладбище и давай там шастать. Случилось в ту пору проходить через кладбище моей бабушке. Разбойник, когда увидел её, растянулся на земле и притворился мёртвым, чтобы она приняла его за вурдалака и напугалась. Однако бабушка подошла к нему и сказала: «Тебя, если б ты был человек

---

[3] *Ятага́н* — большой кривой турецкий кинжал. — *Прим. пер.*

порядочный, давно бы уже земля взяла!» И, сказав это, начала бить злодея тупой стороной ятагана! Искалечила его. Кто это был такой, она даже не знала. Уже потом, в деревне, услышала, что, мол, такого-то изувечили, и так узнала, кто это был.

В нашу эпоху отвага является редкостью. Люди замешаны на воде. Поэтому, если, Боже упаси, начнётся война, одни умрут от страха, а у других даже от небольшого испытания опустятся руки, потому что они привыкли к хорошей жизни. А в старину какая была отвага! В Флавиановском монастыре в Малой Азии турки схватили и убили одного христианина. Потом они сказали его жене: «Или ты отречёшься от Христа, или твоих детей мы тоже зарежем». — «Моего мужа, — ответила она, — забрал Христос, детей моих я поручаю Христу и сама от Христа не отрекаюсь!» Какая отвага! Если в человеке не будет жить Христос, то как в нём будет жить отвага? А сегодня люди без Христа строят всю свою жизнь на мусоре.

В те годы были молодцами матери, были молодцами и дети. Помню, как в Конице наша соседка, будучи в положении, одна пошла на поле окучивать кукурузу, а нужно было идти пешком полтора часа. Там она родила малыша, положила его в подол и вернулась в деревню. «А у меня младенчик!» — похвалилась она, проходя мимо нашей двери. Была оккупация, годы тяжёлые. А сейчас есть женщины, которые для того, чтобы родить одного ребёнка, от страха по шесть-семь месяцев проводят в кровати. Речь, разумеется, идёт не о тех, кто делает так по причине болезни.

Естественный страх является тормозом

— Геронда, я очень боязлива. Не знаю, что я буду делать, если окажусь в тяжёлой ситуации. Откуда появляется страх?

— С кем-то, может быть, что-нибудь случилось в детстве, и от этого он боится. Часто страх может быть естественным, но это может быть и страх от недостатка веры, от недостатка доверия Богу. Однако страх является и необходимым тормозом, потому что он помогает человеку прибегать к Богу. В страхе, в поисках, за что бы ему ухватиться, человек бывает вынужден ухватиться за Бога. Вот в жарких странах, где живут дикари, там водятся и дикие животные, большие звери, удавы и так далее. Это для того, чтобы люди были вынуждены искать помощи у Бога, прибегать к Богу, чтобы найти свой ориентир. Если бы этого не было, то что смогло бы хоть как-то сдерживать этих людей? Во всём, что устроил Бог, есть какой-то смысл.

— А те, кто, не зная истинного Бога, просят помощи от страха, получают ли её?

— Смотри: они поднимают голову кверху, и это уже кое-что значит. И для малых детей тормозом является страх. Бывают такие дети, которые, если их маленько не припугнуть, никого не слушают: ни мать, ни отца. И мне, когда я был маленьким, говорили: «Сейчас бумбул придёт!» Малышам свойственно бояться. Но, по мере того как ребёночек взрослеет, зреет и его ум — и страх отступает. Естественный страх помогает только в детском возрасте. Если человек, став взрослым, боится пустого места, то он достоин сожаления. Приходят ко мне в каливу некоторые духовные люди и говорят: «Вот, рядом с нами кто-то умер, и от этого мы постоянно испытываем страх». И просят меня помолиться о том, чтобы этот страх от них ушёл. «Да тут, — отвечаю я, — люди стараются иметь память смертную, а у тебя рядом кто-то умер, и ты хочешь этот страх прогнать?!»

У женщин естественного страха немножко побольше. Женщин, которые не боятся, мало. Однако такие женщины могут создать в семье проблемы, потому что они не подчиняются. Также может стать наглым и мужчина, если он от природы не трус и имеет в сердце отвагу. А некоторые женщины ужасные трусихи. Большое дело, если имеющая природную боязнь женщина станет подвизаться и приобретёт мужество. Женщина имеет в своей природе жертвенность и поэтому способна и на многое самоотвержение, которого у мужчины, несмотря на всё его природное мужество, нет.

Смерть боится того, кто не боится смерти

— Геронда, чем изгоняется страх?

— Отвагой. Чем больше человек боится, тем больше искушает его враг. Тот, в ком есть трусость, должен постараться её изгнать. Я, когда был маленьким, боялся ходить мимо кладбища в Конице. Поэтому я спал на кладбище три ночи, и страх ушёл. Я осенял себя крестным знамением и заходил туда, даже фонарика не зажигал, чтобы никого не напугать. Если человек не будет подвизаться для того, чтобы стать мужественным, и не стяжет настоящей любви, то, когда возникнет какая-нибудь сложная ситуация, плакать о нём будут даже куры.

— То есть, геронда, можно предпринять подвиг и избавиться от страха?

— Должно радоваться тому, что умираешь ты ради того, чтобы не умирали другие. Если расположить себя подобным образом, то ничего не страшно. От многой доброты, любви и самопожертвования рождается отвага. Но сегодня люди и слышать не хотят о смерти. Я узнал, что те, кто занимаются похоронами, пишут на вывесках своих заведений не «Похоронное бюро», а «Ритуальные услуги», чтобы не напоминать людям о смерти. Однако, если люди не помнят о смерти, то они живут вне реальности. Те, кто боятся смерти и любят суетную жизнь, страшатся даже микробов, они постоянно побеждаемы страхом, который держит их в духовном застое. Люди же дерзновенные никогда не боятся смерти и поэтому подвизаются с любочестием и самоотверженностью. Полагая перед собой смерть и ежедневно думая о ней, они и готовятся к ней более духовно, и подвизаются с большим дерзновением. Так они побеждают суету и уже здесь начинают жить в вечности и райской радости. И пусть тот, кто сражается на войне за свои идеалы, за Веру и Отечество, осенит себя крестом и не боится, ведь он имеет помощником Бога! Если человек осенит себя крестом и вверит свою жизнь в руки Божии, то Бог и будет потом судить, жить или умереть надо было этому человеку.

— А может ли человек не испытывать страха от неосмотрительности?

— Это намного хуже, потому что в какой-нибудь опасной ситуации такой человек может попасть в серьёзную переделку и заплатить за всю свою опрометчивость сполна. Поэтому тот, кто боится немножко, внимателен и не полезет безрассудно на рожон. Надо понуждать себя на добро[4], но иметь доверие Богу, а не самому себе.

Значение дерзновения велико

В экстремальной ситуации самый большой вред происходит от начинающейся паники. В опасности важнее всего не теряться. Вон как курица вступает в схватку с орлом и налетает на него! А как сражается с собакой кошка, защищая котят! Она задирает хвост трубой и начинает угрожающе шипеть! Животное идёт ва-банк, а человек оказывается трусом!..

---

[4] Ср. Мф. 11:12.

Не поддавайтесь панике. Особенно легко поддаются панике женщины. Помню, как во время оккупации нам случилось пойти в одно место, в двух часах ходьбы от Коницы. Ребята прошли немного вперёд, нашли там греческие солдатские каски и мундиры, надели их и пошли в часовню святого Константина. Я тоже пошёл туда, чтобы приложиться к иконам. Мне было тогда пятнадцать лет. Как только матери издалека увидели детей в военной форме, они начали кричать: «Итальянцы идут!» — и приготовились бежать. Они даже не взглянули, кто это был! Шалуны надели греческие каски, а напуганные мамаши, приняв их за итальянцев, бежали от собственных детей!

Значение дерзновения велико. Если человеку физически здоровому, но трусливому сказать: «Ой, какой ты жёлтый! Что это с тобой?» — то он пойдёт к врачу, в то время как жёлтым он может быть оттого, что не выспался, или же оттого, что у него болел зуб и тому подобное. Грек или ринется вперёд или станет паниковать. Трусы не годятся ни на что. На войне трусы никому не нужны, им не доверяют. Их не берут на задания, на передовую, чтобы они не создавали проблем. Один трусливый солдат, если он не знает плана боевых действий, может раздуть такую панику, что разложит целую дивизию! Страх распаляет воображение труса, и он может раскричаться: «Вот они! Ой, подходят, они уже здесь, режут! Ах, куда же нам бежать?! Врагов такая прорва! Да они проглотят нас!» Такой человек натворит много зла, потому что люди легко попадают под чужое влияние. Человек же отважный, увидев врагов, только сплюнет: «Тьфу, да это разве люди? Муравьи какие-то!» — и остальные от этих слов тоже с дерзновением побегут в атаку. Поэтому в армии говорят, что трудную задачу лучше с хладнокровием выполнят пятеро смелых, чем двадцать трусов.

— То есть, геронда, в трудном положении опасности внешние не столь страшны, как опасности внутренние.

— Да, так оно и есть. И Сули[5] турки не взяли бы, если бы его не предал Пилий Юс, который сам был из Сули. Он провёл турок по тайной тропинке. Вон как: пять деревушек были дружны и, объединившись, справлялись с самим Али-пашой[6], который был настолько силён, что даже выступал против султана. Сулиоты были у Али-паши под боком, но жару ему задавали крепкого. А насколько отважны и сплочены между собой были тамошние женщины! Брали карабины и они.

Дисциплина

— Геронда, если в коллективе обычным состоянием является недисциплинированность, то смогут ли его члены проявить дисциплинированность в момент, когда создастся трудное положение?

— Во время пожара каждый делает не то, что ему взбредёт в голову, напротив, все действуют по команде. Тот, кто несёт ответственность, следит за ситуацией и говорит другим, что надо делать. В противном случае люди могут создать панику и вместо того, чтобы потушить пожар, раздуют его ещё больше. Однажды я возвращался на Святую Гору. Когда наш кораблик находился между Ватопедским и Пантократорским монастырями, подул

---

[5] *Сули́* — союз нескольких деревень Эпира (область Греции), обладавший независимостью во время турецкого господства и в период с 1790 по 1893 гг. ведший вооружённую борьбу против завоевателей. — *Прим. пер.*

[6] *Али-паша Тепеле́нский* (1741–1822) — из Янины, правитель части греческих и албанских земель, принадлежавших Турции. Ловкий и очень жестокий завоеватель. Султан Махмуд II решил ограничить власть своего подданного: Али-паша был убит, его голову выставили напоказ в Константинополе. — *Прим. пер.*

северо-восточный ветер и поднялся шторм. Корабельщик направил судёнышко против волн, потому что иначе мы бы пошли ко дну. Один трус из Иериссоса[7], который не смыслил ни в кораблях, ни в мореходстве, — он мулов держал — начал кричать: «Ты что же это делаешь, а? Потопишь нас! Вы что, не видите? Он ведь эдак нас в Кавалу[8] увезёт!» Тут вскочили все пассажиры и облепили корабельщика, а он, бедняга, только и говорил: «Оставьте меня в покое, я знаю своё дело!» К счастью, один из пассажиров был моряк и утихомирил остальных: «Оставьте его в покое, он знает своё дело! Надо идти так, чтобы подрезать волну». Не окажись там этого моряка, корабль пошёл бы ко дну, потому что пассажиры не дали бы корабельщику делать своё дело. Видишь как: один оказался трусом, возникла паника, все, кто там был, вскочили и могли бы отправить корабль на дно. А потом ведь для таких случаев всегда есть второй механик, который встанет к штурвалу, если капитан действительно не в состоянии управлять кораблём.

Греки вообще нелегко подчиняются. Римо-католики верят в папскую непогрешимость, а мы, греки, верим в собственный помысел и, выходит, мы все обладаем... непогрешимостью! Почему считается, что турки ведут хорошую политику? Потому что среди турок умных людей немного, большинство из них — народ не слишком сообразительный. Поэтому в начальники у турок выходят те немногие, кто умён, а остальные подчиняются им естественным образом. Греки же, будучи очень умными в подавляющем большинстве своём, все до единого хотят

---

[7] *Иериссо́с* — порт на восточном побережье п-ва Халкидики, к которому приписан пассажирский катер, курсирующий вдоль северо-восточного побережья Афона. — *Прим. пер.*

[8] *Ка́вала* — город и порт в Северной Греции, в пределах прямой видимости от Святой Горы. — *Прим. пер.*

управлять и распоряжаться, а подчиняются с трудом. И итальянцы говорили: «Из десяти греков пять хотят быть командирами!» Предположим, что мы собираемся куда-то идти. Один может знать более короткую тропинку, другой — иную, с противоположной стороны, третий какую-то ещё... «Нет, пойдём сюда, так лучше», — будет настаивать один. «Нет, пойдём туда», — станет перечить другой. В конечном итоге, если кто-то один не отдаст приказания, то могут пройти часы и даже дни, а путники так и не отправятся в дорогу и будут находиться в том же самом месте. Однако если, зная дорогу, распоряжается кто-то один, то даже если предложенная им дорога будет чуть подлиннее, когда-нибудь они достигнут цели. Конечно, лучше всего, если тот, кто командует, знает кратчайший путь. Но даже если путь, который ему знаком, самый долгий, всё равно, подчиняясь приказу, путники всё-таки достигнут цели.

Бог смотрит на расположение человека и помогает ему

— Если время поставит нас перед серьёзными трудностями, а духовного устроения нет, то сможешь ли устоять, имея одно лишь доброе расположение?

— Как же не сможешь? Бог смотрит на расположение человека и помогает ему. А, кроме того, часто в трудные минуты проявляют великую отвагу даже те люди, в которых, как поначалу кажется, её нет. Помню, у нас в армии был один лейтенантик, который никогда не проявлял ни жертвенности, ни отваги. Но однажды, когда мятежники могли захватить нас в плен, он укрылся за часовней и с одним автоматом задерживал их, пока мы не отступили. Таким образом мы и спаслись. Он бил оттуда очередями — вверх-вниз, влево-вправо — и не давал мятежникам пройти вперёд. А потом убежал, чтобы мы его не увидели. И после он даже не сказал: «Я их задержал, и поэтому вы смогли спастись…», чтобы похвалиться своим геройством. Мы все тогда говорили: «Один автомат нас спас!» И он повторял: «Один автомат нас спас». Как все говорили, так и он. Но потом мы его вычислили: стали вспоминать, что такой-то был вместе со всеми, такой-то тоже, и поняли, что только этого лейтенанта не было. Так мы выяснили, что это был он. А знаешь, что бы с ним было, попади он в плен к мятежникам? Они не пощадили бы его, выместили бы на нём всю свою злобу, сказали бы: «Ты наделал нам столько вреда, а ну-ка иди сюда, мы повыдёргиваем тебе ногти пассатижами!» Мирской человек, а идёт на такую жертву! Он пошёл на жертву, потому что подверг себя опасности большей, чем все мы. А готовы ли вы пойти на такую жертву? Этот лейтенант ни святых отцов не читал, ни о духовной жизни не знал. Я был с ним знаком, в нём была простота, честность. А были и другие: такие, что находили убитого мятежника, отрезали у него голову и носили её по деревне, изображая из себя молодцов! Поэтому одной отваги недостаточно, в человеке должен быть и жертвенный дух, для того чтобы отвага имела в душе надёжное обоснование.

Будем противостоять опасностям духовно

Всегда в критические минуты необходимы находчивость и отвага. Во время оккупации итальянцы брали пять-шесть мулов, приходили на наше поле и нагружали своих мулов дынями. Однажды я сказал им: «Эти дыни мы оставили на семена, возьмите лучше вон те». Тогда один итальянец поднял свой кнут и спросил меня: «Видишь это?» Я потрогал кнут рукой, поглядел на него и сказал: «Бонэ!» — дескать, хороший кнут! Как будто он мне его показывал, чтобы я увидел, какая это красивая вещь! У итальянца гнев сразу пропал, он засмеялся и ушёл. Помню ещё один случай времён гражданской войны. Два наших солдата пришли на бахчу попросить у хозяина дыньку, помидорчиков. Свои винтовки они оставили в стороне, а сами пошли вглубь огорода. Хозяин, как только заметил их издали, схватил ружье и давай в них целиться. Тогда один солдат хватает красную помидорину и кричит: «Бросай оружие, а то я в тебя сейчас гранатой запульну!» Тот бросил оружие, вскочил и убежал.

— Какая же находчивость и отвага!..

— А другой солдат повесил свою бурку на дикой груше. Вскоре с гор спустился мятежник и хотел схватить этого солдата. Тогда солдат повернулся в ту сторону, где на некотором отдалении висела бурка, и закричал: «Командир, что мне с ним делать?» А потом, словно получив от командира знак, рявкнул на разбойника: «Сдать оружие!» Выхватил у бандита винтовку и разоружил его.

— Командиром, геронда, была бурка?

— Да, бурка! Видишь как: солдат был один и имел одну лишь бурку, а у человека вооружённого отнял винтовку! Он таким образом наотбирал у мятежников целую кучу винтовок. Отвага нужна! Помню я и одного русского монаха-келиота на Святой Горе. Однажды пришли бандиты его грабить. Когда они лезли через стену, он выскочил на них сверху и заорал: «Ну что, из кольта вам влепить или из нагана?!» У тех только пятки засверкали. А другой монах, когда к нему на келью пришли грабители, взял сковородку и сделал вид, что звонит куда-то, будто по телефону: «Алло, на меня напали грабители!» — и тому подобное. Те подумали, что он звонит в полицию, и убежали. А вот ещё был случай: здоровенный бугай, настоящий гигант, схватил за горло одного пастуха, чтобы его задушить. Бедный пастух от страха выпучил глаза так, что этот бугай даже спросил: «Что ты на меня так дико вытаращился?» — «Смотрю, на какое дерево тебя забросить», — прохрипел пастух. Злодей испугался и отпустил его!..

Потому я и говорю, что не надо теряться. Надо держаться с хладнокровием и работать мозгами. Потому что если не работают мозги, то просто по глупости можно даже совершить предательство. Что бы ни происходило, надо молиться, думать и действовать. Самое лучшее — это всегда стараться духовно противостоять трудной ситуации. Однако сегодня отсутствует отвага в обоих её видах. Нет ни духовной отваги, которая рождается от святости и дерзновения к Богу и помогает преодолевать трудности духовно, ни отваги естественной, которая нужна, чтобы не струсить в опасной ситуации. Для того чтобы сдержать какое-то большое зло, надо иметь многую святость, в противном же случае для преодоления зла не найдётся оснований. Если в монастыре у кого-то из братства есть духовная отвага, то вот увидишь, как этот монах пригвоздит на месте того, кто пришёл со злою целью: одной ногой во дворе монастыря, а другой — за его оградой! Он «выстрелит» в голову злоумышленника по-духовному: не из пистолета, а из чёток; он чуть помолится, и злодей останется неподвижным. Замрёт как часовой![9] Если в братстве есть кто-то в состоянии духовном, то он и зло затормозит, и людям поможет, и для обители будет охраной. Мироносицы не считались ни с чем, потому что находились в духовном состоянии и доверились Христу. Ведь если бы они не были в состоянии духовном, то разве доверились бы Ему и разве сделали бы то, что сделали?

В духовной жизни самый большой трус может стяжать многое мужество, если вверит себя Христу, Божественной

---

[9] См. *Старец Паисий Святогорец*. Святой Арсений Каппадокийский. М.: Святая Гора, 2008. С. 124.

помощи. Он сможет пойти на передовую, сможет сразиться с врагом и победить. А что касается тех несчастных людей, которые хотят сделать зло, то они боятся, даже если имеют отвагу. Потому что они чувствуют за собой вину и основываются только лишь на собственном варварстве. Человек же Божий имеет Божественные силы, и справедливость тоже на его стороне. Вон маленькая собачка чуть полает, а волк уже убегает, потому что чувствует за собой вину. Бог устроил так, что даже волк боится маленькой шавки, потому что в хозяйском доме правда на её стороне. Тем паче страшится человек, хотящий сделать зло тому, кто имеет в себе Христа! Будем поэтому бояться одного лишь Бога, а не людей, какими бы злыми они ни были. Страх Божий даже самого большого труса делает молодцом. Насколько человек соединяется с Богом, настолько ему ничего не страшно.

Бог поможет в трудностях. Но для того, чтобы Бог дал Божественную силу, надо, чтобы и человек дал то малое, что он может дать.

ГЛАВА ЧЕТВЁРТАЯ
О том, что для человека верующего мученичество является торжеством

Для того чтобы положение исправилось, некоторым нужно будет пасть в бою

Тяжёлые годы!.. Нас ждёт встряска. Знаете, что такое встряска? Если вы не находитесь хоть немножко в духовном состоянии, то вам не устоять. Сохрани нас, Господи, но мы дойдём ещё и до того, что станут отрекаться от веры. Постарайтесь братски сплотиться, начать жить духовно, соединиться со Христом. Если вы соединитесь со Христом, то не будете бояться ни диаволов, ни мучений. В миру люди отовсюду стеснены и запуганы. Но чего бояться, когда находишься близ Христа? Помните святого Кирика[1]? Он был трёх лет от роду, а тирану, который хотел его «просветить», дал пинка. Читайте жития святых, они очень помогают душе, потому что, читая их, человек связывается со святыми, и в нём разгорается благоговение и расположенность к жертвенности.

Эта жизнь не для того, чтобы устроиться потеплее. Умирать так умирать — давайте же, по крайней мере,

---

[1] Память святого мученика Кирика совершается 15 (28) июля.

умрём как должно! Раз мы всё равно ничего другого не делаем, то, если Бог удостоит нас мученичества, разве это будет плохо? Однажды ко мне в каливу пришёл один погонщик мулов, весь в слезах, и сказал мне: «Сегодня ночью один не оставайся. Тебя задумали убить».— «Кто?» — спрашиваю. «Их,— говорит,— человек пять-шесть». Он сопровождал пятерых или шестерых безбожников. Кто их знает, какая у них была программа пребывания на Святой Горе. Они посчитали его за дурачка и вели при нём свои разговоры, а он, лишь услышав об этом, пришёл и предупредил меня. Вечером, только я лёг, как слышу собачий колокольчик[2]. Смотрю в окно и вижу троих парней. «А ну,— кричат,— дед, открывай!» Я говорю: «Парни, чего вы хотите? Вы зачем в такую пору шатаетесь, у вас что, мозгов нет? На вас же подозрение падёт! Других-то вон уже пересажали. А охоты разговаривать у меня нет».— «Так мы,— спрашивают,— завтра придём? Скажи, во сколько приходить?» — «Вы приходите завтра во сколько хотите, а я, если смогу, увижусь с вами». Прогнал их. Смотрю, свет от фонарика не удаляется. Они остановились чуть повыше[3]. Я поднялся, оделся, облачился в монашескую схиму и стал их ждать. Внутри у меня был мир. На другой день пришли три компании по три человека, но из тех, ночных, никто не появился. И они, конечно же, знают, что денег у меня не найдут, потому что у меня их нет. Они восстают на меня только лишь по духовным причинам. А в другой раз пришёл ко мне в каливу один мужичище — здоровый, как горилла, и сел в сторонке. А я в то

---

[2] Колокольчик, подвешиваемый на ошейнике охотничьей собаки для того, чтобы вспугивать дичь.— *Прим. пер.*

[3] Келья Рождества Пресвятой Богородицы «Панагуда», в которой преподобный Паисий жил в последние годы своей жизни, находится в уединённом лесистом месте. Других келий и жилья в непосредственной близости от неё нет.— *Прим. пер.*

время как раз беседовал с одной группой и говорил им: «Да вы только для парадов и годитесь, а не для сражений! Христос принёс Себя в жертву! У нас есть православие! Святые пошли на мучения и тоже нам помогают. А если бы не пали они, кто знает, что стало бы с нами». Все эти слова привели пришедшего в ярость. Люди приходили, уходили, а он задумал что-то и всё сидел на одном месте. От него веяло холодом. Наконец ушли и последние. «Ну, давай, — говорю ему, — уже стемнело, ты куда собираешься идти?» — «Этот вопрос, — отвечает он, — меня не интересует». — «Он, — говорю, — меня интересует. Иди давай!» Тут он на меня бросился и схватил за горло. «Ну что, — зашипел, — ты, со своими богами!» Это «со своими богами» задело меня так, как если бы он похулил Бога. Я что же, идолопоклонник? «С какими ещё, — говорю, — „богами", безбожник? Я служу Богу Единому в Троице! А ну проваливай отсюда!» Толкнул я его, он упал на землю и скрючился. А как он оказался за дверью, я даже не понял. «Если меня подвесят ногами кверху, — подумалось тогда, — то хоть грыжа[4] на место встанет». Этот безбожник остался до конца и, видно, хотел со мной расправиться, раз он так схватил меня за горло и стал душить.

Тот, кто решился на смерть, ничего не боится

Сегодня для того, чтобы дать отпор трудностям, человек должен иметь в себе Христа. От Христа он будет получать божественное утешение, чтобы иметь самоотвержение. Если же этого не будет, то что произойдёт в трудный момент? Я читал где-то, что Абдул-паша[5] забрал со Святой Горы пятьсот юношей. Из них одни были послушниками,

---

[4] Описываемый случай произошёл в 1987 г., когда старец страдал от грыжи.
[5] Мехмет Эмин Абдулах-паша управлял Салониками в 1821–1823 гг.

а другие укрывались на Святой Горе от турок. Видимо, тогда, в годы греческого восстания, юноши приезжали на Святую Гору, чтобы спастись, потому что турки забирали молодых ребят и делали из них янычар[6]. Если юноши не отрекались от Христа, то Абдул-паша вешал их в башне в Уранополисе. Стольких молодых людей захватил он на Святой Горе, и всего лишь пятеро из них пошли на мученичество! Остальные отреклись от Христа и стали янычарами. Необходима отвага: это не шуточки. Если человек чувствует себя несправедливо обиженным, если в нём есть самолюбие, то он не имеет в себе Божественной силы. Как такой человек поведёт себя, оказавшись в подобной столь нелёгкой ситуации?

На меня произвёл большое впечатление рассказ одного епископа из Патриархии. Сначала я говорил ему: «Ну что же это за дела? С одной стороны надвигается экуменизм, с другой — сионизм, сатанизм. Скоро вместо двуглавого орла будем воздавать почести двурогому диаволу!» — «Сегодня, — ответил он мне, — нелегко найти такого епископа, каким был Паисий II, епископ Кесарийский[7]». Что же делал Паисий II? Когда он ходил с прошениями к султану, то перепоясывался верёвкой, то есть он заранее решился на то, что турки его повесят. Он словно говорил султану: «Не ищи верёвку и не теряй времени. Если хочешь меня повесить, то верёвка готова». Его посылали к султану по нелёгким вопросам, и часто в трудных

---

[6] *Янычáры* — карательные войска в Турецкой империи, в которые обычно отбирались юноши из завоёванных турками христианских народов. Пройдя особую подготовку и воспитание, янычары отличались исключительным фанатизмом и жестокостью. — *Прим. пер.*

[7] *Паисий II, митрополит Кесарийский* — уроженец селения Фарасы в Каппадокии. Учился в духовной школе при Флавиановском монастыре Честного Предтечи, а затем в Константинополе, где был рукоположен во диакона и священника. В 1832 г. был рукоположен в митрополита Кесарийского. Был бесстрашным борцом за сохранение эллинизма в своей епархии.

ситуациях он спасал Патриархию. Когда он состарился, а надо было опять ехать к султану, то через седло лошади перебрасывали две большие корзины, связанные между собой. Одну чем-нибудь нагружали, а в другую сажали его, и так он путешествовал в Константинополь. Однажды турки издали фирман[8] о призыве греков в турецкую армию. Христианам было трудно служить вместе с турками, потому что они не могли удовлетворять необходимые им религиозные потребности. К тому же и Россия незадолго перед этим потребовала у турок, чтобы они не препятствовали грекам в отправлении христианских обязанностей. Тогда патриарх пригласил митрополита Паисия и отправил его к султану. Митрополит, перепоясанный верёвкой, опять предстал перед султаном. Султан сказал ему: «Греки должны идти в армию, чтобы служить родине». — «Да, — ответил ему владыка Паисий, — я тоже согласен с тем, чтобы греки служили в армии, ибо эти земли издавна принадлежали грекам. Однако у нас разная вера, поэтому отдельная армия греков должна находиться в отдельном военном лагере, иметь своих офицеров и тому подобное. Это необходимо для того, чтобы свои религиозные обязанности греки тоже могли отправлять. Они не могут молиться вместе с вами: у вас рамазан[9], а у нас Богоявление». — «Дать христианам оружие? — подумал султан. — Это опасно!» «Нет-нет, — ответил он митрополиту, — лучше не надо им идти в армию». В другой раз армяне подали султану прошение о том, чтобы им отдали Балукли[10], и добились благосклонного ответа. После

---

[8] *Фирма́н* — указ султана. — *Прим. пер.*
[9] *Рамаза́н* — девятый месяц по мусульманскому календарю, в течение которого мусульмане соблюдают строгий пост (полное воздержание от пищи, пития, курения и т. д.) ежедневно с утра до вечера. От заката до восхода солнца запреты рамазана отменяются.
[10] *Балу́кли* — район в Константинополе, где расположен монастырь Живоносный Источник. — *Прим. пер.*

этого обсуждать этот вопрос с султаном пошёл митрополит Паисий. «Балукли, — сказал ему султан, — должны забрать армяне, потому что это место является достоянием их дедов». — «Да, — ответил ему Паисий, — они должны забрать её, ибо, зная, что какое-то место является достоянием наших дедов, мы должны забрать его себе. Дайте мне документ о передаче Балукли, и я тоже его подпишу, потому что я пришёл сюда как представитель Патриархии». Он подписал документ, а потом достал золотой константиновский дукат[11] и сказал: «Итак, пусть армяне заберут Балукли, но тогда мы должны забрать себе Святую Софию, потому что она наша. Она принадлежала нашим дедам, и вы должны нам её вернуть». Сказав это, он показал султану золотой со святым Константином. На приём к султану митрополит в качестве свидетеля взял одного из русских офицеров, прибывших тогда на корабле в Константинополь. Таким образом, султан оказался в трудной ситуации и отменил своё решение по Балукли. «Нет-нет, — сказал ему султан, — Балукли остаётся у вас». Потому что ему надо было либо отменить своё решение, либо отдать грекам Святую Софию. Видите, как? Митрополит Паисий вертел турками, как хотел! Это потому, что он решился на смерть. А если не решиться на смерть, то ничего не добьёшься. Всё начинается с этого.

Отступление от веры смывается мученичеством

Сегодня большинство хочет, чтобы змею из дыры вытаскивали другие. Если они не достают её сами, тогда пусть, по крайней мере, предупредят других: «Осторожно! Нет

---

[11] *Константиновский дука́т* — золотая монета с изображением святых Константина и Елены, которую носили как украшение или талисман.

ли там змеи?» — чтобы те задумались. Однако они не делают даже этого. Живи мы во времена мучеников, то с нашим рационализмом мы говорили бы так: «Я отрекаюсь от Бога внешне, но не внутренне. Таким образом я получу назначение на такую-то должность и стану помогать какому-нибудь бедняку». А во времена мучеников Церковь не причащала тех, кто бросал ладан в идоложертвенный огонь, такие люди принадлежали к чину плачущих[12]. Те, кто отрекался от Христа, должны были смыть своё отступление мученичеством. А во времена иконоборчества от христиан требовали жечь или бросать на землю иконы, и они предпочитали не бросать их, а становиться мучениками. А мы, если бы нам сказали швырнуть икону, сказали бы: «Ну и швырну её, она написана в стиле Возрождения. Попозже закажу себе другую, византийскую».

— Геронда, а как относится Церковь к тайным христианам? Они не отреклись от Христа?

— Настоящие тайные христиане от веры не отрекались. К примеру, когда турки сожгли двадцать семь селений в Каппадокии, относившихся к Фарасам, то некоторые жители ушли оттуда далеко, в другие края, где местное население и не знало, что они христиане. Их считали за мусульман. И ни разу не возникло ни одной ситуации, когда бы кого-то из них прямо спросили: «Ты христианин?» — чтобы пришлось ответить: «Да, я христианин» или «Нет, я мусульманин». Эти люди — тайные христиане. Однако с того момента как кого-то схватят и скажут ему: «Мы узнали, что ты христианин», он должен сказать: «Да, я христианин». То есть ему никогда нельзя говорить, что он мусульманин. И в эпоху древней Церкви были

---

[12] *«Плачущие»* стояли перед дверями храма и просили входящих в храм верных молиться о них Господу. См. Правило 12-е святого Григория Неокесарийского. Книга Правил. Свято-Троицкая Сергиева Лавра. 1992. С. 294. — *Прим. пер.*

верующие, тайно принявшие крещение, о которых другие думали, что они не христиане. И всё же, когда требовалось, эти тайные христиане открыто исповедовали свою веру. Например, святой Севастиан был военачальником и тайно принял христианское крещение. Другие считали его идолопоклонником, но он был христианин. Тайно он оказывал христианам большую помощь. Однако, когда стало известно, что он христианин, он исповедал веру и пошёл на мученичество.

В одной турецкой деревне было много тайных христиан, а староста был священником. Его имя было отец Георгий, но люди называли его Хасаном. Однажды к нему пришли турки и донесли, что в определённом месте, в катакомбах, прячутся христиане: «Не беспокойтесь, — сказал он, — я пойду погляжу». Взял он своих людей, пошёл в эти катакомбы и застал там всех христиан, собравшихся вместе. Тогда он идёт к Царским вратам, снимает с крючка епитрахиль, надевает её и служит им вечерню! «Примите надлежащие меры», — сказал он им потом, а турок успокоил: «Никого там нет, это ложные слухи». Такие люди не отступники. Однако с той минуты, как христианина начнут подозревать и скажут ему: «Мы видели, как ты крестишься! Ты христианин», — а он ответит: «Нет, я мусульманин», — он становится отступником.

Мученичество и смирение

Тот, кто удостаивается стать мучеником, должен иметь многое смирение и очень любить Христа. Если человек идёт на мученичество эгоистично, то благодать оставит его. Помните Саприкия[13], который уже достиг места казни и однако же отрёкся от Христа? «Зачем вы привели

---

[13] О *пресвитере Саприкии* рассказывается в житии св. мч. Никифора Антиохийского, память которого 9 (22) февраля.

меня сюда?» — спросил он палачей. «А что, — спросили его они, — разве ты не христианин?» — «Нет», — ответил он. А был священником! Помысел говорит мне, что он пошёл на мученичество не смиренно, а эгоистично. Он стремился к мученичеству не ради веры, не ради любви ко Христу, и поэтому благодать оставила его. Ведь если человек ведёт себя эгоистично, он не приемлет благодати Божией. Естественно, что в минуту трудности он отречётся от Христа.

— Геронда, мы часто повторяем, что в трудный момент испытаний Бог даст силу…

— Бог даст силу человеку смиренному, имеющему чистое сердце и доброе расположение. Если Бог увидит действительно доброе расположение, смирение, то Он даст силу многую. Итак, от расположения самого человека зависит, даст ли ему силу Бог.

— Геронда, Вы сказали, что человеку должно иметь смирение и доброе расположение. Тогда получается, что можно иметь гордость и доброе расположение?

— Говоря о смирении, мы сейчас подразумеваем то, что человеку нужно иметь его, по крайней мере, по отношению к мученичеству. Можно иметь гордость, но в решающий момент сказать: «Боже мой, я горд; однако дай мне сейчас немного силы, чтобы я в мучении засвидетельствовал любовь к Тебе и искупил мои грехи». И тогда, если человек расположен смиренно и идёт на мучение с покаянием, Бог даёт ему многую благодать. Нельзя идти на мученичество с расположением гордым, с помыслом, что ты станешь мучеником, что будут написаны твоё житие, служба и икона с нимбом. Один человек попросил меня: «Помолись, отче, чтобы я достиг пятого неба». — «Хорошо, — сказал я ему, — апостол Павел достиг третьего неба[14], а ты хочешь достичь пятого?» — «Ну а что же, — ответил

---

[14] См. 2 Кор. 12:2.

он, — разве не написано, чтобы мы искали *бо́льших*[15]?» Ты только послушай, а! В таком случае, если человек идёт на мученичество для того, чтобы иметь славу в раю, то ему лучше и не думать о мученичестве. Подлинный, настоящий христианин, даже если бы он знал, что в раю он опять будет страдать и мучиться, всё равно жаждал бы в него войти. Не надо думать о том, что если мы переносим какое-то страдание здесь, на земле, то там, на небе, нам будет лучше. Надо оставить эти базарные расчёты. Мы хотим Христа. Пусть будет мученичество, пусть мы идём на него каждый день, пусть нас бьют ежедневно, и дважды, и трижды в день — нам нет до этого дела. Нам есть дело только до одного: быть со Христом.

— А может ли, геронда, человек жить в лености, а когда потребуется, со дерзновением исповедать Христа?

— Для того чтобы такой человек пошёл на это, в его сердце должны быть доброта, жертвенность. Потому я и сказал вам, что нужно возделывать в себе благородство, жертвенный дух. Один должен жертвовать собой ради другого. Помнишь святого Вонифатия и святую Аглаиду? Там, в Риме, они вели скверную жизнь, но когда садились обедать, их ум устремлялся к бедным. Сначала они спешили накормить голодных, а уже потом ели сами. Несмотря на то что они были порабощены страстям, в них была доброта и боль за бедных людей. В них была жертвенность, и поэтому Бог помог им. Аглаида, несмотря на свою греховную жизнь, любила святых мучеников и заботилась об их святых мощах. Она велела Вонифатию вместе с другими слугами из её дома отправиться в Малую Азию для того, чтобы выкупить там, собрать и привезти в Рим святые мощи мучеников. А будущий мученик, улыбаясь, сказал ей: «Если тебе привезут мои мощи, примешь

---

[15] См. 1 Кор. 12:31.

ли ты их?» — «Не шути с этим», — ответила ему Аглаида. Наконец святой Вонифатий достиг Тарса и, желая выкупить мощи мучеников, отправился в амфитеатр.

Там, наблюдая за мучениями христиан, он был потрясён их выдержкой. Подбежав к ним и лобызая их узы и раны, Вонифатий просил их помолиться, чтобы Христос дал ему крепость прилюдно исповедать себя христианином. Итак, он мученичеством засвидетельствовал свою веру, его спутники выкупили его останки и перевезли их в Рим, где ангел Господень уже известил Аглаиду о том, что произошло. Так и сбылось то, о чём шутя пророчествовал Вонифатий перед своим уходом из Рима. После этого Аглаида, раздав своё имение, прожила ещё пятнадцать лет в подвиге и нищете и достигла святости[16]. Видите, их жизнь сложилась так, что вначале они увлеклись страстями и сбились с верного пути. Однако в них был дух жертвенности, и Бог не оставил их.

Какая отвага была у святых

— Думаю, геронда, что если бы я увидела колесо святой Екатерины, то умерла бы от страха!

— Если бы ты умерла ещё до того, как тебя начали колесовать, то это было хорошо, это было бы благословением Божиим. Мука была бы, если бы тебя начали колесовать, а ты не смогла бы этого перенести. Мученики имели доброе расположение, Христос помогал им, и поэтому они переносили боль.

Какую же любовь ко Христу имели святые мученики, какую отвагу! Святая Соломония со своими семью

---

[16] Память святых Вонифатия и Аглаиды совершается 19 декабря (1 января).

чадами[17] — один за другим замучены были все. Святой Лонгин[18] устроил угощение для воинов, которые пришли его схватить, и принял их в свой дом. Пришедшие торопили его показать им Лонгина, чтобы отсечь ему голову, а он говорил им: «Я покажу вам его!» Когда он сказал им, что Лонгин это он и есть, то они заколебались, но святой убедил их исполнить порученное. И они усекли его главу. А какая выдержка была у святого Гедеона Каракальского[19]. «Режьте руку, — сказал он палачам, — режьте и ногу, режьте и нос! Чтобы не многословить, режьте всё!» Поразительно! Но для того, чтобы достичь этого уровня, человек должен не любить самого себя и любить Бога. Мать, спасая своё дитя, идёт в огонь. Она не чувствует боли, потому что её любовь сильнее, чем жжение пламени. Её любовь к ребёнку пересиливает боль. Насколько же сильнее боли должна быть любовь ко Христу!

Для святого, идущего на мученичество, его любовь ко Христу превосходит боль и нейтрализует её. Нож палача был для мучеников нежнее скрипичного смычка. Когда разгорается любовь ко Христу, мученичество становится торжеством: в этот миг огонь прохлаждает лучше, чем купание, потому что его жжение теряется в жжении божественной любви. Сдирание кожи ощущается, как ласка. Божественное рачение захватывает сердце, захватывает голову, и человек становится «сумасшедшим»: он не чувствует ни боли, ни чего-либо другого, поскольку его ум находится во Христе и его сердце переполняется радостью. А сколькие святые шли на мученичество и переживали такую радость, словно шли на торжество! Святой

---

[17] Память святых мучеников Маккавеев совершается 1 (14) августа.
[18] Память святого мученика Лонгина сотника совершается 16 (29) октября.
[19] Память святого преподобномученика Гедеона Каракальского совершается 30 декабря (12 января).

Игнатий[20] бежал на место мучений и кричал: «Дайте мне претерпеть мучение, дайте мне быть съеденным зверями!» Такую радость, которую ощущал он, не переживает даже влюблённый юноша, который говорит: «Я хочу жениться на ней, и мне нет дела ни до матери, ни до отца!» «Безумие» святого Игнатия было больше, чем безумие влюблённого юноши.

Все святые ради любви ко Христу подъяли подвиг. Святые мученики пролили свою кровь. Преподобные отцы пролили пот и слёзы и, подобно добрым знатокам лекарственных трав, поставили духовные опыты на самих себе, от любви к Богу и человеку — иконе Бога — они изнурили себя, чтобы оставить нам свои духовные рецепты. С их помощью мы предупреждаем зло или врачуем свою духовную болезнь и становимся здоровы. А если мы ещё и потщимся с любочестием подражать им в их подвигах, то можем даже достичь святости.

Но, конечно, все подвиги преподобных, посты, бдения и тому подобное, и даже страдания всех святых мучеников, несравнимы со страданием Господа нашего, потому что Христос Божественно помогал всем страдавшим ради Него, и боль каждого из них услаждалась от Его великой любви. Однако по отношению к Самому Себе Христос совсем не использовал Свою Божественную силу и от многой любви к Своему созданию выстрадал Своим чувствительным Телом многую боль. Стать действительно человеком можно, лишь ощутив эту любовь Христа к человеку. Иначе ты будешь даже бесчувственнее, чем творения Божии, потому что, почувствовав страдание Господа, померкло солнце, будучи не в силах на это смотреть. И земля, увидев это, ужаснулась, а камни распались на

---

[20] Память святого священномученика Игнатия Богоносца совершается 20 декабря (2 января).

части. И гробы потряслись настолько сильно, что возбудили от сна многих давно умерших и выпустили их вон — выразить своё несогласие с тем, как неблагодарно отнеслись люди к Богу — своему Благодетелю и Избавителю.

Монах и мученичество

— Геронда, если человек не занимается духовным деланием как подобает, то во время трудностей будет ли у него достаточно веры в то, что Бог поможет ему для того, чтобы призвать Его на помощь? Или же мы успокаиваем себя помыслом, что во время испытаний Бог поможет нам только лишь для того, чтобы избежать труда приготовления?

— Надо готовиться. Если ты не сеешь, то как Бог благословит твои хлеба урожаем? Человек должен сеять, а Бог даст ему в соответствии с тем, что он сеет. И в армии говорят: «Будь готов!»

— Геронда, как нам готовиться?

— Когда считается, что человек приготовился к чему-то? Если войска находятся в состоянии боевой готовности, то солдаты постоянно готовы: они уже в сапогах, с автоматами, с патронами и ждут приказа.

— А сколько может продлиться это состояние боевой готовности?

— По-разному. Монах должен быть готовым всегда, и тогда он ничего не боится. Чего ему бояться? Смерти? Но она отворит для него райскую дверь, потому что под могильной плитой сокрыт ключ от вечности. Кроме того, монах, когда бы он ни умер, пребывает в покаянии. Его бегство из мира и его схима свидетельствуют об этом. Монах кается и затем переходит к тонкому духовному деланию. Насколько умножается любовь монаха к Богу и ближнему, настолько уменьшается его любовь к самому себе. И тогда вступает в силу то, о чём пишет апостол Павел: *Ничто не может отлучить нас от любви Христовой*[21].

Людей мирских мысль о мучениях вынуждает от страха прибегать к Богу и взывать: «Христе мой, Пресвятая Богородице!» — тогда как монах хочет всегда быть с Богом, потому что он любит Его. Многие из мирских делают добро, потому что боятся попасть в вечную муку. Монах же делает добро в благодарность, чтобы отблагодарить Бога, своего Благодетеля.

— Геронда, как мне осознать, что такое мученичество и подвижничество?

— Для того чтобы немножко понять, что такое мученичество, хотя бы принимай с радостью презрение других. А если хочешь немного осознать, что есть подвижничество, то, если не можешь поститься сорок дней, как Христос, постись хотя бы среду, в которую Его предали, и пятницу, в которую Его распяли[22]. Те, кто хотят мученичеством засвидетельствовать свою любовь ко Христу, могут за отсутствием мученичества проявлять эту любовь, от которой они сгорают, в виде телесного подвига за горящие души усопших, чтобы те обрели немного упокоения. Подвижничество — это такое же торжество, как и мученичество, потому что и в том и в другом случае человек избегает всякого человеческого утешения и обретает утешение божественное.

Святые мученики ощущали великую радость от того, что им давалась благоприятная возможность претерпеть мучения. С мученичества в духовной жизни начался аскетизм. Когда пришёл к власти Константин Великий, он освободил христиан из темниц, где они (некоторые из

---

[21] См. Рим. 8:35.
[22] Старец имеет в виду воздержание от пищи и воды в течение всего дня.

них были изувечены) ожидали смерти. Мучения закончились. Но освобождённые очень огорчились, потому что, находясь в темницах, они ожидали своей очереди на мученичество, а теперь святой Константин Великий им всё испортил. Они с радостью ожидали мученичества, а дождались свободы. И тогда — от любви к Богу и горевшего в них пламенного желания пострадать за Христа — они ушли из мира. И тем мучениям, которым подвергли бы их Диоклетиан и Максимиан, они в подвижничестве подвергали сами себя. Один шёл и подвешивал себя за руки верёвками на дереве: он молился с болью, но божественно радовался. Другой ради любви ко Христу связывал себя. «Так, — говорил, — меня связал бы Диоклетиан». И, истязая себя таким образом, они испытывали великую радость. С этого божественного безумия, с этого божественного сумасбродства начали первые и ради любви ко Христу посвятили себя подвижничеству. Потом их подвигу стали подражать другие. Так в нашу веру вошёл аскетизм. А третьи, самые «сумасбродные», говорили: «Мы овцы Христовы!» — и питались только травой с земли. Это были так называемые воски[23]. Они настолько сильно чувствовали благодеяния Божии и собственную ничтожность, что говорили: «Я, неблагодарное животное, всю жизнь буду питаться травой». И они делали это. Их сердце взлетало от любви ко Христу. «Разве, — говорили они, — я не Христова овца? Значит, буду питаться травой». Но впоследствии это было запрещено Церковью, потому

---

[23] *Во́ски* (греч. βοσκοί — пасущиеся) — древние христианские подвижники, которые жили в горах или пустынях без всякой кровли, почти совершенно нагие, подвергали себя зною и холоду и питались травой или кореньями. Их непрестанным занятием была молитва. О них см.: *Созомен*. Церковная история, VI/33; *прп. Ефрем Сирин*. Слово второе о скончавшихся отцах; *Достопамятные сказания*. Об авве Макарии, п. 2. — *Прим. пер.*

что охотники, принимая этих отшельников за диких животных, убивали многих из них.

Сегодня люди не могут понять этого, считают это безумием. «Зачем питаться травой, подобно животному? — говорят они. — Какой смысл в том, чтобы таким образом виснуть на верёвках и истязать своё тело?» Но помнишь, что говорит авва Исаак: «О, если бы Бог удостоил нас совершать такие бесчинства»[24]. Дай же Бог достигнуть этого духовного бесчинства и нам.

---

[24] *Исаак Сирин, прп.* Слова подвижнические. Слово 73-е. Сергиев Посад, 2008. С. 441.

ЧАСТЬ ЧЕТВЁРТАЯ
ЗАВИСИМОСТЬ ОТ НЕБА

«Божественной помощи не могут воспрепятствовать ни люди, ни бесы. Ни для Бога, ни для святого человека нет ничего трудного. Препятствием является лишь наше человеческое маловерие. Своим маловерием мы препятствуем великим Божественным силам приблизиться к нам».

ГЛАВА ПЕРВАЯ
О том, что Бог промышляет о человеке

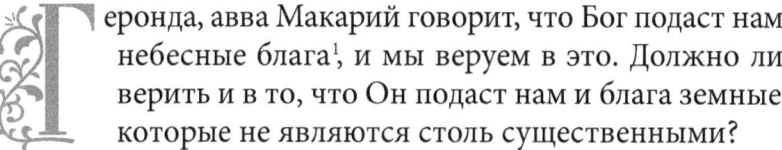

«Ищи́те же пре́жде Ца́рствия Бо́жия...»

— Геронда, авва Макарий говорит, что Бог подаст нам небесные блага[1], и мы веруем в это. Должно ли верить и в то, что Он подаст нам и блага земные, которые не являются столь существенными?
— Какие земные блага?
— То, в чём мы нуждаемся.
— Вот это ты правильно сказала. Бог любит Своё создание, Свой образ и заботится о том, что ему необходимо.
— В это нужно верить и не беспокоиться?
— Если человек в это не верит и сам бьётся над тем, чтобы эти блага стяжать, то он будет страдать. Но человек, живущий духовно, не расстроится даже в том случае, если Бог не даст ему земного и вещественного. Если мы ищем прежде Царствия Божия, если поиск этого Царства является нашим единственным попечением, то дастся нам и всё остальное. Разве Бог бросит Своё создание на произвол судьбы? Если израильтяне оставляли на следующий день манну, которую давал им Бог в пустыне, то она

---

[1] См.: *Прп. Макарий Египетский.* Духовные беседы.

начинала гнить². Бог устраивал так для того, чтобы они полагались на Божественный Промысл.

Даже слов *ищи́те же пре́жде Ца́рствия Бо́жия*³ мы ещё не поняли. Или мы веруем и вверяемся Богу, или не веруем и поэтому сами должны заботиться о необходимом. Когда я поехал жить на Синай, у меня с собой ничего не было. Однако я совсем не думал о том, что будет со мною в пустыне среди незнакомых людей, что я буду есть и как жить. Келья святой Епистимии, где мне предстояло поселиться, была уже давно заброшена, покинута людьми. Я ничего не просил у монастыря, не желая его обременять. Как-то мне принесли из монастыря хлеб, и я возвратил его обратно. К чему мне было беспокоиться, если Христос сказал: *Ищи́те же пре́жде Ца́рствия Бо́жия*? Воды — и той была самая малость. Рукоделия я никакого не знал. Вот и спроси теперь, как я жил и как зарабатывал на хлеб. Единственным инструментом, который я имел, были ножницы. Я разъединил их на две половинки, заточил о камень, взял дощечку и стал вырезать иконки. Работал и творил Иисусову молитву. Я быстро выучился резьбе, резал всё время один и тот же рисунок и пятидневную работу заканчивал за одиннадцать часов. Не только не терпел лишений, но ещё и бедуинчикам помогал. В какой-то период я занимался этим по многу часов в день, а потом пришёл в такое состояние, что не хотел заниматься рукоделием, но одновременно видел и то, какую нужду терпели бедуинчики. Для них было великим благословением получить в подарок шапочку и пару сандалет. И у меня появился помысел: «Я пришёл сюда, чтобы помогать бедуинам или же для того, чтобы молиться о всём мире?» Поэтому я решил сократить рукоделье, чтобы меньше

---

² См. Исх. 16:19–20.
³ Мф. 6:33.

отвлекаться и больше молиться. Думаешь, я ждал, что мне кто-то будет помогать? Откуда? Бедуинам самим нечего было есть. Монастырь был далеко, а с другой стороны начинались необитаемые места. Но вот в тот самый день, когда я ограничил работу для того, чтобы больше времени отдавать молитве, ко мне пришёл один человек. Я тогда был возле кельи, он увидел меня и сказал: «Вот, возьми эти сто золотых. Будешь и бедуинчикам помогать, и распорядку своему будешь следовать, и молиться». Я не сдержался, на четверть часа оставил его одного и ушёл в келью. Промысл и любовь Божии привели меня в такое состояние, что я не мог удержать слёз. Видишь, как устраивает всё Бог, когда в человеке есть доброе расположение? Потому что сколько бы мог дать этим несчастным я? Я давал одному, тут же приходил другой: «Мне отец не дал!» — потом третий: «Мне отец не дал!..»

— Геронда, а почему мы, много раз ощутив всесилие Божие, не видим Его Промысла о нас?

— Это диавольская западня. Диавол бросает пепел в глаза человеку для того, чтобы он не видел Промысла Божия. Ведь если человек увидит Промысл Божий, то его гранитное сердце умягчится, станет чутким и произольётся в славословии. А это диаволу не на руку.

Человек часто пытается устроить всё без Бога

Один человек стал заниматься разведением рыб и целыми днями говорил: «Слава Тебе, Боже!» — потому что постоянно видел Божественный Промысл. Он рассказывал мне, что у рыбки с момента её оплодотворения, когда она ещё малюсенькая, как булавочная головка, есть мешочек с жидкостью, которой она питается до тех пор, пока не вырастет и не станет способной самостоятельно поедать водные микроорганизмы. То есть рыбка получает от Бога «сухой паёк»! Если же Бог промышляет даже о рыбках, то насколько больше Он промышляет о человеке! Но часто человек всё устраивает и решает без Бога. «У меня, — говорит, — будет двое детей, и хватит». С Богом он не считается. Поэтому и происходит столько несчастных случаев и гибнет столько детей. В большинстве семей рождается по двое детей. Но одного ребёнка сбивает машина, другой заболевает и умирает, и родители остаются бездетными.

Когда родителям, сотворцам Бога, трудно обеспечить своих детей, несмотря на прилагаемые усилия, им следует, воздев руки к небу, смиренно взыскать помощи Великого Творца. Тогда радуются и помогающий Бог, и приемлющий Его помощь человек. Будучи в монастыре Стомион, я познакомился с одним многодетным отцом. Он был полевым сторожем в одном селе Эпира, а семья его жила в Конице — пешком идти четыре с половиной часа. У него было девять детей. Путь в то село лежал через монастырь. Идя на службу и возвращаясь домой, сторож заходил в обитель. Заходя на обратном пути, он просил у меня разрешения самому зажечь лампады. Несмотря на то что, зажигая их, он проливал масло на пол, я позволял ему это, я предпочитал потом подтереть пол, но не огорчать его. Каждый раз, выходя из монастыря и отойдя метров на триста, он делал из своего ружья один выстрел. Не находя этому объяснения, я решил в следующий раз понаблюдать за ним с того момента, как он войдёт в храм, и до тех пор, покуда не выйдёт на коницкую дорогу. Так я узнал, что сперва он зажигал лампады в храме, потом выходил в нартекс[4] и зажигал лампаду перед иконой Божией Матери над входом. Потом он брал на палец масла из лампады, вставал на колени, простирал руки к иконе и говорил: «Матерь Божия, у меня девять детей. Пошли

---

[4] *На́ртекс* — западная часть храма, паперть. — *Прим. пер.*

им маленько мяса!» Сказав это, он мазал маслом, которое было у него на пальце, мушку на ружейном стволе и уходил. В трёхстах метрах от монастыря, возле одной шелковицы, его ждала дикая козочка. Как я уже сказал, он делал выстрел, убивал её, относил в пещеру, находившуюся чуть подальше, там свежевал и нёс своим детям мясо. Это происходило каждый раз, когда он возвращался домой. Я был восхищён верой полевого сторожа и промыслом Божией Матери. Спустя двадцать пять лет он приехал на Святую Гору и разыскал меня. Во время разговора я непроизвольно спросил его: «Как твои дети? Где они?» В ответ он сперва указал рукой на север и сказал: «Одни в Германии», а потом, простерев руку к югу, добавил: «А другие в Австралии. Слава Богу, здоровы». Этот человек берёг в чистоте от безбожных идеологий и свою веру, и себя самого, поэтому Бог не оставил его.

Благословения чудесного Божественного Промысла

— Иногда, геронда, у меня бывает какое-то желание, и Бог его исполняет без моей просьбы к Нему. Как это происходит?

— Бог печётся о нас. Он видит наши нужды, наши желания, и, когда что-то служит нам во благо, Он подаёт нам это. Если человеку в чём-то необходима помощь, то Христос и Пресвятая Богородица помогают ему. Когда старца Филарета[5] спрашивали: «Чем тебе помочь, геронда? В чём ты нуждаешься?» — он отвечал: «То, в чём я нуждаюсь, мне пошлёт Матерь Божия». Так и происходило. Когда мы вверяем себя Господу, Он, наш Добрый Бог, следит за нами и печётся о нас. Как добрый Управитель

---

[5] См. *Старец Паисий*. Отцы-святогорцы и святогорские истории. Свято-Троицкая Сергиева Лавра, 2001. С. 62–65.

Он даёт каждому из нас то, что нужно. Он входит даже в частности наших вещественных нужд. И для того чтобы мы уразумели Его заботу, Его Промышление, Он даёт нам ровно столько, сколько нам нужно. Не жди, однако, того, чтобы сначала Бог дал тебе что-нибудь, нет, прежде сам отдай Богу всего себя. Потому что если ты постоянно просишь чего-то у Бога, а сам с доверием не отдаёшь себя Ему, то из этого видно, что у тебя есть свой собственный дом и ты чужд вечных небесных обителей. Те люди, которые всё отдают Богу и сами всецело отдаются Ему, укрыты великим Божиим куполом и защищены Его Божественным Промышлением. Доверие Богу есть нескончаемая таинственная молитва, в необходимый момент бесшумно привлекающая Божественные силы туда, где в них есть нужда. И тогда Его любочестные дети нескончаемо, со многим благодарением славословят Его. Когда батюшка Тихон поселился в каливе Честного Креста, в ней не было храма, в котором он нуждался. Даже денег на постройку у него не было — ничего, кроме великой веры в Бога. Как-то раз, помолившись, он отправился в Кариес с верою в то, что Бог поможет ему с деньгами, необходимыми для строительства церкви. На пути в Кариес его издали окликнул настоятель Ильинского скита. Когда батюшка Тихон приблизился к нему, тот сказал: «Один добрый христианин из Америки прислал эти доллары, чтобы я дал их какому-нибудь подвижнику, у которого нет храма. У тебя как раз храма-то и нет, возьми же эти деньги и построй». Отец Тихон прослезился от умиления и благодарности Богу, Сердцеведцу, позаботившемуся о храме ещё до того, как отец Тихон Его об этом просил — так что, когда он помолился об этом, деньги были уже готовы.

Если человек доверяется Богу, то Бог не оставляет его. И действительно: если завтра в десять часов тебе что-то понадобится, то (если эта потребность не превышает пределы разумного и вещь действительно необходима) без пятнадцати десять или полдесятого Бог будет иметь её готовой для того, чтобы дать тебе. Например, завтра в девять тебе нужна кружка. Без пяти девять она уже будет у тебя. Тебе требуются пятьсот драхм. В час, когда они нужны, появляются ровно пятьсот драхм, причём не пятьсот десять и не четыреста девяносто. Я заметил, что если мне, к примеру, нужно что-то завтра, то Бог позаботился об этом уже сегодня. То есть ещё до того, как мне подумать об этом, подумал об этом Бог, Он позаботился о необходимом заранее и даёт его в тот час, когда это нужно. Я понял это, видя, сколько времени требуется для того, чтобы какая-то вещь пришла ко мне откуда-то равно в тот самый час, когда она мне нужна. Следовательно, Бог заботится об этом заранее.

Когда мы от любочестия радуем Бога своей жизнью, то Он подаёт независтные благословения Своим любочестным детям в тот час, когда они им нужны. Потом вся жизнь проходит в благословениях Божественного Промысла. Я могу часами приводить вам примеры чудесного Божия Промысла.

Когда я был на войне, участвовал в боевых операциях, у меня было Евангелие, и я его кому-то отдал. Потом я говорил: «Ах, если бы у меня было Евангелие, то как бы оно мне помогало!» На Рождество в нашу часть, находившуюся тогда в горах, прислали двести посылок из Месолонги[6]. Из двухсот посылок Евангелие было только в той, что досталась мне! Это было Евангелие старого издания, с картой Палестины. В посылке была и записка: «Если тебе нужны и другие книги, то напиши, и мы тебе их пришлём».

---

[6] *Месолонги (Миссолонги)* — город в Центральной Греции. — *Прим. пер.*

В другой раз, когда я уже был в монастыре Стомион, мне понадобилась лампада для храма. В одно утро, на заре, я спустился в Коницу. Проходя мимо одного дома, я услышал, как девушка говорит своему отцу: «Папа, монах идёт!» Тот вышел мне навстречу и сказал: «Отче, я дал обет пожертвовать Матери Божией лампаду. Возьми эти деньги и купи её сам». И он дал мне пятьсот драхм — ровно столько, сколько стоила лампада в 1958 году.

Да и сейчас, когда у меня возникает какая-то нужда, Бог сразу же покрывает её. Например, если я хочу напилить дров и не могу, то дрова в два счёта приходят сами. Перед тем как приехать к вам, я получил посылку, в ней было пятьдесят тысяч драхм — ровно столько, сколько мне было нужно. Ещё пример: дал я кому-то в благословение икону «Достойно есть». На другой день мне приносят «Иверскую»! А нынешним летом[7], пока не прошёл дождь, у меня совсем не было воды. Сейчас побрызгало маленько, и в день я набираю от силы полторы банки воды. В цистерне осталась вода с прошлого года, но она протухла. Как же, однако, устраивает всё Бог! У меня есть бочка с водой. Каждый день приходит столько народу — пьют, умываются, они ведь вспотевшие приходят, а уровень воды опускается только на четыре-пять пальцев! Одна бочка на сто пятьдесят-двести человек — и не пустеет! При этом одни порой слишком открывают кран, другие забывают его закрыть, и вода вытекает, но при этом не заканчивается!

Человек, который следит за Божиими благодеяниями, учится ставить себя в зависимость от Божественного Промысла. И потом он уже чувствует себя, как младенец в колыбели, который, чуть только его оставит мать, пускается в плач и не умолкает, пока она опять не прибежит

---

[7] Произнесено летом 1990 г.

к нему. Великое дело — вверить себя Богу! Когда я только пришёл в монастырь Стомион, мне было негде жить. Вся обитель была завалена строительным мусором. Возле ограды я нашёл один угол, маленько прикрыл его сверху и ночи проводил там сидя, потому что лёжа я бы там не поместился. Однажды ко мне пришёл один знакомый иеромонах и спросил: «Слушай, да как же ты тут живёшь?» — «А что, — спросил я его в ответ, — у людей мирских было больше нашего? Когда Канарис[8] попросил заём и ему сказали: „У тебя нет Родины", то он ответил: „Родину мы отвоюем". Если такая вера была у человека мирского, то нам ли не иметь доверие Богу? Раз Матерь Божия привела меня сюда, то неужели, когда придёт время, Она не позаботится о Своей обители?» И, действительно, мало-помалу, ведь как всё устроила Пресвятая Богородица! Помню, когда мастера заливали бетоном потолочное перекрытие в сгоревших кельях, заканчивался цемент. Оставалось забетонировать ещё треть перекрытия. Подходят ко мне мастера и говорят: «Цемент на исходе. Надо класть в бетон побольше песка и поменьше цемента для того, чтобы забетонировать всё». — «Нет, — сказал я им, — не разбавляйте, продолжайте, как начали». Привезти ещё цемента было невозможно, потому что все мулы были на поле. Мастерам надо было два часа идти до Коницы, потом ещё два часа до поля, искать там на пастбище мулов. Сколько бы они потеряли времени… А потом у людей были и свои

---

[8] *Кана́рис Константин* (ок. 1795–1877) — национальный герой Эллады, легендарный моряк, бесстрашный борец против турок в годы войны за независимость Греции от Османской империи (1821–1830). 7 июня 1822 г. группа смельчаков на рыбацких лодках во главе с К. Канарисом совершила дерзкий налёт на турецкую эскадру возле о. Хиос, в результате чего был уничтожен флагманский корабль турецкого флота и погиб турецкий адмирал Кара Али. Впоследствии К. Канарис — адмирал, министр военно-морского флота, премьер-министр Греции. — *Прим. пер.*

собственные дела, прийти в другой день они бы не смогли. Смотрю: залили две трети перекрытия. Я зашёл в церковку и сказал: «Владычице моя, что же теперь?! Прошу Тебя, помоги нам!» Потом вышел я из храма..

— И что потом, геронда?
— И перекрытия закончили, и цемент лишний остался!
— А мастера это поняли?
— Как не поняли! Как же велика иногда помощь Бога и Пресвятой Богородицы!

Бог использует всё во благо

— Геронда, иногда мы начинаем какое-то дело, и появляется целая куча препятствий. Как понять, от Бога ли они?

— Рассмотрим, нет ли в этом нашей вины. Если мы не виноваты, то препятствие от Бога и служит нашему благу. Поэтому не нужно расстраиваться, что дело не сделано или затягивается с завершением. Однажды, торопясь по какому-то срочному делу, я спускался из монастыря Стомион в Коницу. На одном трудном участке дороги (я называл это место Голгофой) я встретил одного монастырского знакомого, дядюшку Анастасия, с тремя нагруженными мулами. На крутом подъёме вьючные сёдла съехали набок, и одно животное было на самом краю обрыва — вот-вот сорвётся вниз. «Бог тебя послал, отче!» — обрадовался дядюшка Анастасий. Я помог ему перевьючить мулов, потом мы вывели их на дорогу. Там я оставил его и продолжил свой путь. Прошёл уже порядочный отрезок пути, как тропинка уткнулась в завал. Только что сошёл большой, триста метров длиной, оползень, смявший тропу. Деревья, камни — всё унесло вниз, в речку. Если бы я не задержался с мулами, то оказался бы в этом месте как раз во время оползня. «Дядюшка Анастасий, — сказал я, — ты меня спас, Бог тебя послал».

Христос с высоты видит, как действует каждый из нас, и знает, когда и как Сам Он будет действовать для нашего блага. Он знает, как и куда нас повести, лишь бы мы просили у Него помощи, открывали пред Ним свои желания и давали Ему всё устраивать Самому. Когда я был в афонском Филофеевском монастыре, то хотел уйти в пустыню. Я думал удалиться на один пустынный остров и уже договорился с лодочником, чтобы он приплыл и забрал меня, но в конце концов он не появился. Так устроил Бог, потому что я был ещё неопытен и на пустынном острове здорово бы повредился, я стал бы там жертвой бесов. Тогда, потерпев неудачу с островом, я загорелся желанием уйти на Катунаки. Мне была по душе Катунакская пустыня, я молился о том, чтобы оказаться там и готовился к этому. Я хотел поселиться и подвизаться рядом со старцем Петром — мужем высокой духовной жизни. Однако произошло событие, вынудившее меня поехать не на Катунаки, а в Коницу. Однажды вечером после повечерия я удалился в свою келью и допоздна молился. Около одиннадцати часов прилёг отдохнуть. В половине второго ночи меня разбудил стук в монастырское било, созывавший братию в храм на полунощницу. Я попытался встать, но не смог. Невидимая сила сковала меня, и я был не в силах пошевелиться. Я понял, что происходит нечто особенное. До полудня я оставался прикованным к кровати. Я мог молиться, думать, но совсем не мог пошевелиться. Находясь в таком состоянии, я, как по телевизору, увидел с одной стороны Катунаки, а с другой — монастырь Стомион в Конице. С сильным желанием я устремил глаза в сторону Катунак, и тогда некий голос ясно сказал мне: «Ты пойдёшь не на Катунаки, а в монастырь Стомион». Это был голос Пресвятой Богородицы. «Матерь Божия, — сказал я, — я просил у Тебя пустыни, а Ты посылаешь меня в мир?» И я снова услышал тот же голос, строго говоривший мне: «Пойдёшь и встретишь такого-то человека. Он очень поможет тебе». Я сразу же освободился от этих невидимых уз, и сердце моё преисполнилось Божественной благодати. Потом я пошёл и рассказал о случившемся духовнику. «Это воля Божия, — сказал мне духовник. — Однако — не говори никому об этом. Скажи, что по состоянию здоровья (а у меня тогда были кровотечения) тебе нужно удалиться с Афона, и уезжай».

Я хотел одно, но у Бога был Свой план. Я думал тогда, что воля Божия была в том, чтобы я возродил обитель в Конице. Так я исполнял и обет, данный мной Божией Матери, когда был на войне. «Матерь Божия, — попросил я Её тогда, — помоги мне стать монахом, а я буду три года работать и приведу в порядок Твою сгоревшую обитель». Но, как стало ясно впоследствии, главной причиной того, что Пресвятая Богородица послала меня туда, была необходимость помочь восьмидесяти семьям, совратившимся в протестантство, вернуться в православие.

Бог часто попускает чему-то произойти ради пользы многих людей. Он никогда не делает одно только добро, но по три-четыре добра вместе. И злу Он никогда не попускает случиться, если из него не произойдёт много добра. Всё: и ошибки, и опасности Он употребляет в нашу пользу. Добро и зло между собой перемешаны. Хорошо бы, если бы они были порознь, но встревают личные человеческие интересы и перепутывают их между собой. Однако Бог извлекает пользу даже из этой путаницы. Поэтому следует верить, что Бог попускает произойти только тому, из чего может выйти добро, потому что Он любит Своё создание. Например, Он может попустить какое-то малое искушение для того, чтобы уберечь нас от искушения большего. Как-то раз один мирянин был на престольном празднике в каком-то святогорском монастыре. Там он выпил и захмелел. На обратном пути из монастыря он упал на дороге. Пошёл снег, его занесло, но от винного духа в сугробе над ним образовалось отверстие. Шёл мимо того места один прохожий. Увидев отверстие в снеге, он с удивлением произнёс: «Это что же здесь такое? Не родник ли?» — и ударил по отверстию палкой. «Ох!» — закричал пьяный. Так Бог не дал ему погибнуть.

Божии благодеяния пробивают брешь в сердце

— Геронда, чего хочет от нас Бог?

— Бог хочет нашего произволения, нашего благого расположения, проявляемого, пусть даже и немного, но любочестным подвигом. Также Он хочет, чтобы мы сознавали свою греховность. Всё остальное даёт Он. В духовной жизни не требуются бицепсы. Будем смиренно подвизаться, просить милости Божией и за всё Его благодарить. Над человеком, который без всякого собственного плана отдаёт себя в руки Божии, исполняется план Бога. Насколько же человек уцепился за своё «я», настолько он остаётся позади. Он не преуспевает духовно, потому что препятствует Божией милости. Для того чтобы преуспеть, требуется многое доверие Богу.

В каждое мгновение Бог любовью Своей ласкает сердца всех людей, но мы не чувствуем этого, потому что наши сердца покрыла накипь. Очистив своё сердце, человек умиляется, тает, сходит с ума, видя благодеяния и доброту Бога, равно любящего всех людей. За тех, кто мучается, такому человеку больно, за тех, кто ведёт духовную жизнь, он испытывает радость. Если любочестная душа размыслит об одних лишь благодеяниях Божиих, то они могут взметать её ввысь, а что говорить, если она размыслит о множестве своих грехов и о многом благоутробии Божием! Если душевные очи человека очистились, то он, видя Божию заботу о себе и других, чувствует и переживает весь Божественный Промысл своим чутким обнажившимся сердцем, он тает от благодарности, он становится сумасшедшим — в добром смысле этого слова. Потому что Божии дары, когда человек ощущает их, пробивают брешь в сердце, разрывают его. И затем, когда, лаская любочестное сердце, Божия рука прикасается к этой бреши, человек внутренне взметается, а его благодарение Богу становится большим. Те, кто подвизается, чувствуя как собственную греховность, так и благодеяния Божии, и вверяет себя Его великому благоутробию, возводят свои души в рай с большей надёжностью и меньшим телесным трудом.

Благодарность Богу за малое и многое

«Я верю, что Бог поможет мне», — говорят некоторые, но при этом стараются накопить денег для того, чтобы не испытывать никакого лишения. Такие люди насмехаются над Богом, потому что вверяют себя не Ему, а деньгам. Если они не перестанут любить деньги и полагать на них свою надежду, то они не смогут возложить свою надежду на Бога. Я не говорю, что людям не нужно иметь каких-то сбережений на случай нужды, нет. Но не следует полагать свою надежду на деньги, не нужно отдавать деньгам своё сердце, потому что, поступая так, люди забывают Бога. Человек, который, не доверяя Богу, строит собственные планы, а потом говорит, что так хочет Бог, «благословляет» своё дело по-диавольски и постоянно мучается. Мы не осознали того, насколько силен и добр Бог. Мы не даём Ему быть хозяином, не даём Ему управлять нами и поэтому страдаем.

На Синае, в келье святой Епистимии, где я жил, воды было совсем чуть-чуть. В одной пещере, примерно в двадцати метрах от кельи, из расселины в скале по капле сочилась вода. Я сделал маленький водосборник и набирал по три литра воды за сутки. Приходя за водой, я подставлял железную банку и, пока она наполнялась, читал акафист Пресвятой Богородице. Я немножко смачивал голову, только лоб, это помогало мне, так посоветовал один врач, набирал немного воды для питья, в отдельную баночку набирал немножко водички для мышек и птичек, живших при моей келье. Для стирки и прочих нужд я использовал эту же самую воду из пещеры. Какую же радость, какое благодарение испытывал я за ту немногую воду, которую имел! Я славословил Бога за то, что у меня была вода.

Потом, когда я приехал на Святую Гору и ненадолго поселился в Иверском скиту, там, поскольку сторона была солнечная, недостатка в воде не было. Там была одна цистерна, вода из которой переливалась через верх. У! Я мыл и голову, и ноги, но… старое позабылось. На Синае на мои глаза от благодарности за малую воду наворачивались слёзы, а здесь, в скиту, от изобилия воды я впал в забывчивость. Поэтому я ушёл из этой кельи и поселился подальше, метрах в восьмидесяти, где была маленькая цистерна. Как же теряется, как забывается человек от изобилия!..

Мы должны полностью, безусловно вверить себя Божественному Промыслу, Божией воле, и Бог попечётся о нас. Один монах пошёл как-то вечером на вершину горы, чтобы совершить там вечерню. По пути он нашёл белый гриб и возблагодарил Бога за эту редкую находку. На обратном пути он хотел срезать этот гриб и приготовить его себе на ужин. «Если миряне станут спрашивать меня, ем ли я мясо, — рассуждал в своём помысле монах, — то я могу сказать им, что ем каждую осень!» Возвращаясь в каливу, монах увидел, что, пока он читал вечерню, на гриб наступило какое-то животное, и целой осталась только половина. «Видно, — сказал монах, — столько мне надо съесть». Он собрал то, что осталось, и поблагодарил Бога за Его Промысл, за половинку гриба. Чуть пониже он нашёл ещё полгриба, нагнулся, чтобы срезать и восполнить недостаток для ужина, но увидел, что гриб трухлявый (возможно, он был ядовитым). Монах оставил его и снова возблагодарил Бога за то, что Он уберёг его от отравления. Вернувшись в каливу, монах поужинал половиной гриба. На следующий день, когда он вышел из дома, его глазам открылось чудесное зрелище. Повсюду вокруг каливы выросли прекрасные грибы, и, увидев их, монах снова возблагодарил Бога. Видите, он возблагодарил Бога за целый гриб и за половинку, за хороший и за плохой, за один и за много. Он был благодарен за всё.

Добрый Бог подаёт нам щедрые благословения, и Его действия направлены нам на пользу. Все имеющиеся у нас блага — это Божии дары. Он всё поставил на службу своему созданию — человеку, Он сделал так, чтобы все: и животные, и птицы, и малые, и великие, даже растения, — жертвовали собою ради него. И Сам Бог принёс себя в жертву для того, чтобы избавить человека. Не будем же равнодушны ко всему этому, не будем ранить Его своей великой неблагодарностью и бесчувствием, но станем благодарить и славословить Его.

ГЛАВА ВТОРАЯ
О вере в Бога и доверии Ему

Нужно любочестно уверовать в Бога

— Геронда, я расстраиваюсь из-за находящих на меня помыслов неверия.

— То, что ты расстраиваешься и не принимаешь их, значит, что эти помыслы от лукавого. Иногда Бог попускает нам иметь помыслы сомнения или неверия, чтобы увидеть наше расположение и любочестие. Но наш Бог — это не басня, подобная басням о Зевсе, Аполлоне и тому подобных богах. Наша вера — истинная и живая. У нас есть *облако святых*, как пишет апостол Павел[1]. Эти люди познали Христа, имели личный опыт общения с Ним и ради Него пожертвовали собой. И в нашу эпоху есть люди, посвятившие себя Богу и переживающие небесные состояния. Они держат связь с ангелами, святыми, даже со Христом и Матерью Божией. Я расскажу тебе кое-что и о себе, чтобы тебе помочь. Вот видишь, я тоже «сдаю кровь» — рассказываю о некоторых событиях для того, чтобы помочь другим. Видя, как собранное человеком знание вытесняет из него веру, я,

---

[1] См. Евр. 12:1.

желая её укрепить, рассказываю о некоторых событиях из области веры.

Когда я был ребёнком, мы жили в Конице. Читая много житий святых, я давал читать их и другим детям или же собирал ребят, и мы читали вместе. Я восхищался великим подвижничеством святых, постами, которые они держали, и старался им подражать. От поста моя шея стала тоненькой, как стебелёк от вишенки. Ребята дразнили меня: «У тебя голова упадёт!» Что я тогда пережил!.. Ну, это ладно. Кроме того, мой старший брат, видя, что от постов я болею, и опасаясь, что я не закончу школу, забирал у меня брошюрки с житиями, которые я читал. Потом я прятал их в лесу, в часовне святой Варвары, тайком приходил туда и читал. Как-то раз один наш сосед, по имени Костас, сказал моему брату: «Я вправлю ему мозги, сделаю так, что он выбросит книжки, которые читает, и посты с молитвами оставит тоже». Что же, разыскал он меня (а мне было тогда около пятнадцати лет) и начал рассказывать мне теорию Дарвина. Он говорил, говорил, пока не заморочил мне голову. После с замороченной головой я сразу направился в лес, в часовню святой Варвары. Войдя внутрь, я стал просить Христа: «Христе мой, если Ты есть, явись мне!» Я долго повторял это и без остановки делал поклоны. Было лето. Пот тёк с меня ручьём, я весь взмок, вконец выбился из сил. Но я ничего не увидел и не услышал. Что же, выходит, даже Бог не помог мне — хоть бы каким малым знамением, хоть бы стуком каким, какой-нибудь тенью — я ведь в конце концов был ребёнок. Рассматривая происходившее по-человечески или с помощью логики, кто-нибудь мог бы воскликнуть: «Боже мой, да ведь жалко его, несчастного! С одиннадцати лет он поднимался на скалы, он так подвизался, а сейчас переживает кризис. Ему заморочили голову дурацкими теориями, дома ему чинил препятствия брат, он убежал в лес, чтобы попросить у Тебя помощи!..» Но никакого ответа: ничего, ничего, ничего!!! Выбившись из сил от многих поклонов, я присел. «Ну ладно, — подумал я тогда, — а что ответил мне Костас, когда я спросил его, какого мнения о Христе придерживается он?» — «Это был самый добрый, самый справедливый Человек, — ответил он мне. — Своим учением о справедливости Он задел интересы фарисеев, и от зависти они распяли Его». И тогда я решил: «Раз Христос был таким добрым и справедливым Человеком, раз другого подобного Ему никогда не было, раз злые люди от зависти и злобы умертвили Его, то ради этого Человека стоит сделать больше, чем сделал я. Ради Него стоит даже умереть». Только я так решил, как явился Христос. Он явился среди обильного света, часовенка просияла, и сказал мне: *А́з е́смь Воскреше́ние и Живо́т. Ве́руяй в Мя, а́ще и у́мрет, оживе́т*[2]. В одной руке Он держал раскрытое Евангелие, в котором я прочитал те же самые слова. Со мною произошло такое внутреннее изменение, что я без остановки повторял: «А ну-ка, Костас, приди-ка сюда сейчас, давай теперь поговорим, есть Бог или Его нет!» Видишь, Христос, для того чтобы явиться мне, ждал моего собственного любочестного решения. Если же Он хочет любочестного решения от ребёнка, то насколько больше Он хочет его от взрослого?

— Некоторые, геронда, подвергают сомнению весь Божественный Промысл.

— Да как же можно принять всю эту историю со Христом за сказку? А разве то, что написали о Христе пророки, жившие за семьсот лет до Него и говорившие о Нём с такими подробностями, не заставляет этих людей задуматься? В Ветхом Завете с точностью говорится даже

---

[2] Ин. 11:25–26.

о том, за какую сумму будет предан Христос, и о том, что евреи не положат эти деньги в сокровищницу храма, поскольку они будут ценою крови, но купят на них участок земли для погребения странников³. Исполнилось то, о чём пророчествовал Захария⁴ и другие пророки. Всё настолько ясно! Подробности до таких мелочей! В Священном Писании говорится даже о том, что сделают с ризами Христа⁵. И всё это было сказано за много лет до Его Рождества. Да как же после всего этого я приму помысел неверия? А потом мы видим апостола Павла. Он был гонителем христиан и в Дамаск направлялся с этой целью. На пути ему явился Господь и сказал: *Са́вле, Са́вле, что Мя го́ниши?*⁶ — *Кто Ты, Господи?* — спросил Савл. *Я Христос, Которого ты гонишь*, — ответил ему Господь. Потом Христос извещает Ананию, и тот крестит бывшего гонителя! А сколько горя хлебнул после этого апостол Павел, сколь многий подвиг подъял он, проповедуя во всех языцех! Потом были мученики. Одиннадцать миллионов мучеников! Что, у них у всех было не в порядке с головой? Как же можно забывать всё это? Может ли не уверовать человек, хоть чуть-чуть прочитавший Евангелие? Если бы в Евангелии имелись ещё какие-то подробности, то это весьма помогло бы уверовать всем людям. Но Бог нарочно не допустил этого, чтобы люди просеялись, чтобы стало ясно, кто любит Его, кто жертвует ради Него собой, не ожидая чудес или чего-то подобного. Я думаю, что какие бы богохульства ни услышал человек любочестный, они не прикасаются к нему, не влияют на него.

Надо уверовать в Бога любочестно, а не требовать для этого чуда. Знаешь, как я расстраиваюсь, когда приходят

---

³ См. Мф. 27:7–9.
⁴ См. Зах. 11:12–13.
⁵ См. Пс. 21:19.
⁶ См. Деян. 9:1–18.

взрослые люди и говорят мне, что хотят увидеть какое-то чудо, чтобы уверовать? Если бы они были дети, то имели бы какое-то оправдание по причине своего возраста. Но говорить: «Для того чтобы уверовать, надо что-то увидеть», — самому не сделав ради Христа ничего, — это ведь такая дешёвка! Да хоть бы и увидели они чудо, пойдёт ли оно им на пользу? Они объяснят это колдовством или ещё чем-нибудь в этом роде.

«Приложи́ нам ве́ру»

— Геронда, отчего некоторые святые, древние и новые, знали, когда придёт их последний час или когда произойдёт какое-то событие?

— Их отличало многое любочестие, великая простота, смирение и вера. Они не вмешивали в свою жизнь логику, которая расшатывает веру. Великое дело — вера! Видите, и апостол Пётр верою шёл по волнам[7], но, как только вмешалась логика, стал тонуть. Рассказывал ли я вам об отце Харалампии[8], который не так давно жил в Кутлумушском монастыре? Он был очень простым, трудолюбивым и духовным монахом. Когда он состарился, его приковал к кровати тяжёлый грипп. Врач велел братии монастыря не отходить от него, потому что жить ему оставалось совсем немного. Отец Харалампий, услышав это из-под одеял, ответил: «Чего ты там такое несёшь? Да я, пока не придёт Пасха и не скажу: „Христо́с воскре́се“, — не умру». И правда, прошло почти два месяца, наступила Пасха, он сказал: «Христос воскресе», причастился и мирно почил.

---

[7] См. Мф. 14:30.
[8] См. *Старец Паисий*. Отцы-святогорцы и святогорские истории. Свято-Троицкая Сергиева Лавра, 2001. С. 9.

Этот простой любочестный старец стал настоящим Божиим дитём и вместе с Богом назначил день собственной смерти!

— Геронда, как усиливается вера?

— Вера усиливается молитвой. Человек, не возделавший в себе веру измлада, но расположенный к этому, может возделать её молитвой, прося у Христа прибавить ему веру. Будем просить Христа прибавить нам веру и умножить её. Чего попросили у Христа апостолы? *Приложи́ нам ве́ру*[9]. Если ты говоришь «приложи», это значит, что ты вверяешь себя Богу. Ведь если человек не вверит себя Богу, то что Он приложит этому человеку? Мы просим у Бога прибавить нам веру не для того, чтобы творить чудеса, но для того, чтобы больше Его возлюбить.

Умножению веры в Бога содействует всё: и цветы, и саранча, и звёзды, и молнии. Мы всё это видим, но пользы это никому не приносит, потому что мы принимаем «телеграммы» — помыслы, приносимые нам врагом. Например, если бы не было соли, то море протухло бы. Однако если человек без веры подвергнет морскую воду анализу в своей лаборатории, то он не получит от этого пользы, потому что он не очистил от солей своё собственное сердце. Если же человек потрудится с любочестием, с добрым помыслом, то даже самые большие несуразицы он увидит иным зрением, с помощью божественного просвещения. И прославит Бога.

Всё должно возводить нас к Богу

— Геронда, вы говорили нам о том, что всё должно возводить нас вверх, к Богу. Как мы можем этого достичь?

— Вы достигнете этого, извлекая пользу из всего, что встречается вам на жизненном пути. Знаете, какую

---

[9] Лк. 17:5.

духовную пользу и духовный опыт приобретает человек, извлекая из всего духовный смысл? Например, работая с цементом, ты можешь найти Бога: дотрагиваясь до кирпича, ты можешь дотронуться до Бога. Ты берёшь одно, другое, третье и дотрагиваешься до Бога! Да, дотрагивайтесь до Бога во всём! Если человек не работает подобным образом, если он не видит Бога во всём, то и в церкви, если его привести туда, он останется далеко от Него. Поставь его петь на клиросе, он останется далеко от Бога. Дай ему читать духовную книгу, он снова останется от Него далеко. Какое духовное дело ни поручи ему, оно не будет возводить его к Богу.

Каждый человек из всего, что бы он ни видел, что бы ни делал — шил ли или вышивал, — должен извлекать духовную пользу. Цветы увидел? Увидел Бога! Увидел свиней? Да, брат ты мой, опять увидел Бога! Ты спросишь: «Так что же, значит, я могу увидеть Бога и через свинью?» Да, через свинью. Посмотри, какой сотворил её Бог! Он дал ей рыло — копать землю и на ощупь находить в ней луковицы растений. У неё такой нос, что ему нипочём острые осколки железа, стёкла, колючки и тому подобное. Не только, видя прекрасный и благоуханный цветок, надо говорить: «Насколько же премудро сотворил это Бог!» Видя свинью, тоже надо видеть Бога! А ещё лучше задуматься о том, что Бог мог создать меня свиньёй, а создал человеком! Это кажется вам странным? Что, разве Бог не мог сделать нас свиньями? Охотники ранят диких кабанов и часто не находят подранков. Потом приходят хищные звери и съедают несчастного кабана живьём. Не имея врачебной помощи, кабан мучается, несмотря на то что Творца своего он ничем не обижал. Тогда как человек и ранил, и продолжает ранить своего Творца, и часто ведёт себя неблагодарно. Поэтому и я говорю, чтобы вы имели правильное духовное делание. Насколько же хорошо всё устроил Бог! И посмотрите на животных: какую силу даёт Он им! Врачи говорят: для того чтобы иметь крепкие мышцы, надо есть мясо. А посмотри на быков: едят бедолаги траву, а какие же у них здоровенные мускулы! Разве ты не видишь в этом Бога? То есть Бог даёт им силу через одну лишь траву, которую они едят. Насколько же больше подаёт Он человеку! Понятно ли вам это?

Если человек подобным образом работает над собой, то он достигает такого состояния, что получает пользу не только от святых, но и от грешников. Святой укрепляет нас своим святым примером. Грешник сдерживает, обуздывает и притормаживает нас примером своего падения, и мы избегаем греха, но не для того, чтобы не пасть в глазах других, а для того, чтобы не огорчать Бога.

Сила веры

—Геронда, что такое печать Агнца?
 —Агнец—это Кто?
 —Христос.
 —Ну а что за печать у Христа? При крещении священник крестообразно помазывает лоб христианина святым миром, говоря: «Печа́ть да́ра Ду́ха Свята́го». Впоследствии, всякий раз, когда христианин осеняет себя крестным знамением, он поклоняется спасительной Страсти Господней и призывает крестную силу, иже есть сила крестной смерти нашего Христа. Говоря: «Кре́сте Христо́в, спаси́ нас си́лою твое́ю», мы призываем силу крестной жертвы Господа. Поэтому крест обладает великой силой. Например, началась гроза. Сверкают молнии, и в большой железный крест на колокольне тоже может ударить молния. Однако, если стоящий под этим железным крестом христианин имеет на себе вот такой маленький крестик и говорит: «Кресте Христов, спаси мя силою твоею»,

то молния ему не повредит. В первом случае действуют природные законы: молния попадает в крест и сбивает его на землю. Во втором случае такой вот малюсенький крестик хранит верующего человека, призвавшего на помощь силу Креста.

— Геронда, почему, несмотря на то что я прошу о чём-то с верой, Бог не даёт мне этого?

— Ты веруешь и просишь, но если у тебя нет смирения или же есть предрасположенность к гордости, то Бог не даёт просимого. Можно иметь веру не только с *зерно́ горушно*[10], но и с килограмм горчицы, но если нет соответствующего вере смирения, то Бог не станет действовать, потому что это не пойдёт человеку на пользу. Если есть гордость, то вера не действует.

Если человек идёт по жизни с верой, без сомнения и просит помощи Божией, то с ним потихонечку начинают происходить чудесные события: сначала маленькие, потом побольше, и он становится более верующим. Переживая на себе божественные тайны, человек становится богословом, потому что он не трогает их умом, а переживает в действительности. Его вера постоянно умножается, поскольку он движется в ином пространстве, в области божественных событий. Однако для того, чтобы опытно пережить тайны Божии, должно совлечься ветхого человека и некоторым образом вернуться в состояние до грехопадения. Надо иметь незлобие и простоту — для того чтобы твоя вера была незыблема. Надо безусловно веровать в то, что нет ничего такого, что не мог бы сделать Бог. И знаешь, как ты будешь тогда страдать, слыша, что кто-то не верует или сомневается в чём-то, имеющем отношение к помощи Божией?

---

[10] Мф. 17:20; Лк. 17:6.

— Геронда, если человек верует, то может ли он молитвой изменить течение каких-то событий?

— Если иметь великую веру, то можно изменить многое. Даже если построить дом посреди русла горной реки и сверху на него понесётся бурный поток, то этот поток повернёт вспять, если у человека есть многая вера и он горячо попросил об этом Бога. Однако он должен иметь такую веру, что, услышав о каком-то чуде (что, к примеру, море пересохло, его перепахивают тракторами, а рыбу вывозят на грузовиках), он поверил бы этому. Смотреть, так ли это, он даже и не пойдёт. Даже живя в сотне метров от моря и не видя из дома, что происходит, он не пойдёт проверять, правда ли это, потому что он не сомневается. Он знает, что для Бога возможно всё, что Божественная сила не ограничивается ничем, и поэтому ничто сверх того его не интересует. Такая у него вера. Только истинно верующий человек воистину живёт и есть действительно человек Божий.

Матерью доверия Богу является вера

— Геронда, что делать — я не чувствую себя в безопасности, тревожусь.

— Обезопась себя в Боге, детонька моя. Или ты только автомобильный ремень безопасности знаешь? Безопасность Божия тебе неведома? Перекрестись и перед тем, как что-либо делать, скажи: «Христе мой, Владычице моя Пресвятая Богородица, помогите мне». Разве существует безопасность большая, чем доверие Богу? Вверив себя Богу, человек постоянно подзаправляется от Него бензином марки «супер», и его духовная машина никогда не останавливается: мчится и мчится. Будь, насколько возможно, внимательна, молись, вверяй себя Богу, и в любой трудности Он поможет тебе. Чтобы избавиться от тревоги и волнения, упрости свою жизнь безусловным доверием Богу.

— Геронда, я всегда со страхом и колебанием начинаю делать то, что мне говорят, и от страха могу сделать это не так, как следует.

— Осеняй себя крестным знамением, доброе моё дитя, и делай то, что тебе говорят. Если ты скажешь: «Молитвами святых отец наших…» — то неужели ни один из стольких святых тебе не поможет? Никогда не теряй доверия Богу. Не зажимай себя куцей человеческой логикой: так ты и сама мучаешься, и Божественной помощи мешаешь. Если после своих благоразумных человеческих действий ты будешь вверять Богу и себя саму, и всё, что ты делаешь, то это весьма поможет не только тебе, но и другим. Великое дело — доверие Богу. Однажды у меня брали кровь четыре женщины-врача. Пришла первая — измучила меня, но вену найти не смогла. Вторая — то же самое. Приходит третья — специалист в этой области — безрезультатно. В это время мимо проходила четвёртая: увидев, как они меня мучают, решила попробовать и она. Осенив себя сначала крестным знамением, она тут же нашла вену, потому что попросила помощи Божией. Остальные же некоторым образом полагались лишь на самих себя.

Великое дело — вверять себя в руки Божии. Люди ставят перед собой цели и стараются их достигнуть, не прислушиваясь к тому, в чём воля Божия, и не стремясь согласовать свои действия с ней. Надо вверить Богу руководство ходом дел, а самим с любочестием исполнять свой долг. Человек будет мучиться, если он не доверится Богу до такой степени, что совершенно отдаст себя в Его руки. Обычно сначала люди прибегают к утешению человеческому, а к Богу прибегают только после того, как разочаруются в людях. Однако если мы не хотим мучиться, то будем просить утешения божественного, потому что оно и есть единственное истинное утешение. Веры в Бога недостаточно[11]: необходимо и доверие Ему. Доверие Богу привлекает Его помощь. Христианин верует и вверяет себя Богу до смерти. И тогда он ясно видит Божию руку, спасающую его.

Апостол Павел говорит, что вера — это значит *веровать в невидимое*, а не только в видимое[12]. Возлагая своё будущее на Бога, мы обязываем Его нам помочь. Матерью безусловного доверия Богу является вера. Имея такую веру и тайно молясь, человек пожинает плоды надежды. Доверие Богу — это постоянная молитва, и в нужный час она приводит к божественным результатам. И тогда естественно, что человек живёт жизнью ангельской и преизливается в славословии: *Свят, Свят, Свят Госпо́дь Савао́ф*[13]. Потому что, имея доверие Богу, человек может сделать свою жизнь райской. Он славит Его за всё и, как от доброго отца, принимает Его руководство. В противном случае человек превращает свою жизнь в адскую муку. Великое дело — ещё в этой жизни отчасти чувствовать райскую радость.

— Геронда, а в отношении телесного или душевного здоровья до какой степени нужно отдаваться в руки Божии?

— Сначала надо довериться Богу, а после Бога — способному помочь нам человеку.

Вера и любовь

— Геронда, а какая связь между верой и любовью?
— Сначала есть вера, а потом приходит любовь. Для того чтобы любить, нужно верить. Человек не может

---

[11] В этом случае под верой подразумевается простое принятие бытия Бога, недостаточное для жизни во Христе.
[12] См. Евр. 11:1.
[13] Ис. 6:3.

полюбить то, во что он не верит. Поэтому для того, чтобы возлюбить Бога, надо уверовать в Него. В соответствии с имеющейся верой будут надежда, любовь и жертва ради Бога и ближнего. Горячая вера в Бога рождает горячую любовь к Нему и к Его образу — нашему сочеловеку. И даже несчастные животные напояются от преизлияния нашей любви, любви, которая не вмещается в сердце и льётся через край. Много веруя, мы и любить будем много. Если наша вера теплохладна, то теплохладной будет и наша любовь. Если же наша вера горяча, то и любовь наша тоже будет горячей.

В нашей вере должно присутствовать любочестие. Любочестный подвиг начинается с этого. Чем больше человек любочестно подвизается, тем более умножается его вера и любовь. В любочестном подвиге человеку весьма содействуют размышления о благодеяниях Божиих. Веруя в Бога, человек не думает о том, есть рай или же его нет. Он подвизается потому, что верует в Бога и любит Его. Человек без любочестия начнёт думать: «А зачем подвизаться? Ещё вопрос, существует ли рай и будет ли Страшный Суд?..» Если человек неблагодарен, то, что ему ни делай, неблагодарным он и останется. Человек любочестный славословит Бога даже в искушениях и потихонечку доходит до того, что постоянно благодарит Бога, так что в его душу приходит божественное изменение, и он постоянно радуется и веселится. А у кого-то и искушений может не быть — одни благословения, а он никогда не доволен.

После любви к Богу приходит жертва. А когда есть бескорыстная жертва, тогда с человеком начинают происходить божественные события, чудеса. Идти на жертву надо не ради чего другого, но только ради Бога, Создавшего эту Вселенную и подающего нам столько благословений. Вон идолопоклонники: они обожествляли природу, поклонялись солнцу, рекам и доходили до того, что ради своей веры жертвовали собой. И если они приносили себя в жертву ради твари, то насколько больше нам нужно жертвовать собой ради Творца!

Люди не веруют, оттого и не жертвуют собой. Всё равнодушие начинается с этого. Один богохульствует, другой верует наполовину и мучается. Для того чтобы по-настоящему радоваться, надо веровать и любить.

«Без Мене́ не мо́жете твори́ти ничесо́же»

Если человек хочет жить, не терзаясь, то он должен уверовать в то, что сказал Христос: *Без Мене́ не мо́жете твори́ти ничесо́же*[14]. То есть нужно в положительном смысле этого слова отчаяться в самом себе и уверовать в силу Божию. Отчаявшись, в хорошем смысле слова, в себе самом, человек находит Бога. «Все упова́ние мое́ на Тя возлага́ю»[15]. Даже самые духовные люди не могут быть уверены за свою жизнь, поэтому они никогда не выходят из пределов своей уверенности в Боге. Они возлагают свою надежду на Бога и отчаиваются лишь в своём «я», потому что «я» приносит человеку всё духовное несчастье.

Уверенность в самом себе — это наш величайший и злейший враг, потому что, когда мы этого не ждём, она беспощадно, вдребезги разбивает то, что мы строили, и оставляет нас, несчастных, под открытым небом. Имея самоуверенность, человек связывается и не может ничего сделать или же борется в одиночку. После этого естественно, что он побеждается врагом или же терпит неудачу и сокрушает своё «я». Часто Добрый Бог очень мудро

---

[14] Ин. 15:5.
[15] Богородичен на великом повечерии, глас 6-й.

даёт нам увидеть и Своё Божественное вмешательство, и ту неудачу, которую мы потерпели от уверенности в себе. Наблюдая и испытывая каждое событие, которое случается с нами в жизни, мы приобретаем опыт, бываем внимательны и таким образом преуспеваем.

Христос сначала искал веры в силу Божию и после этого совершал чудо. «Если ты веруешь в силу Божию, — говорил Он, — то будешь исцелён»[16]. Не так, как ошибочно утверждают сегодня некоторые: «У человека есть силы, и, веря в них, он может сделать всё. Разве в Евангелии не написано то же самое: „Веруй"? Следовательно, наши слова согласны с Евангелием». Да, Христос спрашивал: «Веруешь ли ты?» — но, спрашивая это, Он имел в виду следующее: «Веруешь ли ты в Бога? Веришь ли, что Бог может сделать это?» Он хотел, чтобы человек подтвердил то, что он верует в Бога, и тогда помогал ему. Нигде в Евангелии не написано, что надо верить в свой эгоизм. Оно призывает веровать в Бога, в то, что Бог может помочь мне, может меня исцелить. Но эти люди извращают смысл евангельских слов и говорят: «У человека есть сила, и он должен верить в себя». Но если кто-то верит в себя, то в этом есть либо эгоизм, либо беснование.

— Эти люди, геронда, если происходит чудо, говорят, что человек верил в то, что оно произойдёт, и потому так и случилось.

— За такой эгоистичной постановкой вопроса кроется действие диавола. Они путают сказанное Христом «Веруешь ли?» со своим собственным «Верую». Отсюда начинается и всё это беснование, происходящее в мире. А потом тебе говорят: «Не надо уважать ни великого, ни малого, для того чтобы стать личностью». Поэтому и слышишь такие призывы: «Дави их, круши их, чтобы добиться

---

[16] См. Мф. 9:29; Мк. 9:23.

цели!» Уважение считается отжившим свой век, и диавол торжествует. А между тем даже если ребёнок дерзнёт чуть бесстыдно поговорить с родителями или старшими, то его оставляет благодать Божия, и он принимает бесовские воздействия! А что тогда говорить, если человек делает наглость своим типиконом!

— А если, геронда, какой-нибудь человек, утверждая, что он верует в Бога, не верит в то, что Бог нас хранит?

— Тогда он делает богом самого себя. Как же он верует в Бога?

— Каждое утро осеняет себя крестным знамением.

— Он говорит так: «Я верую в Бога, но Бог дал нам разум для того, чтобы мы могли делать то, что нам хочется». Или так: «Я бог. Разве в Писании не сказано: *Бо́зи есте́, и сы́нове Вы́шняго вси?*»[17] Но для того, чтобы быть богом по благодати, надо иметь благодать Бога, а об этом такой человек не думает. Он сам своим умом делает себя богом. Иметь благодать Божию и стать богом по благодати — это одно, а самому делать себя богом — совсем другое. Путаница в этом: человек делает себя богом, а в конце концов доходит до того, что превращается в безбожника.

Придёт время, когда уверуют все

— Геронда, как случается, что люди верующие доходят до безбожия?

— Возможны два варианта. В первом случае человек мог быть очень верующим, Божественная сила многократно действовала в его жизни, и он переживал много очевиднейших чудесных событий, но впоследствии дошёл до того, что помрачился в вере. Такое случается, если, к примеру, человек без рассуждения ударяется в

---

[17] Пс. 81:6.

эгоистичное подвижничество, то есть относится к духовной жизни сухо и говорит: «Как подвизался такой-то святой? И я буду так же». И он начинает свой безрассудный подвиг. Но потихоньку — он и не чувствует этого — в нём начинает формироваться ложное ощущение того, что если он и не достиг уровня такого-то святого, то, во всяком случае, должен находиться уже где-то неподалёку от него. И он продолжает усердствовать в подвиге. Но если до этого помысла благодать помогала ему, то отныне она начинает его покидать. Ибо что общего у благодати Божией с гордостью? Поэтому человек уже не может подвизаться, как раньше, и начинает себя насиловать. Однако это насилование порождает в нём тревогу. Находит и туман гордости, приводя его в помрачение. И, несмотря на то что он столько сделал, несмотря на действия Божественной благодати и чудесные события, у него потихонечку начинают появляться помыслы неверия, и он сомневается в бытии Бога.

Второй вариант — это когда кто-то неграмотный вздумает заняться догматикой. Э, да у него не в порядке с головой! Я говорю не о том, чтобы кратко ознакомиться с каким-то догматом. Но если даже и образованный хочет заняться чем-то из области догматики с гордостью, то и его за гордость оставит благодать Божия, и у него начнутся сомнения. Конечно, я говорю не о тех, в ком есть благоговение. Человек благоговейный может и не быть образованным, однако с рассуждением, немного, насколько это доступно его пониманию, ознакомившись с каким-то догматом, он может его уразуметь. Но если в область догматики входит человек, не верующий в духовную жизнь, то он, если даже и имел раньше немного веры, потом не будет иметь её вовсе.

— Геронда, неверие чрезвычайно распространилось в нашу эпоху.

— Да, но часто видно, что даже в тех, кто говорит, что не верует в Бога, присутствует скрытая малая вера. Как-то раз один паренёк сказал мне: «Я не верю в то, что есть Бог». — «Подойди-ка поближе, — сказал я ему в ответ. — Слышишь, как поёт соловей? От кого получил он это дарование?» Несчастный юноша сразу же пришёл в умиление. Жестокость неверия исчезла, и его лицо изменилось. В другой раз ко мне в каливу пришли два посетителя. Им было примерно лет по сорок пять, и жизнь, которую они вели, была очень мирской. Как мы, монахи, говорим, что «раз эта жизнь суетна, то мы отказываемся от всего», так и эти двое, ещё будучи молодыми, решили прямо противоположное: что «иной жизни нет». А потому они оставили учёбу и ударились в жизнь мирскую. Они дошли до того, что превратились в развалины и душевно, и телесно. Отец одного из них умер от горя. Второй пустил на ветер имение матери и довёл её до сердечной болезни. После того как мы с ними поговорили, они взглянули на вещи иначе и сокрушались: «Мы стали ни на что не годны». Одному из них я дал икону для его матери. Я хотел дать икону и другому, но он её не брал. «Дай мне, — говорил он, — одну из тех дощечек, которые ты пилишь. В Бога я не верю, но верю в святых». Тогда я ответил ему: «Будь человек зеркалом или крышкой от консервной банки, если на него не упадут солнечные лучи, то он не будет блестеть. Святые просияли от лучей благодати Божией, подобно тому как светила отражают солнечный свет».

Несчастную молодёжь одурманивают различными теориями. Принимая посетителей у себя в каливе, я заметил, что обычно пара марксистов лет пятидесяти присоединяется к группам молодых людей и одурманивает их. Марксисты не веруют, и если ты хочешь доказать им бытие Бога, то они начинают судить Его и сыпать вопросами: «Почему это так, а это сяк?» Пророк Исаия говорит, что те, кто не хочет спастись, не понимают[18]. Однажды я сказал им: «Видите светила? Они же не прикручены кверху гайками, кто-то удерживает их на небесной тверди. То, что предсказали о Христе пророки, исполнилось. Мы имеем стольких святых, бывших прежде страшными неверами, палачами, идолопоклонниками, но после уверовавших во Христа и засвидетельствовавших свою веру мученичеством. Некоторым из них для того, чтобы они не говорили о Христе, отрезали языки, но с отрезанным языком они говорили ещё лучше! Каждый день Церковь совершает память стольких святых! Их присутствие живо. И даже, если не находим их мы, они находят нас сами. Многие подвижники в пустыне, не имея месяцеслова и не зная, память какого святого совершается Церковью, говорят в молитве: „Святые дня, молите Бога о нас". И святые являются им и открывают им свои имена, к тому же и имена у этих святых трудные. Потом подвижники смотрят в месяцеслов и убеждаются, что в тот день праздновались явившиеся им святые[19]. Как вы это объясните?» После этого они меня спросили: «Почему же святые идут к монахам, а не помогают народу, испытывающему нужду?» — «Парни, — спросил я их в ответ, — вы сюда что, на самолёте прилетели?» — «Нет, — говорят, — на машине приехали». — «Хорошо, а вы по дороге сюда, пока ехали, сколько видели часовен[20]? Они же не выросли сами собой, как грибы после дождя. Святые помогли людям, и от

---

[18] Ср. Ис. 6:9–10.
[19] 3 июня 1979 года преподобный Паисий молился по чёткам, говоря: «Святые дня, молите Бога о нас». Он не помнил, память какого святого совершалась в тот день, и не мог найти очки, чтобы посмотреть в месяцеслове (всего несколькими днями ранее старец переехал в келью «Панагуда» и ещё не разобрал свои вещи). Тогда его посетил святой мученик Лукиллиан, память которого празднуется 3 (16) июня, и трижды повторил ему своё трудное имя.
[20] Среди благочестивых христиан Греции распространена традиция устройства вдоль дорог крохотных часовенок, обычно в благодарность Богу,

благоговения они построили эти часовенки, возжигают в них лампадки. Духовные люди восходят вверх настолько, насколько отбрасывают материальное. Материалисты тоже не остаются без прибыли, хоть какой-то: сделают, к примеру, столько-то кружек, получат столько-то денег, если сделают больше, то получат больше. Вы же занимаетесь одной лишь пропагандой и останавливаетесь на этом: никакого барыша вам ждать неоткуда. Вы несчастнее всех, потому что если вы добьётесь того, чего хотите, то весь ваш идеал заключится в муке марксистского рабства». В конце они сказали мне: «Ты очень хороший человек, мудрый, справедливый…»

В любом случае, хотят этого люди или нет, придёт время, когда все они уверуют, потому что зайдут в тупик. И тогда вмешается Христос.

Пресвятой Богородице или святым, или же в память близких, погибших в автомобильных катастрофах. — *Прим. пер.*

ГЛАВА ТРЕТЬЯ
О том, что Бог помогает там, где не хватает человеческих сил

*Бог помогает в том,
что нельзя сделать по-человечески*

то это там за дым?

— Сжигаем ненужное, геронда.

— Вы что же, развели костёр при таком ветре?

— Геронда, утром дождь прошёл…

— Да хоть бы прошёл и дождь, и наводнение: если после поднимется ветер, то всё станет сухим, как порох! Тоже мне нашлась: «Дождь прошёл»! А как раньше по вашей глупости начался пожар там, внизу, уже забыли? Если кто-то однажды сел в лужу, то впоследствии ему следует быть очень внимательным. Бог помогает там, где нужна Его помощь, там, где люди не могут ничего сделать по-человечески. Но нашей глупости Он помогать не будет. Так мы выставляем на посмешище миру даже святых.

— Геронда, а всегда ли понятно, до какого предела нужно действовать по-человечески?

— Начнём с того, что это видно. Но даже если человек имел расположение сделать то, что он мог, и не сделал это, потому что ему что-то помешало, то в трудную минуту Бог поможет ему. Однако, если у него были силы, но не было расположения, Бог не станет ему помогать. Например, тебе велят закрывать на ночь дверь на засов, а ты ленишься, не запираешься и говоришь, что Бог тебя сохранит. Ты не закрываешься не потому, что полагаешься на Бога, а потому что ленишься. Но как же тогда поможет тебе Бог? Разве Он станет помогать лентяю? Да если кому-то сказано запереться на засов, а он этого не делает, то его за одно только преслушание нужно наказать.

Надо сделать то, что можно сделать по-человечески, и оставить Богу то, что по-человечески сделать нельзя. А если сделать чуть больше того, что ты можешь, но не от эгоизма, а от любочестия, считая, что ты не исчерпал ещё всех своих человеческих сил, то Бог увидит и это. Такое любочестие будет Ему благоугодно, и Он поспешит на помощь. Бог для того, чтобы нам помочь, хочет и нашего собственного старания. Вот как Ной: сто лет мучился, строя ковчег. Дерево пилили деревянными пилами: находили деревья жёстче других и делали из них пилы. Что же, разве Бог не мог сделать что-нибудь и ускорить постройку ковчега? Мог. Но сказав Ною и тем, кто был с ним, как строить ковчег, Он потом давал им на это силы[21]. Поэтому будем делать то, что мы можем, чтобы то, что не можем мы, сделал Бог.

Как-то раз один человек пришёл ко мне в каливу и задал вопрос: «Почему монахи сидят здесь, а не идут в мир, чтобы помочь народу?» — «Если бы они шли в мир и помогали народу, — ответил я ему, — тогда бы ты спрашивал, почему монахи шатаются по миру. Сейчас они не идут в мир, и ты спрашиваешь, почему не идут». Потом он говорит мне: «Почему монахи обращаются к врачам? Почему

---

[21] См. Быт. 6:13 и далее.

их не исцеляют их Христос и их Богородица?» — «Такой же вопрос, — ответил я, — задал мне один врач-еврей». — «Он не еврей», — заступился за моего собеседника один из пришедших с ним. «Неважно, что он не еврей, — ответил я, — сам вопрос чисто еврейский. И я повторю вам ответ, который дал тому еврею, поскольку ситуации похожи». «Ты, — сказал я ему тогда, — будучи евреем, должен знать Ветхий Завет наизусть. У пророка Исаии говорится о том, как царю Езекии, который был очень хорошим, Бог даровал ещё пятнадцать лет жизни. Бог послал к царю пророка Исаию, который сказал ему: „Бог дарует тебе ещё пятнадцать лет жизни за то, что ты истребил идоложертвенные рощи. А о твоей язве (у царя была язва) Бог говорит, чтобы ты приложил к ней связку сухих смокв, и будешь здрав!" Раз Бог даровал ему пятнадцать лет жизни, то разве Он не мог исцелить и эту язву? Конечно, мог. Но эта язва могла быть исцелена и связкой смокв»[22]. Не будем же просить у Бога того, что может быть сделано через людей. Будем смиряться перед людьми и просить их помощи.

Человек должен действовать по-человечески до какого-то предела, а потом оставлять всё на Бога. Стараться помочь в том, что не может быть сделано по-человечески, это эгоистично. Часто вижу, что такое упрямство происходит по действию диавола для того, чтобы вывести этого человека из строя. Я худо-бедно понимаю, до какого предела можно помогать по-человечески и с какого момента надо возлагать всё на Бога. Поэтому, видя, что по-человечески помочь положению нельзя, я воздеваю руки горе, возжигаю пару свечечек, возлагаю затруднение на Бога, и оно тут же разрешается. Бог знает, что я делаю это не оттого, что мне лень действовать по-человечески.

---

[22] См. Ис. 38:4 и далее.

Поэтому, когда просят нашей помощи, мы должны поступать рассудительно и помогать, насколько мы можем. А в том, что мы не можем, будем помогать хотя бы одной молитовкой или же возложением всего только на Бога, что тоже является некой таинственной молитвой.

Бог печётся обо всём для нашего блага

Бог по природе благ, и Он печётся обо всём для нашего блага. Если мы чего-то попросим у Него, то Он даст нам это, если оно служит нашему благу. Бог щедро дарует нам необходимое для спасения нашей души и поддержания телесного здравия, и Его благословение пребудет на нас. А если Он чего-то нам не даёт — или для того, чтобы испытать нас, или же для того, чтобы нас уберечь, — то будем не только принимать это с радостью, но и размышлять об этом, чтобы получить от этого пользу. Он знает, когда и как помочь Своему созданию, Он помогает ведомым Ему способом в нужный для этого час. Однако часто Его немощному созданию не хватает терпения, оно хочет получить просимое сию же минуту, как малое дитя, которое просит у матери бублик недопечённым и не может потерпеть, покуда он будет готов. Наше дело просить и терпеть, а добрая наша Мать, Пресвятая Богородица, даст нам просимое, когда оно будет готово.

— Геронда, а в каких случаях помогают святые?

— Они помогают, когда в этом есть действительная нужда, а не когда мы лишь полагаем, что она есть. То есть они помогают, когда нам это на пользу. Понятно? К примеру, ребёнок просит у отца мопед, но отец не покупает. «Мне нужен мопед, — ноет ребёнок, — я устаю ходить пешком, мучаюсь». Однако отец не покупает ему мопед, потому что боится, что сын разобьётся. «Я тебе потом машину куплю», — говорит он сыну, кладёт деньги в банк, а когда их накопится достаточно, покупает машину. Так и святые: они знают, когда нам надо помочь.

— Геронда, как мы ощущаем милость Божию?

— Милость Божия — это божественное утешение, которое мы ощущаем внутри себя. Бог устраивает так для того, чтобы мы не находили упокоения в человеческом утешении и прибегали к утешению божественному. Так, например, австралийские греки, оказавшись совершенно одни, приблизились к Богу больше, чем те, кто уехал в другие страны, скажем, в Германию, где греки и ближе к Родине, и в окружении соотечественников. Уехавшим в Австралию трудности очень помогли ухватиться за Бога. Все они уехали с одним чемоданом, оказались вдали от Родины, вдали от родных, а надо было найти работу, учителя для детей и много чего ещё. Помощи ждать было неоткуда. Поэтому они обратились к Богу и удержали веру. А в Европе греки не переживали таких трудностей и потому не держатся так сильно и за Бога.

«Проси́те, и да́стся вам»

— Геронда, почему мы должны просить Бога о помощи, раз Он знает наши нужды?

— Потому что есть свобода. И, кроме того, когда нам больно за ближнего и мы просим Бога помочь ему, это приводит Его в сильное умиление, потому что тогда Он вмешивается, не нарушая свободы человеческой воли. Бог всецело расположен помочь людям, которые страдают. Однако для того, чтобы Он помог им, кто-то должен Его об этом попросить. Потому что если Бог поможет кому-то при том, что никто не будет просить Его об этом, то диавол выразит несогласие и скажет: «Почему Ты помогаешь ему и нарушаешь свободу человеческой воли? Он грешник и, значит, принадлежит мне». Из этого видно и великое духовное благородство Бога, Который даже диаволу не даёт права выражать несогласие. Поэтому для того, чтобы вмешиваться, Он хочет, чтобы мы просили Его об этом. Он и хочет прийти на помощь сразу же, если это идёт нам во благо. Он хочет помогать Своим созданиям в соответствии с их нуждами. По отношению к каждому человеку Он действует отдельно — так, как больше на пользу каждому.

Итак, для того чтобы помог и Бог, и святые, этого должен хотеть и просить сам человек. В противном же случае помогать они не будут. *Хо́щеши ли цел бы́ти?*[23] — спросил расслабленного Христос. Если человек не хочет, то Бог это чтит. И если кто-то не хочет в рай, то Бог не берёт его туда силком, кроме тех случаев, когда человек, находившийся в духовном неведении, был несправедливо обижен, тогда он имеет право на Божественную помощь. В других же случаях Бог не хочет вмешиваться. Человек просит помощи? Бог и святые ему её подают. Едва успеешь глазом моргнуть, как они уже помогли. А иногда и моргнуть-то не успеваешь, настолько быстро Бог оказывается возле тебя.

Проси́те и да́стся[24], — говорит Священное Писание. Не прося у Бога помощи, мы терпим полную неудачу. Если же мы просим Божественной помощи, то Христос верёвочкой связывает нас со Своей благодатью и удерживает нас. Ветер дует то с одной стороны, то с другой, но мы привязаны и находимся вне опасности. Но когда человек не понимает, кто его удерживает, то он развязывает верёвочку, отделяется от Христа, его со всех сторон начинают трепать ветры, и он страдает.

Знайте, что нашими бывают только страсти и грехи. Что бы мы ни сделали доброго — оно от Бога, каких бы мы

---

[23] Ин. 5:6.
[24] Мф. 7:7.

ни натворили глупостей, они — наша собственность. Чуть нас оставит Божественная благодать, как всё — мы уже ничего не можем сделать. В жизни естественной, как только Бог лишает нас кислорода, мы сразу умираем. Так и в жизни духовной: только лишь Он чуть отнимает от нас Божественную благодать, так всё — мы пропали. Как-то раз во время молитвы я ощутил радость. Я стоял на ногах несколько часов и ничуть не испытывал усталости. Всё время, пока молился, я чувствовал некое сладкое отдохновение, нечто непередаваемое словами. Но вот через какое-то время у меня появился помысел человеческий: «У меня не хватает двух рёбер, и я быстро простужаюсь. Чтобы не терять этого состояния и переживать его, сколько оно будет длиться, надо пойти, взять тёплый платок и закутаться, иначе я могу простыть». Только лишь я принял этот помысел, как свалился на пол. Я пролежал на полу около получаса, потом смог подняться, пойти в келью и лечь. Перед этим, углубляясь в молитву, я ощущал как бы некую воздушность, лёгкость, радование, невыразимые словами. Но только лишь я принял этот помысел, как упал на пол. Если бы я принял помысел гордый и, к примеру, подумал бы: «Вот вопрос: есть ли ещё хоть два-три человека в таком состоянии, как я?» — то я бы сильно повредился. Мой помысел не был бесовским. Я подумал как человек, как хромой думает о том, чтобы взять свои костыли. Этот помысел был естественным, но, видишь, что со мною случилось даже и от него!

Единственное, что есть у человека — это расположение, и Бог помогает ему в соответствии с этим расположением. Поэтому я говорю, что все блага, которые у нас имеются — это Божии дары. Наши дела — ничто, и наши добродетели есть один сплошной ряд из нулей. Будем же стараться постоянно прибавлять нули к нулям и просить Христа поставить в начале этого ряда единицу. Так мы станем богатыми. Если же Христос не поставит единицы в начале, то весь наш труд пойдёт насмарку.

Благодать Божия привлекается смирением

— Геронда, подвизаясь, я испытываю трудности.

— А просишь ли ты помощи у Христа или же борешься сама? Сказала ли ты о своей слабости Христу? Ты не смиряешься, не просишь у Христа помощи, а потом говоришь: «Подвизаясь, я испытываю трудности». Если смиряться и просить у Христа немного помощи, то Он помогает. Часто старание, которое прилагает человек, эгоистично, поэтому не помогает и Христос. Выброси своё «я», не принимай его в расчёт, и в тебя вселится благодать Божия. Мы хотим достигнуть святости магическим способом, без труда, однако Бог не помогает человеку, находящемуся в духовно неправильном состоянии. Если хоть немного примешивается своекорыстие, то это препятствует Божественной помощи.

— Но, если я расположена исправиться, разве Бог не поможет мне осознать мою слабость, которую я не видела сама?

— Для того чтобы Бог помог, в тебе должна быть расположенность к подвигу. Говоря «расположенность к подвигу», мы имеем в виду то, чтобы человек приложил малое старание преодолеть свою слабость. Увидев немного чистого расположения, Бог щедро помогает человеку, щедро посылает ему Свою благодать. Человек входит в Божие русло.

— Геронда, до какого предела помогает нам Бог в духовной борьбе?

— До того, пока мы сами помогаем Ему нам помочь. Когда вы о чём-то просите у Бога в течение долгого времени и Он не даёт вам помощи, знайте, что причина этому — ваша гордость. Если у нас есть страсти, к примеру, чревоугодие, невоздержание языка, гнев, зависть и т. п. и одновременно с этим у нас есть и гордость, то Бог не помогает нам избавиться от них, потому что мы мешаем Божественной благодати. И даже если в нас есть только предрасположенность к гордости, то мы всё равно мешаем Богу нам помочь, даже если подвизаемся и молимся больше, чем нужно. Невозможно, чтобы Бог не помог, если нет опасения, что человек припишет это себе. Только лишь исчезнет предрасположенность к гордости и человек станет духовно здрав, как Бог сразу же избавит этого человека от мучащей его страсти и вознаградит за тот подвиг «сверх нормы», который он подъял. Поэтому для того, чтобы получить помощь, мы должны помочь Богу своим смиренным мудрованием. Скажем так: «Боже мой, я такой никчёмный человек! Прошу Тебя, прости меня и помоги мне». Тогда Бог помогает, потому что душа, добрым и смиренным расположением вверившая себя в Его руки, имеет право на Божественную помощь.

Надо верить, что Христос и Пресвятая Богородица всегда покровительствуют и помогают нам, лишь бы только мы имели смиренное мудрование. Наш Бог не глух, чтобы не услышать нас, и не слеп, чтобы нас не увидеть, Он не такой, как Ваал[25].

Помощь в начале духовной борьбы

— Геронда, верно ли, что Бог больше всего помогает человеку в начале его духовной борьбы?

— Да, Бог очень помогает человеку, когда тот делает первые шаги в своей духовной жизни, подобно тому как родители больше оберегают своих детей, когда те ещё

---

[25] См. 3. Цар. 18:26.

маленькие. Когда же дети взрослеют, родители пекутся о них уже не так сильно, потому что дети начинают пользоваться собственным разумом. В начале духовной борьбы человек отчётливо ощущает благодать Божию, но потом Бог чуть удаляется от него, чтобы он предпринял подвиг и возмужал. Помню, я посадил у себя на огороде несколько кустов помидоров. Вначале поливал их каждый день, а потом перестал и поливал только тогда, когда начинали желтеть их листья. Без воды помидорам было трудно, и для того, чтобы найти влагу, они были вынуждены пустить свои корни глубоко в землю. Завязались и их плоды. А если бы я поливал их, не переставая, то они бы только росли вверх, а их корни оставались бы на поверхности.

— Геронда, Вы сказали, что в начале своей духовной борьбы человек чувствует благодать Божию, а потом благодать чуть удаляется от него.

— Да. Бог забирает Свою благодать, чтобы человек смирился и осознал Его помощь.

— Не болезненно ли такое изменение?

— Нет, потому что Бог не оставляет человека совсем. Когда человек начинает духовно работать, Бог даёт ему, ну, скажем… шоколадку. Так, потихонечку, человек приучается работать и есть шоколадки. Но если Бог перестаёт давать человеку сладости и тот прекращает работать, а начинает причитать: «Сначала-то я ел шоколадки, а сейчас — ни одной!.. Ох, какая же меня постигла беда!..» — то такой человек не преуспевает. То есть человек, наоборот, должен этому радоваться. Не надо хотеть лёгкой помощи от Христа, не надо просить снисхождений, потому что тогда мы останемся неиспытанными, необученными. И в армии те, кто хорошо учатся, остаются в живых. Если человек без конца получает помощь, то в конечном итоге он остаётся беспомощным. То, что Христос не помогает постоянно, приводит меня в умиление. Я чувствую себя как ученик требовательных преподавателей. Сдать духовные экзамены трудно: требуется постоянно следить за собой и прилагать усилия, но таким образом человек духовно преуспевает. Разве Богу тяжело постоянно помогать каждому человеку? Конечно, нетяжело, но только такая помощь человеку не поможет. Если родители без конца кормят своё избалованное дитя шоколадом, и сам ребёнок хочет, чтобы его всё кормили и кормили, то такой человек вырастет ленивым, строптивым, жалким. Также и в жизни духовной — если кто-то постоянно принимает Божию помощь и не трудится сам, то ему никогда не достичь духовной зрелости. Поэтому Бог, помогая человеку в начале духовной жизни, впоследствии потихоньку отходит в сторону, чтобы тот понял, что и сам должен делать то, что в его силах. Вон, когда малыш учиться ходить, родители не держат его постоянно за ручку, но дают ему попробовать пройти и самому. А как только он собирается упасть, они — раз! — подхватывают его! Потом ребёнок понимает, что его собственных сил хватит лишь на то, чтобы пройтись, держась за что-нибудь ещё. Если же ребёночек ходит, только когда его держат за руку, а когда его оставляют, не держится за что-нибудь, чтобы учиться ходить самому и потихоньку набираться сил, а садится на пол, то он никогда не выучится ходить, потому что он не сделал то, что мог.

— А чувствует ли человек, что сперва он имел Божественную помощь, а потом её лишился?

— Если человек не следит за собой, то он не чувствует ничего.

Божественные силы всемогущи

— Геронда, многие тревожатся: «Чем закончатся те или иные испытания, происходящие в мире?»

— Слушай-ка, что я тебе скажу: сейчас Бог, если бы даже и хотел нас оставить, не может этого сделать.

— Что Вы имеете в виду, геронда?

— А вот что: родители, дав жизнь ребёнку, чем больше бьются над тем, чтобы его вырастить, тем сильнее любят его и болеют за него. Так и Бог — Он дал нам жизнь, Он некоторым образом выстрадал, вырастил нас, Он, если можно так сказать, утомился, делая с нами всё, что Он сделал. И сейчас Он не может нас оставить, даже если бы и захотел, потому что Ему больно за нас, лишь бы сами мы имели хоть чуточку любочестия. Если у нас есть немножко любочестия, то мы не останемся вне рая.

— Вы сказали, геронда, что Добрый Бог не оставит нас…

— Да. Бог никогда нас не оставляет, Его оставляем мы. Если человек не живёт духовно, то он не имеет права на Божественную помощь. Он имеет на неё право, живя духовно и находясь близ Бога. И тогда, случись что-то и умри такой человек, он готов к иной жизни, так что он остаётся с прибылью и в этой, и в иной жизни.

Помощи Божией не могут помешать ни люди, ни бесы. Ни для Бога, ни для святого человека нет ничего трудного. Препятствием является лишь наше человеческое маловерие. Своим маловерием мы мешаем великим Божественным силам приблизиться к нам. Возле нас есть столь великая сила, но в нас присутствует в высокой степени человеческое начало, и мы не можем постичь начало Божественное, которое превосходит человеческие силы всего мира, поскольку силы Божественные всемогущи.

Мы часто без пользы просиживаем целыми часами, стараясь сами найти выход из какой-то ситуации и прилагая к этому всю свою неопытность. У нас трещит голова и режет глаза, мы не можем уснуть, потому что на нас насел тангалашка с навязчивыми мыслями. И в конце концов мы находим выход, но после Бог находит для нас выход иной, лучший, тот, о котором мы даже и не подумали, нам же остаются только головная боль и бессонные ночи. Если перед нами нет Бога, то устаёт и болит голова, какой бы правильной ни была наша мысль. Молитва же с доверием к Богу восстанавливает силы человека. Поэтому давайте с доверием возложим на Бога то, что трудно осуществить по-человечески. Не будем опираться на собственные человеческие старания, а Он сделает то, что полезнее всего.

Всегда, что бы вы ни собирались сделать, говорите «если Богу угодно», чтобы с вами не произошло то, что случилось с одним самоуверенным человеком. Он собирался пойти поработать в винограднике и сказал своей жене: «Завтра рано утром я пойду в виноградник». — «Если Богу угодно, пойдёшь», — сказала ему она. «Угодно Богу или не угодно, — ответил он, — а я пойду». Наутро, ещё затемно, он вышел из дома, но по дороге хлынул такой ливень, что ему пришлось вернуться. Ещё не рассвело. Он постучал в дверь. «Кто там?» — спросила жена. «Если Богу угодно, — ответил он, — то это я, твой муж!»

Благое расположение

— Геронда, что будет с теми, у кого есть доброта, но нет веры?

— Ты думаешь, у них нет веры? Хорошо, допустим, что это так. Но разве, когда они были маленькими, мать не причащала их? И, даже если не причащала, разве они не были крещены, не были помазаны миром? Разве родились они не от православных и крещёных матерей? Вот увидишь, как поможет Бог этим имеющим доброту людям: испытаниями или болезнью, бедствиями или землетрясением, молнией, громом, наводнением, одним только словом или чем угодно ещё. И в конце концов Он приведёт их в рай. Часто такому человеку может явиться даже святой или ангел, несмотря на то что столь великого благословения он не заслуживает. Христос, использовав перед тем все прочие средства, может сделать и это. Но часто с этими людьми случается следующее: встревает диавол, обманывает их, и многие из этих несчастных прельщаются, потому что диавол начинает говорить им: «А, вот видишь, Бог показал тебе столь великое чудо, потому что ты можешь спасти мир!» И несчастный вместо того, чтобы сокрушаться, вместо того, чтобы говорить: «Боже мой, как мне Тебя благодарить? Я не был достоин столь великой благодати», принимает помыслы, которые приносит ему диавол, и гордится. Потом диавол приходит к нему снова и начинает «телепередачу»: показывает ангелов, святых и говорит ему: «Ты спасёшь вселенную». Если же такой человек придёт в себя, то Бог снова поможет ему.

В любом случае не будем забывать того, что все мы имеем наследие, дарование от Бога. Поэтому у всех людей в глубине есть доброта. Однако всё заражает диавол. И некоторые сейчас, даже отойдя от Церкви, сохранили это наследство, эту доброту. Что же, Бог поможет им. Поэтому, встречая человека, которого затянуло в греховную жизнь, но сострадательного — видящего, к примеру, больного и страдающего сердцем, видящего бедняка и помогающего ему — знайте, что Бог не оставит этого человека, поможет ему. Но если вы видите, что тот, кто отошёл от Бога, жесток, немилосерд, имеет и другие страсти, то вы должны денно и нощно молиться за него, чтобы Бог высадил в его сердце «десант» и человек этот обратился.

Суды Божии — бездна. Я знаю одно: люди, живущие жизнью мирской, те, кому не представилась благоприятная возможность познать Бога, те, кто был увлечён злом, те, кого подтолкнули к нему, — все эти люди, если они имеют при этом доброе расположение, приводят Бога в умиление, и Он поможет им. Он приведёт в действие различные способы для того, чтобы такие люди нашли свой путь, Он их не оставит. Он устроит так, что даже и в час смерти они будут находиться в добром состоянии.

ЧАСТЬ ПЯТАЯ
О ДУХОВНОМ ОРУЖИИ

«Если кому-то больно за то, что царит сейчас в мире, если кто-то молится об этом, то люди получают помощь, и при этом свобода их воли остаётся ненарушенной».

ГЛАВА ПЕРВАЯ
О молитве, оружии крепком

Необходимо много молитвы

Мирской человек в прежние времена, собираясь что-то сделать, перед этим думал. Если же хотел сделать что-то человек духовный, то он и думал, и молился. В наше время даже «духовные» люди мало того что не молятся, но и не думают. Дело часто касается серьёзных вопросов, а они ставят эксперименты, и на ком — на людях! Во всех случаях, перед тем как что-то предпринять, будем задавать себе вопрос: «Обдумал ли я это? Помолился ли я об этом?» Предпринимая что-то, не подумав и не помолившись, человек действует по-сатанински. Часто многие христиане своими действиями препятствуют Божиему вмешательству. Они полагают, что справятся с задачей сами, и при том что даже неверующие говорят: «С Божьей помощью», эти люди так не говорят. Например, кто-то борется против карнавала[1], тогда как можно помолиться, и Бог даст такой град, что весь народ разбежится и все выступления отменят. Или,

---

[1] Имеется в виду нехристианская традиция проведения в Греции ежегодного масленичного карнавала, сопровождающегося шумными зрелищами и народными гуляньями. — *Прим. пер.*

предположим, некоторые обвиняют в чём-то какого-то архиерея, другие обжалуют эти обвинения в Государственном совете, но и на этом не останавливаются: демонстрации, шум, статьи в газетах… Без конца человеческие старания — Богу эти люди действовать не дают, не прибегают к молитве, чтобы Он ответил через неё. Всё неисправленное и неисправимое исправляется смирением и молитвой.

Сегодня мы живём во времена Апокалипсиса, и не нужно быть пророком для того, чтобы это понять. Всё идёт одно за другим. Мы не знаем, что нас ждёт, это видно из положения, господствующего в мире. Поэтому сейчас, как никогда, нам нужно сильнее опереться на молитву и сразиться со злом молитвой. Это единственный выход. Будем просить Бога пожалеть Своё создание, хоть мы и не стоим того, чтобы Он нас жалел. Люди не смогут прийти ко взаимопониманию. Каждый станет делать то, что взбредёт ему в голову. Исполнится то, о чём пророчествовал святой Косма Этолийский[2]: «Надо будет долго идти, чтобы встретить человека, а те, кто останется в живых, будут есть золотыми ложками». Конечно, у некоторых есть помысел: «Какая же польза от молитвы, раз пророчества всё равно исполнятся?» Да, Бог знает, что события разовьются именно так, но мы молимся для того, чтобы зло было менее болезненным и не получило распространения. Поэтому и в Евангелии говорится, что ради

---

[2] *Священномученик равноапостольный Косма́ Этоли́йский* (1714–1779) — народный святой Греции, пророк нового времени. Значительное время подвизался на Святой Афонской Горе. После божественного призвания вышел в мир и с проповедью о Христе проходил города и сёла порабощённой турками Греции. Учил Евангелию, открывал школы, препятствовал исламизации греков. Совершил множество чудес и оставил очень много пророчеств о будущем всего человечества. Был задушен мусульманами и брошен в реку. День памяти 24 августа (6 сентября). См.: *Зоитакис А.* Житие и пророчества Космы Этолийского. М: 2007. — *Прим. пер.*

избранных дни сократятся³. Например, на войне сила молитвы совершает чудо: больше людей остаются в живых, а жертв, наоборот, бывает меньше. От всего этого люди получают духовную пользу, становятся верующими и в хорошем смысле изменяются.

Дело нешуточное. Чудо уже то, что до сих пор мир не взлетел на воздух. Да прострёт Бог свою руку — весь мир зависит от трёх-четырёх людей, его судьба находится в руках нескольких сумасбродов. Прямо по пословице: «Конь с конём бьётся, а копытом курам достаётся». Так оно и есть. Когда начинается заваруха между большими государствами, то несправедливости сыплются на головы несчастных маленьких. Брыкаются большие, а рушатся маленькие. Необходимо много-премного молитвы, чтобы Бог просветил власть имущих, потому что они, если захотят, могут разрушить мир. Но Бог очень легко может немного просветить и их. Если же Он просветит кого-то одного, то стоит ему только отдать соответствующее распоряжение, как всё поменяется.

Прошения в молитве

— Геронда, не могли бы Вы, если можно, назвать нам что-то из того, о чём надо молиться особо.

— Прежде всего будем просить, чтобы вследствие нашей молитвы те, кто живёт, и те, кто будет жить, пришли к почитанию Бога. Я, говоря в своей молитве: «Проба́ви ми́лость Твою́ ве́дущим Тя», прибавляю: «…и неве́дущим Тя». И даже так молюсь: «Го́споди, спаси́ нечести́выя». (Церковь, конечно же, правильно установила возглашение: «Го́споди, спаси́ благочести́выя», потому что иначе нечестивые могли бы браниться, слыша, как о них

---

³ См. Мф. 24:22. Мк. 13:20.

молятся). Потом, когда священник произносит: «О заповéдавших нам, недостóйным, молѝтися о них», я прибавляю: «…и о незаповéдавших», поскольку мы должны молиться и о тех, кто просил нас об этом, и о тех, кто этого не просил, о тех, кого мы знаем и не знаем. У скольких тысяч людей есть нужда намного большая и проблемы более серьёзные, чем у тех, кто просил наших молитв! Будем молиться и о тех, с кем обошлись несправедливо, чтобы правда стала явной; о том, чтобы были помилованы те, кто находится в тюрьмах, а пережитые ими страдания пошли им на пользу, и они исправились.

Подкладывая в огонь дрова, я молюсь: «Согрей, Боже мой, тех, кто лишён тепла». Сжигая письма, которые мне присылают (прочитав письма, я сжигаю их, потому что они содержат то, что не должны знать другие, и в частности исповедания грехов), я говорю: «Да попалит Бог все их недостатки. Да поможет Он им жить духовно и да освятит их». А ещё у меня есть привычка просить святых покровительствовать людям, которые носят их имена, а у всех святых я прошу предстательства за тех, у кого нет покровителя святого[4].

— Геронда, как лучше: просить милости Божией вообще или, согласно заповеди Спасителя *просѝте и дáстся вам*[5], просить в молитве и о чём-то конкретном?

— Молись вообще и говори: «Господи Иисусе Христе, помилуй страждущих телесно и душевно». Эта молитва охватывает и усопших. Если тебе на ум приходит кто-то из родных, то произнеси за него молитву: «Помилуй раба Твоего (имярек)» и сразу же перейди к общей молитве за

---

[4] Крещение людей с нехристианскими именами допустимо в Греческой Церкви. По сложившемуся обычаю такие люди празднуют день своего тезоименитства в Неделю Всех святых. — *Прим. пер.*

[5] Мф. 7:7.

весь мир: «Помилуй весь мир Твой». Ты можешь привести себе на ум конкретного человека, испытывающего нужду, немного помолиться о нём, а потом произносить молитву «Господи, Иисусе Христе, помилуй нас» — с болью за всех, чтобы... поезд не ушёл только с одним пассажиром. Не нужно застревать на ком-то одном, иначе потом мы не сможем помочь молитвой ни самим себе, ни другим. Когда ты молишься, к примеру, о ком-то, кто болен раком, то молись о всех, у кого рак, и добавляй молитовку за усопших. Или, если ты видишь какого-то несчастного, то пусть твой ум сразу же идёт ко всем несчастным, и молись за них. Помню, как ребёнком я увидел одного нищего, умершего на пороге турецкого дома, в десяти метрах от нашего. Его звали Петром. Турчанка нашла его утром лежащим возле их крыльца, и, когда стала его расталкивать, поняла, что он умер. Я его до сих пор поминаю. А сколько в мире таких «Петров»! Молящемуся полезно просить о чём-то определённом и думать о том, что наши ближние страдают, потому что от этого его сердце уязвляется болью. А потом с болью в сердце человек возвращается в молитве от конкретного к общему и сердечной молитвой больше помогает людям.

Монаху хорошо разделять свою молитву на три части: о себе самом, о всём мире и об усопших. Но даже и при таком разделении, несмотря на то что оно кажется равным, наибольшее попечение монаха — о себе самом, потому что его душа одна, тогда как живых и усопших — миллиарды.

— Геронда, а я на послушании обычно молюсь только о себе самой.

— Это неправильно. Если молиться только о себе самой в келье, молиться только о себе самой на послушании, то как сердце уязвится болью? Когда у кого-то появляется любовь, боль, жертвенность, то появляется и некое высшее участие к другим, а сердце от этого услаждается.

Таким образом, человек не забывает молиться во время работы. Тогда люди получают действительную помощь, но помощь получает и сам молящийся и переживающий духовную радость. Исполняй своё послушание и молись: «Господи Иисусе Христе, помилуй нас», чтобы твоя молитва помогала всем людям. Это «помилуй нас» охватывает всех людей, даже и тех пятерых-шестерых — сколько их там — «великих», от которых зависит судьба всего мира. Трудись и молись о тех, кто трудится. Эта молитва помогает и тем, кто работает телесно, и тем, кто работает духовно. Потому что трудятся многие, и к тому же трудятся усердно. Одни — на благо Церкви и государства. Другие — на зло: ночи напролёт просиживают, придумывая, как разрушить мир. Третьи собираются на конференции и стараются найти способ, чтобы помешать предыдущим сделать зло. Четвёртые тоже работают день и ночь, не спят, стараясь найти разрешение общечеловеческих проблем. Молись, чтобы Бог просветил злых и они делали меньше зла или чтобы Бог совершенно устранил зло. Молись, чтобы Он просветил добрых и они помогали людям. Молись о тех, кто хочет трудиться, но, будучи больным, не может; молись и о тех, кто здоров, но не может найти работу, в то время как испытывает нужду. Думай о разных случаях и молись о них. Когда ум устремляется ко всем этим людям, сердце уязвляется болью, и молитва становится сердечной. Сколько людей в течение всего дня нуждается в молитве! Не тратьте же время попусту. Начав молиться о том, кто этого попросил (неважно, что он, не имея большой нужды в молитве, считает, что нуждается в ней), молящийся идёт дальше и думает о всех тех, кто испытывает ещё большую нужду. А тогда помощь получает и тот, кто полагал, что он нуждается в молитве, потому что он послужил поводом для чьей-то молитвы о многих.

Помощь, оказываемая посредством молитвы

— Геронда, святой апостол Иаков говорит: *Мно́го бо мо́жет моли́тва пра́ведного поспешеству́ема*[6]. Что значит *поспешеству́ема*?

— Нужно, чтобы тот, кто просит чьих-то молитв, и сам при этом хотел помочь себе, хотел спастись. Он должен подвизаться. То есть для того, чтобы получить помощь от молитвы праведного человека, нужно самому иметь доброе расположение. Бог слышит молитву, совершаемую сердцем, однако и тот, за кого молятся, должен хотеть принять помощь. Если же он этого не хочет, то молящийся должен иметь святость Паисия Великого, чтобы он смог вывести его душу из ада[7]. Поэтому сначала молитесь о тех, кто расположен спастись.

Я, прося Бога о различных нуждах, говорю: «Боже мой, пусть Твоя помощь будет заметна, чтобы люди получили от этого и духовную пользу. Если же она не будет заметна, то не нужно нам помогать». Многие даже и не понимают, от каких бурь избавляет нас Бог, совершенно не думают об этом и не славословят Его. Поэтому будем просить, чтобы Христос, Матерь Божия, святые помогали народу, но пусть их помощь будет осязаемой, чтобы людям это шло на пользу. Допустим, кто-то оступается на лесах, но Бог устраивает так, что он цепляется там, где зацепиться

---

[6] Иак. 5:16.

[7] В житии преподобного Паисия Великого описывается следующий случай: один нерадивый послушник пал от преслушания в некий грех и, не успев покаяться, умер. После настойчивых молитв его старца Бог открыл ему, что душа послушника будет находиться в аду до дня Страшного Суда, в который она воспримет окончательное, подобающее ей воздаяние. Тогда старец обратился к преподобному Паисию и попросил его помолиться Богу о спасении умершего. После горячей молитвы преподобного Христос освободил душу нераскаянного послушника из ада.

было не за что, и остаётся в живых. Или кто-то падает и не получает увечий, попадает в автомобильную аварию и остаётся невредим. Во всех этих случаях надо помолиться, чтобы человек понял, что он спасся потому, что Бог помог ему и, поняв это, получил духовную пользу. Один мой знакомый упал с моста в реку и остался жив. «Ну что, — спросил я его, — спрыгнул глубину померить?» Святые держат нас на руках. Одному юноше я дал в благословение крестик. Он мчался на мотоцикле и перелетел вместе с ним через такси, перевернулся в воздухе и помчался дальше по дороге — не получил ни царапины. От верной гибели спасаются многие, но немногие это осознают и исправляют себя.

— Если я молюсь о ком-то, но сам он не просит о помощи, то получит ли он её?

— Это зависит от многого. Прежде всего, если у этого человека было доброе расположение, но ему не представилось благоприятной возможности его реализовать, то он имеет право на Божественную помощь. Пусть другие и не будут о нём молиться, пройдёт время, и Бог даст ему благоприятную возможность исправиться. Но если он попросит о помощи с самого начала, то Бог вмешается, и он исправится раньше. В противном случае он исправится позднее. Молитвою мы даём Богу право на вмешательство. Нет сомнений: если человек от сердца просит помощи и смиренно говорит: «Молись, отче, и обо мне», то он обжигает твоё сердце, и ты не можешь его забыть. Если же он говорит совершенно поверхностно: «Молись, молись, протяни какой узелок», словно говорит тебе: «Привет!» — то как тут его вспомнишь?

Когда совершается сердечная, с болью молитва о нуждах мира, люди, просящие в тот час помощи у Бога, сразу же её получают. Я могу привести немало очевиднейших примеров. Много лет назад один человек, находясь в глубоком отчаянии и помрачившись сознанием, перешёл через границу и оказался в одной из коммунистических стран. Там его приняли за лазутчика, схватили, били и отправили в тюрьму. В тюрьме он молился. Один мой знакомый монах узнал о его несчастье и помолился: «Боже мой, прошу Тебя, освободи его! Тебе легко это сделать». Из тюрьмы его повели на допрос, а после допроса он… оказался на территории Греции. Когда его допрашивали уже наши следователи, он отвечал: «Меня били, посадили в тюрьму, требовали признания. А что было после, я не помню. Даже и не понял, как очутился на греческой заставе, не знаю, как это произошло». Такова сила молитвы. Молитва приклоняет Бога на милость.

Хорошо, если наша «рация» работает не переставая, чтобы успевать за всеми, кто просит о помощи. В армии, в роте связи, мы не только следили за чужими радиостанциями, но и помогали своим. Мы включали промежуточную радиостанцию для тех, кто находился далеко от центра и не имел достаточной мощности; мы принимали их сообщения и передавали их дальше. Нас всегда было двое, и мы в две смены дежурили у рации круглые сутки, потому что если бы радист был только один, то он бы прерывался и тогда тот, кому требовалась помощь, не получал бы её, его сообщения не достигали бы места назначения. Одна такая рация, если она работает постоянно, может помогать тем, чьи сообщения не доходят до центра. Так и тот, кто имеет дерзновение к Богу и молится о ближнем, включает свою промежуточную «радиостанцию» между человеком, просящим о помощи, и Богом. Но если один будет просить о помощи, а другой свою «радиостанцию» выключит, то что из этого выйдет?..

Достоинство имеет качество молитвы

— Геронда, когда мы просим о чём-то серьёзном, то не должна ли молитва сопровождаться постом?

— Да об этом и говорить-то нужды нет, это необходимо. Пост, аскеза являются предпосылками молитвы. Но для того, чтобы молитва была настоящей, нужно испытывать боль за людей. Ведь для многих христиан нашей эпохи желание не волноваться стало уже типиконом, образцом. Даже пенсионеры, просиживающие целыми днями напролёт без дела, не хотят приблизить к себе какого-нибудь брошенного ребёнка, потому что он доставит им хлопоты. Они лучше покушают, выпьют чашечку кофе, пойдут прогуляются, сходят проведать какого-нибудь больного в больницу с медсёстрами и сиделками, сходят туда, где всё в порядке, потому что это легче. То есть всё это будет им в удовольствие, а заодно и помысел свой они будут успокаивать тем, что выполнили свой долг. Скольких же людей я просил помочь брошенным детям! Но всё без толку.

На Святой Горе как-то пошли крестным ходом просить о дожде, и вместо дождя вспыхнул пожар! На крестный ход нельзя ходить как на прогулку. Должна появиться боль. Да разве останется искушение или какая-то трудность неразрешёнными, если монахи помолятся от сердца? Но я вижу, что за дух господствует в монастырях, несмотря на все эти трудные годы. «Будем радоваться!» Да тут мир горит! Нас просят отслужить бдение, предположим, о каком-то больном. Мы поём: «Отве́рзшу Тебе́ ру́ку» — и радуемся. Человек умирает, а мы с удовольствием проводим своё время и говорим: «Отслужили бдение о болящем». Да какое там бдение?! Вы устроили себе развлечение! Да, это духовное развлечение. А иногда мы не молимся о том, кто болен, даже когда священник возглашает: «О в не́мощех лежа́щих». Но наша помощь была бы действеннее, если мы помолились немножко и по чёткам. Я не призываю к упразднению предусмотренных церковным уставом праздничных бдений, но в случаях, подобных только что приведённому, нужно находить немного времени и для того, чтобы протянуть, по крайней мере, одну-две чётки с молитвой: «Господи Иисусе Христе, помилуй раба Твоего».

Вся основа в качестве молитвы. Молитва должна быть сердечной и происходить от боли. Для Бога достоинство имеет не столько количество, сколько качество молитвы. Количество молитвы в монастырях есть, но этого мало, должно быть и качество. Столько людей молится и по стольку часов! Да если бы эта молитва была сердечной, то мир давно изменился бы! А потому цель в том, чтобы церковные службы совершались от сердца.

Сердечная молитва помогает не только другим, но и нам самим, поскольку она содействует тому, чтобы в нас появилась внутренняя доброта. Когда мы ставим себя на место другого, в нас естественным образом появляются любовь, боль, смирение, благодарность Богу с непрестанным Ему славословием. И тогда, став благоприятной Богу, наша молитва о ближнем помогает ему.

«И ну́ждаста Его́»

— Геронда, как быть — во время молитвы моё сердце остаётся холодным.

— Это оттого, что ум не шлёт телеграмму сердцу. А, кроме этого, в молитве нужно потрудиться, невозможно во мгновение ока достичь такого состояния, чтобы ум совсем не уходил. Необходимо терпение. Как в дверь стучат? Стукнут разок, стукнут другой, потом ждут — и дверь открывается. А ты хочешь один раз постучать и сразу войти. Так не бывает. Когда ты начинаешь молитву, у тебя что, нет к ней желания?

— Я ощущаю нужду в помощи, потому что чувствую себя слабой.

— А, вот с этого-то и начинают. В молитве необходима настойчивость. *И ну́ждаста Его́*[8], — говорит Евангелие о двух учениках, встретивших Господа на пути в Эммаус. Христос остался с ними, потому что они, находясь с Ним в духовном родстве, имели на это право. У них были смирение, простота, доброта, дерзновение — в хорошем смысле этого слова. У них были все предпосылки, чтобы Христос остался с ними, и поэтому Он это сделал.

Обо всём просимом нужно молиться с верою, нужно терпеть, и Бог заговорит. Ведь, молясь с верою, человек некоторым образом обязывает Бога исполнить просимое ради этой веры. Поэтому, прося о чём-то у Бога, *не усумни́мся* и будем услышаны. *Имейте веру и не сомневайтесь*[9], — сказал Господь. Бог знает, когда дать нам то, о чём мы просим, так, чтобы это не нанесло нам духовного вреда. Иногда мы просим о чём-нибудь у Бога, но не имеем терпения и волнуемся. Нам стоило бы волноваться, если бы наш Бог не был сильным, но раз мы имеем Всесильного Бога, у Которого такое великое множество любви, что Он питает нас Своею Кровью, то нашим волнениям нет оправданий. Иногда мы не вверяем разрешение какой-то трудности в руки Божии, а действуем по-человечески. Когда мы просим о чём-то у Бога, но наша вера колеблется, и мы, не дожидаясь, пока Он ответит на наше прошение, хотим по-человечески добиться того, чего трудно добиться, то это похоже на то, что мы подаём Царю Богу прошение, но, когда Он

---

[8] См. Лк. 24:29.
[9] См. Мф. 21:21.

простирает Свою руку к действию, забираем наше прошение обратно. Потом мы снова просим Его, но наша вера опять колеблется, мы опять волнуемся и повторяем то же самое. Так наша мука становится затяжной. То есть мы ведём себя, словно человек, который подаёт прошение в министерство, но вскоре, передумав, забирает его назад. Потом он опять передумывает и подаёт его обратно, проходит ещё немного времени, и он снова забирает его. Однако прошение должно лежать на месте, чтобы до него дошла очередь.

Молитва с болью

— Геронда, а как Вы молитесь о какой-то нужде?
— Основа всего в том, чтобы стало больно. Если не больно, то можно часами тянуть чётки, но молитва не будет иметь никакого результата. Если человеку больно за то, о чём он молится, то он и одним лишь воздыханием совершает сердечную молитву. Многие, когда люди просят их молитв, не располагают временем и молятся о нуждах этих людей одним лишь воздыханием. Я не говорю, что не нужно молиться, но если случилось так, что времени нет, то воздыхание о чужой боли есть сердечная молитва. То есть по своей силе оно равно целым часам молитвы. К примеру, ты читаешь письмо, видишь нужду, воздыхаешь и потом молишься. О, да это великое дело! Ты ещё не взял трубку, ещё не набрал номер, а Бог уже слышит тебя! А насколько хорошо понимает это тот, о ком совершается такая молитва! Посмотрите, как бесноватые, где бы они ни находились, понимают, когда я молюсь о них, и кричат!

Настоящая молитва — это не удовольствие, не «нирвана», она начинается с боли. Что это за боль? Человек мучается в хорошем смысле этого слова. Ему больно, он стонет, страдает, о чём бы он ни молился. Знаете, что значит «страдать»? Да, он страдает потому, что соучаствует в общей человеческой боли или же в боли какого-то конкретного человека. За это соучастие, за эту боль Бог воздаёт ему божественным радованием. Конечно, человек не просит божественного радования, оно приходит как следствие, поскольку он соучаствует в чужой боли.

— А с чего нужно начинать?

— Человек о чём-то узнаёт, например о том, что произошёл несчастный случай. «Ах!» — воздыхает он, а Бог тут же даёт ему утешение за это малое воздыхание. Он видит, как кому-то больно, и тут же сострадает ему, утешаясь божественным утешением от Бога, и не остаётся с этой горечью боли. Тогда ближний получает помощь от его молитвы. Или же он размышляет: «Бог дал нам столько, а что сделал для Него я?» Один человек сказал мне следующие, оказавшие на меня впечатление, слова: «Когда совершается Таинство Божественной Евхаристии, то ангелы закрывают свои лица, мы же причащаемся Тела Христова. А что сделал для Христа я?» Так в добром смысле страдает душа.

— Геронда, а как молящемуся понять, что его молитва помогла ближнему?

— Молящийся узнаёт об этом по тому божественному утешению, которое он ощущает в себе после совершенной им сердечной, исполненной боли молитвы. Однако сначала боль другого человека нужно сделать своей болью, а после этого совершать и сердечную молитву. Любовь есть божественное свойство, она извещает ближнего. Так и в больницах — если врачи и медсёстры действительно страдают за больных, то это является самым действенным лекарством из всех, которые они им дают. Больные ощущают участие к ним и чувствуют уверенность, безопасность, утешение. Тому, кто страдает, не нужны ни наши многие слова, ни наши поучения. Он понимает, что тебе за него больно, и это помогает ему. Боль — это всё. Если нам больно за других, то мы забываем себя, свои собственные нужды.

Божественное утешение

— Геронда, когда я страдаю за других, мной овладевает тревога и я не могу молиться.

— По этой тревоге видно, что в тебе живо человеческое начало. Я, чем большую боль испытываю за других, тем больше молюсь и духовно радуюсь, потому что я говорю обо всём Христу, а Он приводит всё в порядок. И я вижу, что чем больше проходит лет, тем более на убыль идёт телесная бодрость, но бодрость душевная умножается, потому что любовь, жертвенность, боль за ближнего дают многую душевную силу. Вот, погляди-ка: вчера вечером, когда вы совершали бдение, у меня было не очень-то много бодрости, но я получал силу от чужой боли. Всю ночь до Божественной Литургии я простоял на ногах, принимая народ[10]. Потом в храме я опять стоял на ногах, но, несмотря на это, не чувствовал усталости, потому что мне было больно за людей и эта боль давала мне силу. Так и ты — молись и радуйся. Бог всё устроит.

Если человек относится к боли по-духовному, то у него нет скорби. Взять хотя бы тех людей, которые приходили ко мне. Как же больно мне было за них! Я не выслушивал их кое-как, вполуха, я страдал, воздыхал, но каждым воздыханием возлагал трудность на Бога, и Он утешал меня в той боли, которую я переживал за ближнего. То есть при духовном отношении к чужой боли

---

[10] Старец имеет в виду бдение с 9 на 10 ноября 1993 г. Он был измучен раком, но несмотря на это, стоя на ногах и опираясь о стул, преподал благословение примерно тридцати тысячам верующих, пришедших в тот день.

приходило божественное утешение, потому что если в боли есть надежда на Бога, то в ней есть и божественное утешение. А иначе как всё это можно выдержать! Если бы не было этого утешения, то как бы я мог жить со всем тем, что мне приходится слышать? Мне больно, но я думаю и о Божественном воздаянии тем, кому больно. Мы находимся в руках Божиих. Раз есть Божественная правда, Божественное воздаяние, то ничто не проходит даром. Сколько человек мучается, столько ему за это и воздастся. Бог, видя на земле столько боли, видя даже и то, что недоступно нашему восприятию, тем не менее не впадает в отчаяние. «Ты больше страдаешь? Я больше дам тебе в жизни иной», — говорит Бог и от этого радуется. А в противном случае как бы Он, так сказать, мог вынести столько несправедливости, столько зла? Однако, имея в виду воздаяние тем, кто страдает, Он, если допустимо так выразиться, может вынести эту великую боль. А нам, не видящим, какую славу восприимет наш ближний, и страдающим за него, Бог воздаёт божественным утешением.

— Геронда, не изнуряет ли человека это переживание за ближнего?

— Нет. Если относиться к каждой проблеме духовно, то изнурения не будет. Вначале, слыша, как кто-то страдает, человек испытывает горечь, но потом в качестве воздаяния приходит божественное утешение, и его организм не разрушается. Горечь от мирского расстройства приводит к болезням: желудочным кровотечениям и другим, но горечь от боли за других содержит в себе божественный бальзам и не вредит организму.

Опасность бесчувствия

— Геронда, иногда миряне просят меня помолиться о разрешении их проблем. Я молюсь, но боли не чувствую.

— У этого могут быть две причины. В первой есть опасность, во второй — духовный подход к проблеме. Первый случай — это когда монах забывает о своих близких, но и о других тоже не думает, то есть не молится о людях. Это очень плохо. То есть мы, оставив наших близких, приходим в монастырь и с течением времени их забываем. Но ведь остальных людей забыть при этом намного легче. Да, мы положили начало нашей духовной жизни, но не начали духовно соучаствовать в боли других. Мы духовно не развиваемся для того, чтобы быть в состоянии почувствовать их нужды, и есть опасность впасть от этого в бесчувствие. Потихонечку монах становится равнодушным, и его сердце превращается в камень. Во втором случае молящемуся больно за весь мир, но он чувствует и утешение, понимая, что тот, кто страдает, будет иметь мзду от Бога, будет мучеником. Этот помысел приносит ему глубокую уверенность, он испытывает внутреннюю радость. В этом случае его сердце не каменное, но исполненное божественной любви.

Если монахи не будут внимательны, то их сердце может стать очень чёрствым. Люди мирские видят беды, несчастья своих ближних и переживают за них. Мы этого не видим и можем дойти до того, что станем просить всего лишь для самих себя. И если мы не занимаемся тонким деланием, чтобы прочувствовать несчастье других людей и совершить о них сердечную молитву, то мы станем жестокосерды. Мы дойдём до того, что будем стремиться к собственной выгоде, и наше сердце от безразличия станет каменным. Это противно Евангелию. Монах должен проявлять участие, испытывать боль и молиться обо всех людях. Это не отвлекает его, напротив, молитвой он помогает и себе, и другим.

— Геронда, я, несмотря на то что вижу всё своё окаянство, больше молюсь о других. Может быть, мне лучше молиться не о других, а только о себе самой?

— От большого смирения? Если от смирения, то со многим смирением говори Богу: «Боже мой, Ты меня такую, как я есть, услышать не должен. Но разве не будет несправедливым, если из-за меня станут страдать другие? Ведь если бы я находилась в состоянии духовном, имела дерзновение в молитве, Ты бы слышал меня и помогал им. В том, что кто-то страдает, есть и моя вина. Но чем провинился мой ближний, почему он должен из-за меня страдать? Прошу Тебя, помоги ему».

То есть всё зависит от того, на какое место по отношению к другим мы ставим себя. Ты чувствуешь своё недостоинство, но вот, видя чьё-то страдание, ты волнуешься, соболезнуешь, молишься. Я, видя, например, слепого, чувствую виновным за это себя, потому что если бы я находился в духовном состоянии, то мог бы его исцелить. Бог дал нам возможность стать святыми, совершать чудеса, подобно Ему. И мы, признавая свою великую или малую духовную болезнь, смиренно просим телесного здравия для нашего ближнего, нашего сочеловека, будучи виновными в его болезни. Потому что если бы мы были духовно здравы, то он бы давно исцелился и не мучился. Занимая правильное по отношению к другим положение, считая себя виновными за всё, что происходит в мире, мы молимся: «Господи Иисусе Христе, помилуй нас», и весь мир получает помощь. И о своём окаянстве — надо почувствовать за него боль и взыскать милости Божией. Но, конечно, если человек достиг духовного состояния, то для себя самого он не просит ничего.

Я вижу, что часто мы неправильно понимаем слова «Господи Иисусе Христе, помилуй мя» и из ложного смирения не говорим «помилуй нас», не молимся о других, но лишь о самих себе. Поэтому и люди мирские иногда неправильно понимают нас, монахов, и обижаются, говорят, что мы эгоисты и заботимся лишь о том, чтобы спастись самим. «Помилуй мя» — это для того, чтобы не впасть в гордость. Одна молитва смиренного человека, который верит в то, что он хуже всех, имеет достоинство большее, чем целое всенощное бдение, которое совершается с гордым помыслом. Молясь с гордостью, мы издеваемся над самими собой.

Состояние боевой готовности

Не забывайте о том, что мы переживаем трудные времена, и о том, что необходимо много молитвы. Помните ту великую нужду, которую испытывают сейчас люди, помните о том великом усердии к молитве, которого требует от нас Бог. Молитесь об этом общем безумии, захватившем весь мир, молитесь о том, чтобы Христос пожалел Своё создание, потому что оно приближается к катастрофе. Пусть Он Божественным образом вмешается в эту безумную эпоху, которую мы переживаем, потому что мир ведут в смуту, в сумасшествие, в тупик.

Бог призвал нас молиться о мире — мире, у которого столько проблем! Несчастные люди, они не успевают даже перекреститься! Если не будем молиться мы, монахи, то кому мы это оставим? Во время войны солдат находится в состоянии боевой готовности: он уже в сапогах, он только и ждёт приказа. В таком же состоянии должен находиться и монах. Эх, если бы мне быть Маккавеем[11]! Я уходил бы в горы, чтобы постоянно молиться о людях.

Молитвою мы должны помочь всему миру, чтобы диавол не мог творить, что ему вздумается. Диавол добился

---

[11] Прозвище *Маккаве́й* (от др-евр. «молот») было дано вождю иудейского восстания 166 г. до Р. Х. Иуде и впоследствии его преемникам. Восстание было направлено против Антиоха IV Епифана, стоявшего во главе династии Селевкидов. Маккавеи были самоотверженными борцами за отеческую веру и государственную независимость Израиля. См.: Библия. Книги Маккавейские.

сейчас неких прав. Бог не то чтобы позволяет ему делать всё, что захочется, просто Он не хочет нарушать свободу воли. Поэтому нам нужно помочь миру молитвой. Если кому-то больно за то, что царит сейчас в мире, если кто-то молится об этом, то люди получают помощь, и при этом свобода их воли остаётся ненарушенной. Если благодатью Божией вы ещё немножко преуспеете, то мы предпримем что-то особое в отношении молитвы, поставим это дело как следует. Вы станете «радаром», ведь и происходящее вокруг вынуждает нас к этому. Мы организуем молитвенную бригаду. Вы будете воевать чётками. Молитва должна совершаться с болью. Знаете, какой тогда она обладает силой?

Меня очень ранит, когда я вижу монахов, действующих не через Бога, молитвой, а по-человечески — в том, чего трудно достичь по-человечески. Бог может всё привести в порядок. Имея правильное духовное делание, можно одной лишь молитвой строить монастыри, снабжать их всем необходимым и помогать всему миру. Не нужно даже работать: только молись. Монаху надо стараться не ломать себе голову над той или иной трудностью — независимо от того, относится ли она лично к нему, к ближнему или же к общему состоянию мира. Ему нужно прибегать к молитве и через Бога посылать в мир многие Божественные силы. Ведь, так или иначе, это и есть дело монаха, и если он этого не понял, то жизнь его не имеет никакого смысла. А поэтому монах должен знать, что каждое его волнение, подталкивающее его к поиску человеческих разрешений в различных затруднениях, мучающее его и доставляющее ему головную боль, происходит от лукавого. Если вы видите, что вас беспокоят вопросы, которые по-человечески разрешить нельзя, если вы не возлагаете их на Бога, то знайте, что это — ухищрение лукавого для того, чтобы вы оставили молитву, посредством которой Бог может послать не просто Божественную силу, но многие Божественные силы, и подаваемая помощь будет тогда не просто Божественной помощью, но Божиим чудом. С той минуты, как мы начинаем волноваться, мы препятствуем вмешательству Бога в происходящее. Мы отдаём предпочтение логике, а не Богу, не Божией воле, предпочитая которую, мы имели бы право на Божественную помощь. Диавол, ловко похищая любовь монаха, старается удержать его в мирской любви, в мирском восприятии и мирском служении ближнему, тогда как монах способен действовать в своём монашеском пространстве, он в состоянии работать по своей специальности, специальности «связиста», потому что это и есть то послушание, которое возложил на него Бог. Всё же прочее, всё, что мы совершаем человеческими стараниями, относится к низшему разряду.

Кроме этого, монаху лучше помогать другим своей молитвой, а не своими словами. Если у него нет сил удержать того, кто делает зло, то пусть он издалека поможет ему молитвой, потому что в противном случае он может повредиться сам. Одна добрая, сердечная молитва обладает силой большей, чем тысячи слов, когда слова не доходят до других. Про меня говорят, что я помогаю людям, которые ко мне приходят. Но своим настоящим приношением миру я считаю те полтора часа, в течение которых читаю Псалтирь. На всё остальное я смотрю как на развлечение: придут, несчастные, выговорят мне свою боль, ну, дам им какой-никакой совет. Поэтому я не считаю помощь своим собственным приношением: людям помогает молитва. Если бы я мог отдавать молитве всё своё время, то помогал бы миру больше. Предположим, в день я приму двести человек с их страданиями. Но разве в мире страдают всего двести человек? Не встретившись с кем-то одним и за это время помолившись обо всём мире, я встречаюсь со всем миром. А поэтому я говорю людям: «Я хочу беседовать с Богом о вас, а не с вами о Боге. Так лучше для вас, но вы меня не понимаете».

Не будем в эти трудные годы нерадиво относиться к молитве. Молитва — это безопасность, молитва — это связь с Богом. Помните, что пишет авва Исаак? «Бог взыщет с нас ответа не за то, что мы не совершали молитву, но за то, что мы не имели связи со Христом и нас обманул диавол»[12].

---

[12] «В оный день Бог осудит нас не за псалмы, не за оставление нами молитвы, но за то, что опущением сего даётся вход бесам». См.: *Исаак Сирин, прп.* Слова подвижнические. Слово 71-е. Сергиев Посад, 2008. С. 432.

ГЛАВА ВТОРАЯ
О том, что монастыри — это крепости Церкви

Монах есть маяк, утверждённый на скалах

— Геронда, каково дело монаха?
— Дело монаха — стать сосудом Святого Духа. Он должен сделать своё сердце таким чутким, как листочек сусального золота. Всё делание монаха есть любовь, и в путь свой он тоже выходит от любви к Богу, которая заключает в себе и любовь к ближнему. Монах размышляет о несчастье человечества, его сердце уязвляется болью, и он непрестанно сердечно молится о мире. Так монах милует мир молитвой. Есть монахи, помогающие людям больше, чем мог бы помочь им весь мир. К примеру, человек мирской помогает бедняку килограммом риса и парой апельсинов, да и те часто даёт лишь для того, чтобы его увидели другие, которых он сам при этом ещё и осуждает за скупость. Но монах творит молитву и ею, в молчании, шлёт целые тонны помощи своим ближним.

Монах не намечает собственной программы действий, не составляет мирских проектов миссионерской работы, он идёт вперёд без всякого собственного плана, и Добрый Бог включает его в Свой Божественный план, а если это понадобится, то Он, ведомым Ему способом, может послать его и на апостольский подвиг. Бог не требует от монахов, чтобы они выходили в мир и водили людей за ручку. Он хочет, чтобы монахи опытом своей личности давали людям свет и таким образом руководствовали их к вечной жизни. То есть служение монаха не в том, чтобы помогать миру, находясь в мире. Монах уходит далеко от мира не потому, что он ненавидит мир, но потому, что он любит его. Живя вдали от мира, монах своею молитвой поможет ему в том, в чём нельзя помочь по-человечески, но одним лишь Божественным вмешательством. Поэтому монах должен находиться в постоянной связи с Богом, принимать от Него сигналы и указывать людям путь к Нему.

Я долгое время не мог понять, как оправдывают католики некоторые вещи. Но вот недавно ко мне в каливу зашли два католика-архитектора из Рима, и моё недоумение разрешилось. Что такое православие, они не понимали, но настроены были по-доброму. «Почему, — спросили они меня, — монахи сидят здесь? Почему они не идут в мир на общественное служение?» — «А разве, — ответил я, — маяки не должны стоять на скалах? Что, прикажете им переехать в города и подключиться к работе уличных фонарей? У маяков своё служение, у фонарей — своё». Монах — это не лампочка, которая висит над городским тротуаром и светит пешеходам, чтобы те не спотыкались. Монах есть далёкий маяк, утверждённый высоко на скалах и своим сиянием освещающий моря и океаны для того, чтобы корабли шли верным путём и достигали Бога — пункта своего назначения.

Бесшумная проповедь монаха

…Вот возьму и помолюсь, чтобы вы, три послушницы, не вырастали!.. Чтобы такими и остались навсегда: в этих синих платках, такого росточка, такого возраста! Знаете, какая людям тихая польза от того, что они вас видят? Ведь сегодня в миру нелегко найти порядочную девушку. Большинство девиц ведут себя дико: в руке сигарета, кривляются как я не знаю кто… А здесь люди видят, как девы, посвятившие себя Богу, поют в церкви, радуются… «Да это что же такое? — удивляются люди. — Есть тут какая-то закавыка. Сказать, что они дуры? Да нет, не скажешь. Сказать, что им чего-то не хватает? Нет, всё при них. Видно, и правда, есть что-то высшее!» Да-да, действительно, знаете, какая от этого польза?..

Когда мирские, пусть даже неверующие, люди приходят в монастырь и видят настоящих монахов, то, если у них есть доброе расположение, они становятся верующими. Многие безбожные учёные, приехав на Святую Гору просто на экскурсию, изменили свою жизнь. Люди в положительном смысле задумываются и узнают духовную жизнь. Они видят радующихся молодых людей, которые, имев в миру все предпосылки для того, чтобы преуспеть, оставили богатство, должности и живут подвижнически, с молитвой и бдением. Видя всё это, люди задаются вопросом: «Так что же? Ведь если правда есть Бог, если есть жизнь иная, если есть адская мука, то почему я так живу?» И они начинают вести менее греховную жизнь или вообще исправляют её. Я знаю один такой случай. Одна девушка двадцати лет от роду совершила попытку самоубийства: разрезала себе вены, но её успели спасти. Потом какой-то монах взял и привёз её в женский монастырь. Сначала несчастную всё бесило, но потом, познакомившись с тамошними монахинями, она пришла в себя и сказала: «Здесь я вижу другой мир. А можно я останусь с вами?»

Такова бесшумная проповедь монаха. Проповедуют многие, но немногие вызывают у людей доверие к себе, поскольку их жизнь не соответствует их словам. Но монах не произносит громких проповедей, рассчитанных на то, чтобы его услышали другие. Он молча проповедует Христа своей жизнью и помогает ближнему своей молитвой. Он опытом проживает Евангелие, и благодать Божия его выдаёт. Так монах проповедует Евангелие способом наиболее достоверным, а это и есть то, чего жаждет мир, особенно сегодняшний. Когда монах говорит, то он выражает не просто мысль, но опыт. Однако и мысль, высказанная монахом, тоже несёт в себе свет.

— А некоторые люди, геронда, говорят, что юноши или девушки уходят в монастырь или от разочарования, или оттого, что имеют какое-то телесное увечье, или по слабоумию.

— Видно, эти люди запомнили один-два подобных случая, а теперь от злобы или от зависти клевещут на остальных монахов, которых 90 процентов. Однако, разобравшись и увидев, что дело обстоит не так, они скажут, что есть нечто высшее, есть Бог.

А потому монах должен всегда быть добрым примером для мира: *Та́ко да просвети́тся свет ваш пред челове́ки*[1]. Настоящий монах — это свет миру. Помните, что пишет святой Иоанн Лествичник? «Свет монахам — ангелы, а свет мирянам — монахи»[2]. Помощь монаха действенна, когда он отличается от мирских. Ведь то, что помогает мирским людям, измученным суетными вещами, есть святость. Она своей простотой учит их постичь глубочайший смысл жизни, чтобы исчез от этого тяжкий, гнетущий их сердце груз.

---

[1] Мф. 5:16.
[2] *Прп. Иоанн Лествичник. Лествица. Слово 26, п. 31.*

Монах и возрождение мира

Монахи — это регулярное войско Христа, поэтому они и не получают за свою службу денег. Вон, посмотри, многие люди не могут забыть Святой Горы Афон. В любом другом месте, куда бы они ни поехали, с них потребуют деньги и т. п., а на Святой Горе им нужно только получить разрешение на её посещение; после этого они бесплатно могут идти по ней, куда захотят. Денег ни за еду, ни за ночлег с них не возьмут. Люди находят на Святой Горе нечто совершенно иное и получают от этого пользу. Как-то, когда я жил в каливе Честного Креста[3], ко мне пришёл один человек посоветоваться о своих трудностях. Мы беседовали около полутора часов. Собираясь уходить, он достал бумажку в пятьсот драхм. «Это что такое?» — спросил я. «Столько, — ответил он, — мы платим врачу за один простой приём. Извини, может, надо добавить?»

После последнего пожара на Святой Горе туда приехало несколько высоких чиновников из ЕЭС посмотреть, в чём есть нужда, и выделить помощь. Были они и у меня в каливе. Во время беседы я сказал им следующее: «Мы пришли сюда давать, а не брать». — «Такое мы слышим впервые», — признались они и тут же записали услышанное в блокнотик[4]. Разве мы стали монахами для того, чтобы получать материальные блага? Мы стали монахами для того, чтобы давать духовное, не получая взамен материального. Нам необходимо быть свободными от житейского, чтобы радеть о духовном. Ради любви ко Христу мы бежали в горы, чтобы освободиться от неволи страстей самим и освободить от неё других.

---

[3] В каливе Честного Креста преподобный Паисий жил с 1969 по 1978 год.
[4] Произнесено в мае 1991 г.

Наша задача в том, чтобы от наших молитв и примера люди получили помощь и духовно возродились. Уходя из мира и поступая в монастырь, человек становится «отцом» или «матерью», то есть духовным отцом или духовной матерью. Когда девушка становится монахиней, она уневещивается Христу, становится Его невестой, и помогает духовному возрождению людей как духовная мать. Своей молитвой она содействует, к примеру, тому, что создаются крепкие христианские семьи. Но и кроме молитвы есть случаи, когда люди нуждаются в человеческой помощи. Каждая настоящая монахиня, помимо молитвы за мир, помогает ему манерой своего поведения, тем, как она относится к различным проблемам, той парой слов, которые она скажет в архондарике какому-нибудь паломнику, чтобы он смог уразуметь глубочайший смысл жизни, или какой-нибудь матери, чтобы её поддержать. Но, конечно, если монахиня сама ищет общения с людьми мирскими и т. п., то это совсем никуда не годится, потому что мирские выпячивания сталкиваются с духовными законами, а это приводит нас, монахов, к терзаниям. Старайтесь, насколько возможно, быть незаметными для других. Некоторые монахи стремятся ходить по престольным праздникам, наносить друг другу визиты, заводить себе духовных приятелей. А я вот, будучи вынужден пойти куда-то по делам духовным, чувствую себя так, словно иду на мученичество, считаю это тратой времени. Я сопоставляю два этих факта и болею душой.

— Геронда, в чём причина, если немолодая уже монахиня духовно незрела?

— Она не следит за собой и не занимается должным духовным деланием. Зло начинается с этого. Предположим, что кого-то из вас Христос не призвал бы в монашество. Девушка осталась бы в миру, вышла бы замуж и стала матерью. Тогда не она бы имела требования к другим, но другие к ней. Она жертвовала бы собой и тем самым многое отдавала бы и многое получала. В монастыре же ей необходимо стать духовной матерью, её призвание выше, чем материнское. Но что происходит сейчас? В монастырь она приходит молоденькой и, не занимаясь должным духовным деланием, имеет помысел, что она всё ещё ребёнок. Однако ей нужно понять, что она не ребёнок, чтобы мыслить по-детски: «Мама у нас есть, дом у нас есть, забот у меня никаких, и мне ни до чего нет дела». Она должна отдавать, должна своим поведением содействовать духовному возрождению младших сестёр. Своим послушанием — в архондарике, в храме — она должна помогать приходящим в обитель мирянам. Во всём она должна жертвовать собой, и тем самым она будет принимать, не прося об этом. Если монахиня не расположила себя подобным образом, то всё идёт насмарку. Она остаётся в состоянии недоразвитом и хочет только брать и от младших, и от старших, ничего не давая сама. Она развивает в себе испорченный дух и не созревает, оттого что не приносит себя другим.

Я вижу, что состояние некоторых монахов совершенно не отличается от состояния одного бедуина, с которым я познакомился на Синае. Ему было шестьдесят пять лет, а он говорил: «А у меня нет отца: я круглый сирота!» Люди в шестьдесят пять лет уже имеют внуков. Прошло уже два-три поколения, и как можно говорить: «У меня нет отца», то есть искать отцовской любви! И мы, монахи, будучи невнимательными, остаёмся детьми — зло в этом. Однако, поразмыслив о том, что бы они в таком возрасте делали в миру, монахине или монаху следует сказать: «Сейчас я не должен искать человеческого утешения. Я должен принести себя в жертву, а не иметь претензий к другим». Большинство приходит в монастыри молодыми, находит там духовных родителей и может так и остаться в детском состоянии, с детскими претензиями, тогда как, находясь в миру, они уже были бы родителями сами. То есть из детства они так и не выходят — не в добром смысле, а в ребячливом, инфантильном. Можно и такое увидеть: человек состарился, но если он не начал работать головой, то радуется карамельке или маечке. «А мне батюшка кофточку купил», — хвалился один старенький афонский монах и показывал тёплую фуфайку, которую дал ему его старец. Ну совсем как маленький мальчик, которому мама купила пиджачок с погончиками!..

Давайте будем младенцы на злое, но не по уму[5]. Иначе как в нашу жизнь войдёт отвага? Как к нам придёт мужество? Монах, для того чтобы преуспеть, должен размягчить ту жёсткость, которая в нём есть, то есть ему надо сделать своё сердце чуть материнским. Монахине же, для того чтобы преуспеть, нужно стяжать себе немножко мужества.

Наша духовная скромность изменяет других

— Геронда, когда кто-то поступает в монастырь, но образ его мыслей ещё мирской, в голове ещё гуляет мирской ветер, то как ему освободиться от этого?

— Поступив в монастырь, надо забыть мир, а потом не забывать, что находишься в монастыре. Дома, ладно, там можно не найти благоприятной возможности для того, чтобы начать духовную жизнь, не получить правильного воспитания. Но теперь нужно быть очень внимательным: какое воспитание ты получишь здесь, в монастыре? Монашеское воспитание. Монастырь — это место священное. Мир — дело другое. Если размышлять о том, что находишься в священном месте, то скромность придёт

---

[5] См. 1 Кор. 14:20.

сама собой. Но как она придёт, если человек забывается и полагает, что он в миру? Монахиня должна вести себя естественно, с простотою, со смирением, а не изображать из себя воплощение «несчастной судьбы́». Это вызывает отвращение, отталкивает.

Я вижу, что некоторые сёстры-послушницы ведут себя по-мирскому. Вышагивают, как павы, как невесты в миру, а не как Христовы невесты. А вот другие, те ходят со скромностью, и я вижу, что в них есть нечто священное. Как же одно отличается от другого! И сразу понятно, что такое монашество. Если вы обратите внимание на пшеничные колосья, то увидите, что в высящемся, прямо стоящем колосе ничего нет. Колос же, наполненный хлебом, приклоняется книзу.

Монах, имеющий благоговение, изменяет тех, кто его видит. Вот сегодня приходил один иеромонах, я с ним давно знаком. Он некрасив, то есть не обладает красотой внешней, но, несмотря на это, всякий раз, когда он причащался, я видел, что его лицо сияло. Да и когда не причащался, я видел на его лице сияние, духовное сияние. Как асфальт — по сути это смола, а поглядишь на него летом издалека — он часто блестит. Так и здесь: видишь сияние на лице некрасивого человека. Конечно, пример с асфальтом не очень-то удачный, но какое тут ещё можно подобрать сравнение? Я хочу сказать, что духовное состояние, в котором находится человек, даёт ему сияние и внешнее. Это духовная красота, благодать, Божественная благодать. Но насколько же отталкивают от себя другие носители священного сана: красивые наружно, но имеющие в себе мирской дух, колеблемые мирским ветром! Ты видишь перед собой совершенно мирского человека.

Кроме священного сана, ничего духовного не видно! Лицо человека отражает его духовное состояние. Это то, о чём сказал Христос: *Свети́льник те́лу есть о́ко. А́ще убо бу́дет о́ко твое́ про́сто, все те́ло твое́ све́тло бу́дет*[6]. Если в человеке есть простота, если есть смирение, то в нём есть божественное просвещение, и он сияет. Вот так. Этого-то и должен достичь монах.

— Геронда, святой Нил Калабрийский говорит, что, став монахом, человек делается или ангелом, или диаволом[7]. Выходит, что промежуточного состояния нет?

— Святой хочет сказать, что работа монаха над собой должна быть правильной. Оттого и попускает Бог тяжкие наказания монаху-великосхимнику, павшему в смертный грех, чтобы он искупил этим свою вину. Мы иногда думаем, что получим благодать с помощью чего-то внешнего, способом искусственным, магическим. Но это не приносит удовлетворения ни Богу, ни внутренне самому человеку, ни другим. К примеру, некоторые монахи шьют себе широкие и длинные, донизу, схимы, вышивают на них красные кресты, розы, ветки багряные, целую кучу букв… Распахивают и рясу, чтобы было видно всю эту красоту, прямо как фарисеи, которые расширяли воскрилия своих одежд[8], желая показать, как много они молятся! А в прежние времена схима у монаха чуть виднелась из-под рясы, да и то лишь при ходьбе. Многие вообще носили под подрясником малую схиму и ходили с ней, чтобы совсем ничего не было заметно. А сейчас пустоцветы. Разве получат они благодать от схимы подобным образом? Схима гнушается их, а благодать уходит. Задача в том, чтобы монах стал великосхимником изнутри. А тот, кто становится великосхимником изнутри, свою схиму прячет. Внешнее не ведёт ко внутреннему изменению. Так

---

[6] Мф. 6:22.
[7] См. Ὁ Ὅσιος Νεῖλος ὁ Καλαβρός, ἐκδ. Ἱεροῦ Μετοχίου Εὐαγγελισμοῦ τῆς Θεοτόκου, Ὁρμίλια, 1991, σ. 252.
[8] См. Мф. 23:5.

люди остаются поверхностными, и в конечном итоге они услышат от Христа: *Не вем вас*[9].

Монастыри имеют духовное предназначение

Монах печётся о спасении собственном и о спасении всех живых и всех усопших. Настоящая, божественная любовь кроется для монаха в боли за спасение своей души и в боли за спасение всего мира. Посвящённая Богу душа монаха содействует спасению не только его родных, но и земляков. Поэтому в Малой Азии в добром обычае было иметь хотя бы одного монаха от каждого рода, чтобы он предстательствовал о всех. В Фарасах, когда кто-то становился монахом, устраивали праздник на всё село. «Он, — говорили люди, — теперь и селу нашему будет помогать».

Конечно, монах никогда не говорит: «Я спасу мир». Он молится о спасении мира параллельно с молитвой о своём собственном спасении. А когда Добрый Бог, услышав его молитву, помогает миру, монах не говорит: «Я спас мир», — но: «Бог спас мир». Монах должен достичь такого состояния, чтобы молиться: «Боже мой, Ты на меня не гляди, меня не милуй. Позаботься о мире, помилуй его». Монах молится так не потому, что сам он не нуждается в милости Божией, но потому, что имеет многую любовь к миру.

— Геронда, до какого предела монах должен забывать о себе, помогая людям?

— До того, пока он видит, что людям есть от этого польза. Но если я совершенно отдамся в руки мирян, то и сам превращусь в мирского человека. Когда монах якобы для того, чтобы помочь людям мирским, делает то, что монашеству не приличествует, то людям это не помогает.

---

[9] Мф. 25:12.

К примеру, какой-то монах может стать прекрасным таксистом. И денег-то за проезд он брать не будет, и разговоры-то духовные с пассажирами он будет вести… Но это не монашеское дело. Иногда встречаешь у монахов дух мирской, а у мирских — монашеский. А поэтому Христос скажет в жизни иной: «Ты снимай-ка схиму, а ты надевай». Человек мирской, возжелав жизни монашеской, освящается. Но если монах возжелает мирской жизни, то он идёт в вечную муку.

— А если монах расположил себя неверно, то понятно ли ему это?

— Да хотя бы и непонятно: если в чём-то допущена ошибка, то он не будет иметь в себе полного мира, покоя. В том, что не приличествует монашеству, душа инока покоя не найдёт. А с того мгновения, как его душа потеряла покой, он должен искать и найти причину этого.

Один мой знакомый посетил некую обитель, а потом рассказывал: «Да там настоящее ателье! А матушка-игумения что за диво! Торгуй она пуговицами в Монастираки[10] в Афинах, так вот была бы на своём месте! Уж такая у ней в этих делах хватка!» То есть монастырь — это ателье. Потом он превращается в фабрику, потом в супермаркет, а потом в ярмарку! Несчастные мирские люди хотят от нас, монахов, чего-то высшего. Но для того, чтобы достичь высшего, нам должно избегать всякого человеческого утешения.

Монастыри имеют духовное предназначение. В них не должно быть начала мирского, но лишь духовное, чтобы они преисполняли человеческие души райскими сладостями. Ну куда нам соревноваться с мирянами в мирском! Ведь как ни возьми, у них всё равно возможностей

---

[10] *Монастира́ки* — квартал, славящийся рыночной площадью, где продаются разнообразные вещи греческого быта.

побольше нашего. Если же монашеская обитель живёт духовно, то знаете, как она заставляет мир задуматься! Когда присутствует благоговение, страх Божий, когда нет ни мирской логики, ни торгашеского духа, это умиляет мирян. Но, к сожалению, торгашеский дух потихоньку проникает в монашество до самого мозга костей. Ко мне в каливу зашёл как-то один монах. Я плёл чётки. «Ты, — сказал он мне, — такие чётки на тридцать три узелка раздаёшь в благословение. А я одну такую чётку могу продать даже и за пятьсот драхм! И я с ними, как ты, не рассусоливаю: как только заканчиваю узелки, обрезаю края и немного схватываю их между собой, чтобы понапрасну не расходовать шерсть. И сутаж, который остаётся от крестов, у меня тоже в дело идёт — подшиваю и его. И бусинок не использую. Прибыли у меня выходит побольше твоего!» — «Слушай, — ответил я, — да как же тебе не стыдно! Разве ты не понимаешь, что в тебя вселился торгашеский дух? Я с 1950 года монах, но такое слышу впервые!»

— Геронда, людей духовно зрелых, способных помочь миру, мало!

— Да, к несчастью, их мало! А как после этого быть миру? Знаешь, сколько я прошу Бога о том, чтобы Он явил настоящих, способных помочь миру, людей? Несчастным достаточно того, чтобы у тебя немного болела за них душа и чтобы ты не использовал их ради собственной корысти — ничего большего они не хотят! В миру они находятся в непрестанной брани и в безопасности себя не чувствуют. Приходя в монастырь, который живёт правильно, они получают помощь, потому что ощущают надёжность, а это даёт им силы продолжать борьбу.

В эти нелёгкие годы люди нуждаются не столько в телесной, сколько в духовной пище. То есть они нуждаются не в хлебе (хотя, к несчастью, скоро не будет возможности помогать людям даже хлебом), а в духовной помощи.

Постараемся же помочь молитвой всему миру. Поможем, к примеру, какой-то семье удержаться от распада, поможем какой-то матери подобающим образом вырастить своих несчастных детей, чуть удержим тех, в ком есть благоговение.

Духовное состояние — духовная крепость

Пора подготавливать свои души уже сегодня, потому что если произойдёт что-то серьёзное, то я не знаю, к чему это приведёт. О, если бы Бог не попускал наступление трудных дней! Но если они наступят, то от одного маленького землетрясения, от одной встряски разрушатся целые братства, целые монастыри, потому что каждый будет стремиться уцелеть сам, каждый побежит в свою сторону.

Чтобы Бог не оставил нас, нам необходимо быть предельно внимательными. В душах должно присутствовать что-то духовное. Если это есть, это делает вам честь. Трясти будет крепко. Сколько же я вам об этом говорю, каких только жёстких слов вы от меня не слышали! Да если бы что-то подобное говорили мне самому, то я бы задумался, раскинул бы мозгами: «Зачем мне это сказали, чего от меня хотели?» Я бы ночь не спал, если не ночи. Если бы я не видел того, что грядут тяжёлые годы, то не принимал бы этого так близко к сердцу. Но я вижу, что придёт время, когда вам придётся очень нелегко. Сейчас вы меня не понимаете, вы поймёте меня тогда.

— Геронда, а если человек окажется в эти трудные годы один, что ему делать тогда?

— Ты сейчас становись-ка перво-наперво делателем послушания и приобретай рассуждение, а там поглядим. Поэтому мы и говорили, что прежде всего нам надо отсечь недостатки. Если у монаха будут недостатки, то происходящее окажется ему не по силам. Если он и теперь-то ничем не доволен, если себя считает орлом, а всех остальных червяками, то… Давайте-ка исправляйтесь, исправляйтесь, чтобы иметь право на Божественную помощь. Ещё крепче утвердите себя в Боге. Придут годы потяжелее. Фрукты зелёные, ещё недозрели… Знаете, чем станет ваша обитель, когда вы будете духовно зрелыми? Крепостью! И не только местного значения, ваша помощь будет распространяться и дальше. В противном же случае вы сами будете нуждаться в человеческой помощи и покровительстве. А когда монастырь с целой кучей сестёр имеет нужду в мирянах, знаете, как это плохо?

Монаху сегодня подобает жить духовно для того, чтобы быть готовым преодолеть трудности. Он должен приготовиться, чтобы лишения не подрезали ему крылья, иначе можно дойти и до отречения от Христа. Придёт время, когда реки иссохнут, все станут мучиться от жажды, все будут страдать. Для нас, монахов, это не так страшно. Помучиться от жажды? Так нам и надо от неё помучиться, ведь мы вышли в путь, стремясь к злостраданию. «То, что я не делал добровольно как монах, — скажу я тогда, — буду делать сейчас невольно, чтобы понять, что такое монах. Благодарю Тебя, Боже мой!» Но мир, несчастный мир! О чём говорить, если доходят до того, что изобретают бомбы, которые убивают людей, но не разрушают зданий! Если Христос сказал, что одна душа стоит, сколько весь мир[11], а для них здания дороже всего мира, то это страшно!

— Геронда, я чувствую тревогу, страх за то, что нас ожидает.

— Этот страх помогает нам ухватиться за Христа. Из этого не следует, что нужно радоваться всему тому, что

---

[11] См. Мф. 16:26.

нас ждёт. Радоваться нужно тому, что предстоит подвиг за Христа. То есть нас ждёт не рабство какому-нибудь Гитлеру или Муссолини, мы пройдём экзамены на верность Христу. Для того чтобы победить, у нас не будет ни пулемётов, ни более современных атомных бомб. Ныне борьба будет духовной. Нам предстоит схватка с самим диаволом. Но ведь у диавола нет никакой власти, если мы сами не дадим ему власти. Чего нам бояться? Если бы был Гитлер или Муссолини, то дело обстояло бы по-другому. Страха быть не должно. Давайте радоваться тому, что битва будет духовной.

Если вы живёте по-монашески, по-отечески, если вы внимательны, то при каждом нападении врага вы имеете право на Божественное вмешательство. Если есть люди молитвы, смиренные люди, с болью и любовью, то это целые духовные капиталы, духовные стратегические базы. Если в монастыре есть две-три души, думающие о чужой боли и молящиеся, то они становятся духовной крепостью. Такие духовно зрелые люди сковывают все силы врага.

Молитва, правильная жизнь, личный пример

— Геронда, какую правильную позицию по отношению к сегодняшней непростой ситуации должен занять и выразить монах?

— На первое место должны стать молитва, правильная жизнь, личный пример. А когда нужно и где нужно, пусть говорит, высказывает свою позицию.

— То есть когда возникает какой-то повод, монах должен говорить?

— Ну а как же! Кто будет говорить, если не монах? Монаху бояться нечего. Остальные боятся получить по шапке. Кто первый пойдёт в бой, если не мы — люди, посвятившие себя Богу?

Помысел говорит мне, что не оставит нас Бог, не оставит! Положение прояснится. Сейчас дело похоже на то, как если бы в большой невод попалось много рыбы. Но сеть гнилая. Одна рыбина тыркается сюда, другая туда, и в конце концов невод прорвётся. Прорвётся не потому, что рыба крупная, а потому, что сам он уже сгнил.

— Рыбы, геронда, это христиане?

— Да, христиане. Угри, змеи — это остальные. Но и мы дадим Богу ответ за то, что происходит. Я сейчас говорю обо всём этом без обиняков, сдерживать себя уже не могу.

— Что же мы должны делать, геронда?

— Прежде всего работать над собой. Ведь передо мной как монахом стоит следующая задача: вытравить свой частный человеческий дух, привести в порядок сначала себя самого, чтобы стать человеком духовным, потому что в противном случае моя монашеская жизнь не имеет смысла. После этого, если возникнет необходимость, серьёзно выскажемся, а Бог поможет нам привести дело ко благому исходу.

— Но некоторые, геронда, говорят, что предпочтительнее молчание и молитва.

— Когда всё вокруг тебя горит, ты не можешь оставаться равнодушным! Надо погасить пожар. Боль не даёт тебе молчать. Конечно, главное — это стараться жить, насколько можно, духовно. Если же в каком-то серьёзном вопросе необходимо высказать свою точку зрения, то следует говорить то, что внушит тебе Бог.

Живите смиренно, просто, духовно — так, чтобы в трудный момент вы не были вынуждены идти на компромиссы. А кроме этого, старайтесь принимать в обитель девушек, обладающих предпосылками для монашества, чтобы они становились настоящими инокинями. Став хорошим монахом, человек знает, до какой меры отдавать себя какой-то проблеме. Знает, что надо делать, а что не надо, знает, как поступить. Если же он не стал хорошим монахом, то всё идёт наперекосяк. Вам это понятно? Если вы станете настоящими инокинями, то будете действовать с благоразумием. А если настоящими инокинями вы не станете, то, посылая кого-то из вас по какому-нибудь делу, надо будет разжёвывать: «Об этом, гляди, не скажи лишнего и об этом не проболтайся», иначе она может нагородить глупостей. Но такое состояние будет недоразвитым. Как ты после этого справишься со всем тем, что нас ожидает?

Поэтому те, у кого есть предпосылки для монашества, должны потрудиться, чтобы стать настоящими монахинями, и знать, до какого предела говорить, что говорить и что делать в трудный момент. Тогда они не будут выходить из пределов послушания, потому что их дух будет находиться в согласовании с духом матушки-игумении. При необходимости матушка лишь сделает им знак, и они её поймут, потому что будут работать с ней на одной частоте. А иначе нельзя. Ведь если вы не научитесь этому, то к той же самой частоте может подключиться кто-то ещё. Он будет говорить вам не то, что нужно, вы его не распознаете, и он сделает немалое зло.

Монашество находится в опасности

Мир сегодня горит, а монашество утрачивает силу, приходит в упадок, теряет достоинство. Если из монашества уходит духовное, то в нём потом ничего не остаётся. На Святой Горе один паломник спросил у какого-то монаха: «Слушай, так здесь, что же, нет подвижнического духа?» — «Сейчас, — объяснил ему тот, — новая эпоха. Старое свой век отжило». Ну ладно, предположим, что это был полоумный. Может быть, ещё у пятерых или десятерых подобных ему не хватает винтиков в голове, но если они несут такой вздор, то пусть их посадят под замок в башню! Они не имеют права молоть своими языками, хулить монашество нашего времени и соблазнять людей! Ведь кое-кто только и ищет повод для этого.

Вот увидите: потихоньку в некоторых монастырях, чтобы не быть обличаемыми, упразднят чтение святых отцов. Будут читать книги социологического характера, якобы потому, что в нашу эпоху пользу приносят они. Да-да, мы идём к этому! А несчастные миряне приезжают в святые обители за помощью… Как в миру человек благоговейный находится в презрении, так скоро будет презираем и хороший монах. И горе нам, если мы недооценим опасность мирского духа, тогда в ближайшем будущем юноше, приходящему в монастырь и желающему жить правильно, по-монашески, остальные будут говорить: «Что ты здесь забыл?» Видя монахов, не отличающихся от мирян, люди разочаровываются в монашестве. Многие приходят ко мне и рассказывают, как они соблазняются некоторыми монастырями. Как я им теперь исправлю их помыслы?

В монашество глубоко проник мирской дух, и зло не стоит на месте. Монахи должны проявить себя монахами, а не мирянами. Мы утратили присущую прежним поколениям простоту. Молодыми монахами движет сейчас мирская логика и мирская воспитанность: они стараются не потерять свою репутацию и часто ориентируются на законы светского общества. А ещё совсем немного лет назад в монашеских общежитиях можно было увидеть состояние, описываемое в «Лавса́ике»[12]. Одни уходили в

---

[12] «Лавса́ик» — жизнеописания святых египетских и палестинских подвижников. Книга была составлена, вероятно, в середине V века епископом Еленополя Вифинского Палладием, который посвятил её византийскому патрицию Лавсу. По имени последнего стало называться и само сочинение.

монастырь от божественной ревности, другие — от покаяния. Обстоятельства, приводившие их в обитель, были разными: один уходил в монастырь после смерти жены, другой поступал туда, покаявшись в прежней, мирской жизни. И бесноватых можно было встретить в монастырях: они приходили туда за помощью, молитвами отцов исцелялись, оставались там и принимали постриг. А если потом они совершали какое-нибудь бесчинство, то в них опять входил нечистый дух. Поэтому в общежитиях были и бесноватые. Были и прельщённые, были и Христа ради юродивые, были монахи, обладавшие даром прозорливости и дарованиями исцелений. Было великое разнообразие! А сегодня не встретишь ни прозорливца, ни чудотворца, ни бесноватых, ни юродивых ради Христа. У нас иное юродство — юродство мира сего. Во главу угла мы поставили собственную голову, и от этого повредились умом. В нас вошло много мирской логики, и эта многая логика разрушила всё. И худо то, что мы этого не понимаем.

Иноки некоторых обителей, заполонив сегодня свою жизнь множеством различных удобств, делают её тяжкой. Слишком отвлекаются на вещи, нужды в которых нет, а то духовное, чем подобает заниматься, оставляют. Если юные, приходя в монастырь, меняют мирское неспокойствие на дух светского учреждения, то покоя они не найдут. Потом, чтобы развлечься, они захотят заниматься духовным туризмом, ездить по экскурсиям. Найдётся и такой, что скажет: «А мне хочется в отпуск», — тогда как монаху подобает отлучаться из своей кельи с болью.

Я возмущён многим, и потому из меня изливаются эти горькие слова. Мне больно: ведь раньше у бедных монахов ни духовных книг не было, ни понятия о том, что такое монашество, и, однако, они преуспевали. Тридцать процентов поступавших в монастыри были прирождёнными монахами, остальные же приходили невозделанными: все ягоды с разных полей, и, однако, они преуспевали. Человек мог прийти в монастырь, не имея ни о чём понятия духовного, жил там один-два месяца, и даже игумен не знал, кто он такой. Потом, решив стать монахом, он шёл к духовнику, исповедовался и оставался в монастыре. Никто и не знал, что он за человек, откуда родом и что привело его в обитель. Но, несмотря на все имевшиеся затруднения, он духовно развивался, преуспевал. А некоторые вообще были неграмотные. Слушали чтение в трапезной, синаксарь в храме и больше ничего, да подчас и этого-то не понимали. И в пении не разбирались: во время служб творили Иисусову молитву, но имели добрые помыслы. И при всём этом они приходили в духовную меру. Они достигали духовного состояния, тогда как сейчас есть и воскресные школы, и духовные книги, и столько добрых предпосылок, но всё это сырьё идёт коту под хвост! Получается, что у неразвитых было столь сильное духовное развитие, а у образованных и развитых нет ничего! То есть имеется, скажем, разработанное поле, его засевают, но ни одно семя не всходит! Разве это не тягостно? Как вам кажется?

Так или иначе, если мы будем невнимательны, то монашество не устоит, полетит вверх тормашками. Но будущее, конечно, находится в руках Христа и Пресвятой Богородицы. Она, наша Добрая Хозяйка, возьмёт метлу, выметет мусор из Своих святых обителей и опять наведёт в них порядок. Нам нужно понять, что всё пройдёт без следа, мы же, если не будем жить правильно, по-монашески, предстанем пред Богом должниками. Мы становились монахами для того, чтобы спасти свою душу, а ещё чтобы помочь обществу молитвой. Поэтому не забывайте, какие обеты мы давали Христу и что переносят в миру люди, не получившие этой привилегии — привилегии призвания в ангельский чин.

После себя мы должны оставить наследие

— Геронда, многие сейчас уповают на монастыри. Ответственность за это лежит на мне тяжким грузом.

— Да, многие говорят, что единственный выход сейчас в том, чтобы появилось сколько-нибудь святых, подобных святому Косме Этолийскому, и чтобы они разошлись в разные края для проповеди, просвещения мира. Монастыри — это духовные центры. Если бы монастыри не помогли Восстанию 1821 года, то и самого бы Восстания не было. И во время немецкой оккупации монастыри не сдались и внесли свой вклад в освободительную борьбу. Поэтому бандиты[13] их и разрушали. Большинство монастырей не немцы пожгли, их разгромили свои же, греческие бандиты. Немцы объявляли: «Если в монастыре будут найдены боеприпасы и оружие, то мы его сожжём». Бандиты, желая выглядеть чистенькими, а виновниками разгрома монастырей выставить фашистов, шли в обители, подбрасывали несколько старых обойм, какую-нибудь сломанную винтовку, а потом сами же доносили оккупантам, что в таком-то монастыре якобы скрываются бандиты. Фашисты устраивали облаву, находили боеприпасы и поджигали обитель. И таким способом бандитам удалось сжечь немало монастырей, потому что они их боялись. «Если останутся монастыри, — говорили они, — то мы ничего не добьёмся, даже если удастся установить атеистический режим. Давайте-ка их лучше сожжём». Вот и жгли.

Сегодня мир идёт в монастыри за закваской. Но какая там закваска, если в самих обителях всё шалтай-болтай? В них и закваски-то не найдут. Постараемся же, чтобы на трудные годы сохранилось немного закваски.

---

[13] Под «бандитами» подразумеваются вооружённые формирования коммунистической партии Греции в годы фашистской оккупации. — *Прим. пер.*

Сейчас за помощью в монастыри приходят те, кто обращается к колдунам и тому подобной нечисти. Позднее придут люди, уставшие от греха. Настолько уставшие, что если будешь посылать их пьянствовать или грешить, то они не пойдут. В эти трудные годы Бог призывает людей к монашеству персональными приглашениями. Это поколение начинает свой монашеский путь, имея самые лучшие предпосылки, имея идеалы, а диавол весь этот исходный материал приводит в негодность. Следующее поколение будет другим. В монастыри будут приходить и многие люди, для монашества непригодные. Они дойдут до такого состояния, что будут вынуждены становиться монахами. Они будут измучены и изранены миром. Супруги будут разводиться (и с благословения Церкви, и без) и поступать в монастыри. Пойдёт в монастыри и пресытившаяся мирской жизнью молодёжь: одни — спасать свою душу, другие — искать ей немного покоя. Будут становиться монахами и желающие вступить в брак, но боящиеся связывать свою жизнь с другим человеком. То есть в грядущие годы в монахи могут приходить и психически больные, и те, у кого попросту нет решимости создать семью. «Что я найду в браке? Как я буду жить? — станут рассуждать они. — Пойду-ка лучше в монахи». То есть к монашеству они отнесутся как к приятному времяпровождению. Насколько они преуспеют, это другой разговор. Поступающие в монастыри не будут кающимися, их будет вынуждать становиться монахами их состояние. Их побудительные причины не будут безупречными. Опасность в этом. Когда человек уходит из мира ради монашества, дело обстоит по-другому. Этим несчастным будет необходима многая помощь, они будут помнить вкус мирских удовольствий, и поэтому диавол воздвигнет против них жестокую брань. Против нас он такой брани не ведёт, он старается помешать нашему духовному деланию и низвергнуть нас в уныние, чтобы не нашли закваски те, кто придут после нас.

Всем этим я хочу сказать, что нам сейчас надо преуспеть, чтобы мы были в силах помочь этим людям. Оставим им отеческое наследие. «Духовные радости» у нас есть — нет радостей небесных. Мы радуемся постригу, рукоположению, всенощному бдению, пению «Хвалите имя Господне», раскачиванию паникадила… Но эти радости не небесные, это плотские радости сердца — в положительном смысле этого слова. Небесная радость есть нечто высшее, нечто невыразимое. Когда человек начинает немножко вкушать небесного, его сердце играет, шалеет. Для того чтобы передать небесные радости последующим поколениям, нам надо пережить их самим.

ГЛАВА ТРЕТЬЯ
О глубочайшем смысле жизни

Будем готовиться к жизни иной

Геронда, один юноша исчез, оставив своим родителям записку, что хочет покончить с собой, потому что он некрасив, а виноваты в этом они...

— Люди не постигли ещё глубочайшего смысла жизни. Они не верят в жизнь иную. Все их мучения начинаются с этого. «Я несправедливо обижен, — говорит человек, — другие радуются, а я нет». Люди недовольны тем, что имеют, подмешивается эгоизм, и они мучаются. Бог любит всех людей. Каждому человеку Он дал то, что ему полезно: рост ли, отвагу ли, красоту или что-то ещё. Он дал человеку то, что может помочь ему спастись, если он употребит это с пользой. Однако мир терзается: «Почему я такой, а он такой?» Но ведь у тебя есть одно, а у него другое. Один Христа ради юродивый румын, подвизавшийся на Святой Горе, рассказал кому-то из терзавших себя подобными помыслами такую историю: «Увидела лягушка буйвола и сказала: „Я тоже хочу стать буйволом!" Дулась, дулась и под конец лопнула. Ведь Бог-то кого лягушкой сделал, а кого буйволом. А лягушка чего учудила: захотела стать буйволом! Ну и лопнула!» Пусть каждый радуется тому, каким сделал его Творец.

Как только человек использует данную ему благоприятную возможность уверовать в Бога и в будущую вечную жизнь, то есть, когда он постигнет глубочайший смысл жизни и, покаявшись, перестроит её, так сразу же придут божественное утешение с благодатью Божией, и благодать изменит его, изгоняя и все его наследственные недостатки. Многие покаявшиеся грешники смиренно подъяли любочестный подвиг, прияли благодать, стали святыми, и сейчас мы с благоговением поклоняемся им и просим их молитв. А прежде они имели немало страстей, в том числе и наследственных. К примеру, преподобный Моисей Мурин. Будучи кровожаднейшим разбойником с наследственной злобой, он, едва лишь уверовал в Бога, сразу покаялся, стал подвизаться, все страсти его покинули, а благодать Божия посетила. Он даже удостоился приятия пророческого дара, а чуткостью превзошёл и самого Арсения Великого, который происходил из великосветского римского семейства, имел наследственные добродетели и обладал большой внешней учёностью.

— То есть, геронда, в чём конкретно заключается смысл этой жизни?

— В чём? В том, чтобы подготовить себя для нашего Отечества — для неба, для рая. Суть в том, чтобы человек уловил этот глубочайший смысл жизни, иже есть спасение души. Веруя в Бога и будущую жизнь, человек понимает, что эта временная жизнь суетна, и готовит свой «загранпаспорт» для жизни иной. Мы забываем о том, что всем нам предстоит уйти. Корней здесь мы не пустим. Этот век не для того, чтобы прожить его припеваючи, а для того, чтобы сдать экзамены и перейти в иную жизнь. Поэтому перед нами должна стоять следующая цель: приготовиться так, чтобы, когда Бог призовёт нас, уйти со спокойной совестью, воспарить ко Христу и быть с Ним всегда. Когда Христос благословил пять хлебов и насытил столько тысяч людей, народ тут же сказал: «Царь бы из Него вышел что надо!» Съели пять хлебов и две рыбы и воодушевились. Однако Христос сказал им не заботиться о сей пище, потому что здесь мы не останемся. В этой жизни каждый из нас подвергается испытаниям: соответствует ли он тому, чего требует Бог.

— Геронда, что человек должен всегда иметь в своём уме для того, чтобы творить волю Божию?

— Он должен иметь свой ум в Боге, думать о том, ради чего он вступил в эту жизнь. Мы пришли сюда не для того, чтобы заниматься всем на свете и устраиваться по тёплым местечкам. Мы пришли, чтобы подготовиться к жизни иной. Итак, наш ум должен непрестанно находиться там, в будущей жизни, и в том, что способно помочь нам её достичь. С любочестием относясь ко всему, любочестно и смиренно подвизаясь, человек понимает смысл жизни духовной. Духовная жизнь есть безудержная отвага, духовный пир. Знаете, что такое пир? Познайте глубочайший смысл монашества, стяжите духовное благородство, святоотеческую чуткость. А глубочайший смысл жизни (не монашеской, а вообще) обязаны уяснить все люди. Если бы они это сделали, то совсем бы исчезли мелочные придирки, грызня и прочие проявления самости. Раз есть божественное воздаяние, то будем думать о том, как заработать маленько «денежек» для будущей жизни, а не о том, как в жизни этой держаться с достоинством и принимать человеческую славу от других.

Когда человек движется в плоскости действительной жизни, он всему радуется. Тому, что живёт. Тому, что предстоит умереть. Не потому радуется, что он устал от жизни, нет, он радуется тому, что умрёт и пойдёт ко Христу.

— Геронда, он радуется, так как не противится тому, что попускает Бог?

— Он радуется, видя, что эта жизнь преходяща, а жизнь иная — вечна. Он не устал от жизни, но, думая: «Что нас ожидает, разве мы не уйдём?» — он готовится идти туда, понимая, что в этом его предназначение, смысл жизни.

Вот, к примеру, взять женщин, работающих в системе социальной помощи. У них есть доброта: бегают, бедняжки, убиваются ради других. По образованию они психологи, но бывают случаи, когда тот способ, которым они хотят помочь другим, не действует. Идёт она, к примеру, утешать человека, которому отрезали ногу, а он ей говорит: «Ты вот пришла на двух ногах и говоришь мне: „Добрый день", а у меня-то нога только одна». Что она сможет ему ответить? Как она поможет ему психологией? Если этот человек не уловит глубочайший смысл жизни, то ему ничто не сможет помочь. Он должен понять, что за это попущенное Богом увечье он, если не будет роптать, получит в иной жизни накопленную небесную мзду. Поняв это, он должен радоваться. Да хоть бы и на четырёх ногах ходили остальные, он должен говорить: «Благодарю Тебя, Боже мой, за то, что я хожу на одной». Но, воспринимая жизнь недуховно, эти бедняжки идут утешать людей и не знают, что им сказать. Идёт такая «социальная утешительница», к примеру, облегчить страдание тридцатипятилетней больной раком женщины, у которой трое детей. Что она ей скажет? Если эта мать не уловит глубочайший смысл жизни, то она будет отчаиваться, думая о том, что станет с её детьми. И сама психолог, пришедшая её утешать, впадёт в то же самое отчаяние, если она не поймёт чего-то высшего, чего-то духовно более глубокого. Ведь, не расположив сначала духовно саму себя, она не сможет правильно помочь и ближнему так, чтобы к нему пришло божественное утешение. Так эти бедняжки психологи не только устают телесно, но и расстраиваются, видя, что они не могут оказать людям серьёзной помощи. То есть устают вдвойне.

Мы должны осознать добро необходимостью

Человек должен осознать добро необходимостью, иначе он будет мучиться. И сказать, что не все могут осознать добро необходимостью, было бы неправдой. Я такого мнения оправдать не могу. Добро в состоянии осознать необходимостью даже пятилетний ребёнок. Скажем, у какого-то малыша поднялась температура. Родители зовут врача, тот говорит: «Держите ребёнка крепко» — и — раз! — делает ему укол. После этого малыш, едва завидев врача, пускается в рёв и убегает. Но если ему сначала скажут: «Послушай-ка, ты болен, у тебя температура. Ты не можешь ни в школу пойти, ни играть. Другие-то дети вон играют. А если ты дашь врачу чуть-чуть тебя уколоть, то температура спадёт и потом ты тоже сможешь пойти играть», то ребёночек тут же зажмурит глазки и сам протянет врачу свою ручку для укола. Я хочу сказать, что если уж малыш может осознать добро необходимостью, то насколько более это доступно человеку взрослому.

С того момента как человек поймёт, что правильно, а что нет, — всё, вопрос закрыт. Предположим, я вам говорю: «Я вышвырну вас из окна». Что это значит, вы понимаете. Даже умственно отсталый понимает, что если он выпадет из окна верхнего этажа, то переломает себе ноги. Он понимает, что такое обрыв и что такое ровное место, что такое хорошо и что такое плохо. Человек взрослый, читавший святых отцов, Евангелие, знает, что правильно и что нет. С этого момента надо себя переключать. Но часто, когда говоришь некоторым особам: «Почему ты это делаешь? Разве ты не понимаешь, что это неправильно?» — они начинают: «Вот, к несчастью, я такая. А почему я такая? Ведь и раньше я была такая...» — «Да оставь ты, какая ты была раньше! Сейчас, когда я тебе это говорю, что ты делаешь, чтобы исправиться?» Если у них не соображает голова, то это другое дело, тогда у них есть оправдание. Но только младенец схватит вместо карамельки уголёк по той причине, что у него не соображает голова.

— Геронда, Ваша мать была очень чутким человеком, любила Вас. Как же она с самых пелёнок воспитывала вас в строгости?

— С младых ногтей человек может помочь себе в том, чтобы постичь глубочайший смысл жизни и радоваться по-настоящему. Когда я был маленьким и бегал с ребятами наперегонки, то оставлял их позади. Они не давали мне бегать, прогоняли меня, дразнили эмигрантиком, беженцем. Я приходил к маме в слезах. «Что ты плачешь?» — спрашивала меня она. «Мне ребята не дают с ними бегать», — отвечал я ей. «Тебе хочется побегать? Вот двор, бегай. Почему ты хочешь бегать на улице? Чтобы на тебя смотрели и говорили „молодец"? В этом есть гордость». В другой раз мне хотелось играть в мяч, а ребята опять меня прогоняли. Я снова плакал и шёл к маме. «Что случилось, почему ты опять плачешь?» — спрашивала меня она «Ребята не дают мне играть в мяч!» — говорил я. «Двор у нас большой, мячик у тебя есть, играй здесь. Что, хочешь, чтобы на тебя смотрели и любовались? В этом есть гордость». И тогда я подумал, что мама права. И потихоньку мне расхотелось и бегать, и играть в мячик, чтобы меня видели, потому что я понял, что в этом есть гордость. «И правда, — думал я, — какая же всё это чепуха! Мама права». И после, видя, как другие дети носятся, бьют по мячу и хвалятся этим, я не очень переживал. Я смеялся и говорил: «Ну чего вытворяют?» — а сам был тогда маленьким: в третий класс начальной школы ходил.

Потом я жил естественной жизнью. И сейчас, если меня спросят: «Что выберешь: подняться в августе месяце босиком по колючкам на вершину Афона или же поехать на какое-нибудь торжество, где тебя облачат в мантию и осыпят почестями?» — то я скажу, что предпочитаю босиком подняться на Афон. Не от смирения, а оттого, что мне это по душе.

Люди, имеющие гордость, в детстве не получили помощи в семье. Мирское мышление человека мучает. Если кто-то запустит себя в этом отношении, если родители не помогут своим детям, когда те ещё маленькие, то после это станет уже состоянием. Одно дело — это маленько похвалить ребёнка, чтобы он не падал духом, другое — раздувать его эгоизм. Скажем, ребёнок спутался, читая стишок, и теперь унывает. Его мама, видя это, говорит ему: «Ну всё, всё. Хорошо прочитал». Однако если он прочитал стихотворение хорошо и мать начинает нахваливать его перед другими: «Ну какой же ты молодец! Ты прочитал лучше всех детей! Мой ребёнок лучше всех!» — то это плохо. Так родители часто культивируют в детях гордость. Или, к примеру, ребёнок наозорничал в школе, и его за это отчихвостил учитель. Он приходит домой и жалуется отцу: «Учитель несправедливо меня отругал». Если отец и мать встают на сторону ребёнка и к тому же в его присутствии говорят про учителя: «Я вот ему покажу! Да как он смел, да моего ребёнка!..» — то ребёнок потом считает своё озорство правильным, а в итоге мучается из-за пустяшных вещей. Основа всему в том, чтобы дитя кое-что поняло ещё в родительском доме. Если человек с юных лет усваивает глубочайший смысл жизни, то потом всё идёт как нужно. В противном случае он получает удовольствие от тленного, от человеческих похвал, которые в действительности не приносят ему покоя, и остаётся тленным человеком.

Поможем миру в покаянии

— Геронда, что сегодня способно помочь миру больше всего?

— Если бы миру преподавалось сегодня покаяние, то помочь могло бы только оно. Чтобы получить пользу, будем читать как можно больше житий тех святых, которые обращают особое внимание на покаяние. Просить у Бога покаяния — это значит просить просвещения. Испрашивая покаяния и сильнее каясь, мы, естественно, придём в большее смирение. А тогда по необходимости придёт бо́льшая Божественная благодать, просвещение от Бога. Пребывая в покаянии, человек хранит благодать Божию. Люди-то ведь хорошие. Вон большинство: не исповедуется, не причащается, находится в великом неведении, но, с другой стороны, приходят ко мне и просят помощи. Что-то в этом кроется.

— Геронда, может быть, поводом для того, чтобы люди приблизились к Богу, становятся испытания?

— Тем, в ком есть доброе расположение, испытания помогают. Те, в ком такого расположения нет, начинают обвинять Бога, хулить Его, оправдывать себя. Зло в том, что люди не признаются: «Согреши́х», но терзаются. Диавол имеет в мире великую власть. Мы дали ему много прав. Во что же превратился сегодняшний человек! Зло в том, что он, не имея покаяния, препятствует Богу вмешиваться и помогать ему. Если бы было покаяние, то всё бы наладилось. Нас ждут грозы, грозы! Да прострёт Бог Свою руку! Будем просить покаяния всему миру. Будем молиться и о тех, кто сознательно делает зло Церкви и не намерен исправляться, чтобы Бог дал им покаяние, а потом забрал их в лучший мир.

Поможем, насколько это возможно, миру в покаянии, чтобы приять Божии благословения. Покаяние и исповедь — вот что нужно сегодня. Мой неизменный совет людям: кайтесь и исповедуйтесь, чтобы диавол был лишён прав, а вы прекратили подвергаться внешним бесовским воздействиям. Чтобы люди поняли и покаялись, им требуется встряска. К примеру, человек исповедуется в том, что совершил прелюбодеяние. Духовник читает над ним разрешительную молитву, накладывает на него епитимью и на этом останавливается. Но духовник должен помочь ему понять, что зло не заключалось лишь в прелюбодеянии. Кающийся должен осознать, что, сделав это, он стал преступником, разрушил две семьи. Но некоторые духовники ни сами не копают глубже, ни людей не заставляют задуматься.

— Геронда, есть люди добрые, однако редко ходящие в храм, не принимающие регулярного участия в церковных таинствах…

— Бывают случаи, когда кто-то нечасто ходит в церковь, но имеет в себе благоговение, доброту, и поэтому Бог находит Себе место и обитает в нём. Если бы эти люди участвовали в таинственной жизни Церкви, то они бы весьма преуспели в жизни духовной. А другие ходят в храм, исповедуются, причащаются, делают всё, что нужно, и, однако, Бог не находит Себе места, чтобы вселиться в них, поскольку в них нет смирения, доброты, настоящего покаяния. Для того чтобы прийти в надлежащее устроение, одной исповеди перед духовником недостаточно. Должно быть и покаяние. И каждую молитву надо начинать с исповеди Богу. Не так, конечно, чтобы, не переставая, плакаться: «Я такой, сякой, эдакий!..» — а потом продолжать свою старую песню. Это не переживание греха. Переживая, человек становится хоть немного, да лучше.

Помните, с какой простотой молились израильтяне? *Востáни, вскýю спúши, Гóсподи*[1], то есть «Проснись,

---

[1] Пс. 43:24.

Господи, что же Ты спишь?» И Господь после *воста́ я́ко си́лен и шу́мен от вина́ и порази́ враги́ Своя́ вспять...*² С какой простотой, с каким смирением, но и с каким дерзновением рекли они: «Господи, что мы теперь скажем язычникам? Ты спас нас в Чермном море, а что нас ждёт сейчас? Умирать в пустыне или же попасть под меч иноплеменных? Не выставляй же нас на посмешище!»³ Но только не вздумаем и мы открыть свой рот и ляпнуть подобное: «Что же Ты спишь, Господи, и не видишь?» — потому что за это мы можем получить по макушке. Это будет бесстыдством. Израильтяне рекли это со смирением и простотой. Они не перекладывали ответственность на Бога, не говорили Ему: «Зачем Ты так сделал? — но каялись и просили: — Мы достойны зол много больших, но что мы теперь скажем язычникам?» И видите? Они сразу же приклонили Бога на милость. Вам это понятно? Присутствовало признание ошибки, покаяние, Бог вмешался и *порази́ враги́*. А если и мы окажемся в трудной ситуации и не поведём себя духовно, то люди мира сего скажут о нас: «Ну и где же ваша молитва? Вы ведь говорите, что молитесь. Что же вы, а?» Так мы становимся посмешищем.

Покаяние содействует исчезновению зла

Прося миру покаяния, будем причислять к провинившимся и себя. В молитве не надо говорить: «Помоги миру, миру, который грешен». Три библейских отрока родились в вавилонском плену, однако не говорили: «А чем виноваты мы?» — но исповедовались пред Богом: «Нам досталось поделом, мы были достойны и большего». Они

---

² Пс. 77:65–66.
³ См. Исх. 32:12; Втор. 9:28; Пс. 78:10.

говорили так, как если бы до вавилонского пленения находились среди тех, кто преступил Божьи заповеди, как если бы и они соучаствовали во грехе, хотя на деле они были ему непричастны, поскольку в те годы ещё не родились на свет. Их молитва в вавилонской пещи трогает меня за сердце. *Пра́веден еси́ о всех, яже сотвори́л еси́ нам… я́ко согреши́хом и беззако́нновахом… и ны́не несть нам отве́рзти уст… Не преда́ждь у́бо нас до конца́… и не отста́ви ми́лости Твоея́ от нас, Авраа́ма ра́ди возлю́бленнаго от Тебе́…* То есть: «Поделом, Господи, ты нас наказываешь, ибо мы согрешили. Но только лишь ради Авраама, которого Ты любишь за то, что он не согрешил, не оставляй нас». Они причисляли ко грешникам и себя, и верили в то, что говорили устами. Потому и стала пещь прохладной, тогда как язычников, пришедших на неё посмотреть, опалило пламя[4].

Не совершая такой работы над собой, человек начинает постоянно находить себе оправдания: «меня подтолкнул на грех диавол», или «виноват Адам», или «виновата Ева, а не я виноват». Один «богослов-профессионал» заявил мне как-то раз: «А почему мы должны теперь страдать из-за Евы?» — «Мил человек, — ответил ему я, — тебе это, что, мешает спастись? Что ты прицепился к горемыке Адаму и к страдалице Еве? За одну погрешность — и столько веков томиться в аду! А к нам пришёл Христос и спас нас». — «Если согрешите *се́дмьдесят крат седмери́цею*, — сказал Он, — и покаетесь, то Я вас прощу»[5]. Мы грешим тысячи раз, но, только бы мы каялись искренне, Христос нас прощает. А мы будем говорить, что виноваты Адам и Ева? И глядите: ведь никому не дают имя Ева. Давайте-ка мы назовём какую-нибудь послушницу при

---

[4] См. Дан. 3:1–100.
[5] Ср. Мф. 18:22.

постриге Евой или, по крайней мере, Зоей⁶, если имя Ева кажется тяжёлым. Ведь это же очень несправедливо — так относиться к Еве! Она родительница всех нас, она матерь всего мира, а мы даже имени её не хотим слышать! И проклятию Бог, в сущности, подверг диавола. *Змей был мудр*⁷. Диавол вошёл в змею, чтобы обмануть человека. Смотри ведь, как всё валят на Еву. Говорят, что это она нас погубила, что если бы не её преслушание, то мы сейчас в раю жили — не тужили бы. А вот если бы и мы услышали от Христа: «Один раз допустили погрешность — отправляйтесь-ка на столько-то веков в ад!» Вот тогда бы пусть поговорили!.. Какой же всё-таки неблагодарный мир!..

Так или иначе, покаяние — это великое дело. Мы ещё не осознали, что покаянием человек может изменить решение Бога. То, что у человека есть такая сила, — это не шутка. Ты делаешь зло? Бог даёт тебе по загривку. Говоришь «согреших»? Бог изменяет гнев на милость и подаёт тебе Свои благословения. То есть, когда непослушный ребёнок приходит в разум, кается и испытывает угрызения совести, его Отец с любовью ласкает и утешает его. Уклонившиеся от заповедей Божиих израильтяне семьдесят пять лет прожили в вавилонском плену. Но в конце концов, когда они покаялись, царём стал Кир, о котором можно сказать, что он повёл себя лучше, чем сыны Израилевы, осквернившие жертвенные святыни. Бог изменил образ мыслей Кира и соделал его верующим в Бога Небесного. И вот Кир дарует израильтянам свободу, даёт им деньги, дерево для строительства храма, возводит им стены вокруг Иерусалима и проявляет такую доброту и такое благоговение, которого, да будет позволено сказать,

---

⁶ Имя «Ева» на еврейском, как и имя «Зоя» на греческом, означают одно и то же — жизнь. Ср.: Быт. 3:20.

⁷ См. Быт. 3:1.

не проявляли даже сами израильтяне⁸. И всё потому, что народ покаялся и изменился⁹. Видите, как покаяние содействует исчезновению зла!

Надо обязательно читать все книги Маккавейские. Это исключительно сильные книги. Каково было повеление царское! Растоптать иудеев слонами! Назначили ответственных, приготовили всё для казни, чтобы разъярить пятьсот слонов, напоили их крепким вином с ладаном и ждали царя, чтобы начать казнь. Но царь отданное им приказание забыл. Идёт к нему начальник над слонами и говорит: «Царь, тебя ждём. Слоны, иудеи — всё готово. И гости заждались». — «А кто вам велел всё это делать!?» — отвечает царь. Крики, угрозы!.. И это не один раз, а трижды[10]. Чтобы царь забыл приказание, которое он сам отдавал? Это вам не шуточки. И не только забыл — он вообще поменял потом своё отношение к иудеям. В этом основа всего: чтобы мир покаялся.

— Геронда, есть ли прок от различных международных объединений, занимающихся борьбой за мир во всём мире? Помогают ли они его сохранять?

— Это зависит от многого. Есть и такие, кто затевает всё это с добрым расположением. Но бывает, что соберётся такой «букет»! Тут тебе и колдуны, и огнепоклонники, и протестанты — такая мешанина, в глазах рябит! И борются «за мир во всём мире!» Какой от них прок? Да простит меня Бог, но эти «винегреты» стряпает диавол. Если само объединение грешное, то какой там может быть мир! Как придёт мир, если люди не примирились с Богом? Только когда человек примиряется с Богом, приходит мир — и внутренний и внешний. Но для того, чтобы

---

⁸ См. 2 Езд. 1:1 и далее.
⁹ См. 1 Езд. 8:88–92.
¹⁰ См. 3 Макк. 5:1–35.

человек примирился с Богом, ему нужно прийти в чувство. Надо покаяться и жить согласно заповедям Божиим. Тогда в человека вселяются благодать и мир Божий. И тогда он в состоянии помочь тому, чтобы вокруг него тоже сохранялся мир.

УКАЗАТЕЛИ

УКАЗАТЕЛЬ ССЫЛОК НА СВЯЩЕННОЕ ПИСАНИЕ

Ветхий Завет

Быт.
3:1 — 368
3:20 — 368
6:13 и далее — 294
19:1–5 — 63
19:1–38 — 98

Исх.
16:19–20 — 258
32:1–20 — 53
32:12 — 366

Лев.
19:18 — 164

Числ.
25:1–15 — 53

Втор.
9:28 — 366

Суд.
7; 8 — 18

3 Цар.
10:14 — 187
18:26 — 301

2 Пар.
9:13 — 187

1 Езд.
8:88–92 — 369

2 Езд.
1:1 и далее — 369

Пс.
15:8 — 82
21:19 — 187, 276
43:24 — 365
50:12 — 63
68:22 — 187
77:65–66 — 366

78:10	366	6:24	187
81:6	288	6:33	258
82:12–13	18	7:1	171
102:10	174	7:6	64, 142
105:30	53	7:7	298, 314
145:3	50	7:13–14	110
		9:29	287
Ис.		11:12	228
6:3	284	12:31	54
6:9–10	291	13:12	143
66:2	156	14:30	277
35:2	184	16:3	197
38:4 и далее	295	16:26	109, 347
		17:20	281
Иер.		18:17	69
48:10	23	18:22	367
		21:21	322
		22:39	164
Дан.		23:5	342
2:21	18	24:22	195, 313
3:1–100	367	24:24	183
9:26–27	194	24:29 и далее	186
13:45–62	89	24:36	186
		24:44	215
Зах.		25:12	343
11:12–13	187, 197, 276	25:32-33	125
		25:40	161
3 Мак.		25:42	157
5:1–35	369	26:6 и далее	131
		26:69–75	196
		27:4	98
		27:7–9	276

Новый Завет

		Мк.	
		9:23	287
Мф.		12:31	164
5:16	336	13:20	195, 313
5:42	174	13:22	183, 199
5:45	174	13:24 и далее	186
6:4	171		
6:22	342		

13:32	186	1 Ин.	
14:3 и далее	131	2:18	182
14:4–72	196		
		Рим.	
Лк.		8:35	251
6:29	161	12:15	133
6:30	174	12:20	177
6:37	171	13:13	141
10:27	164		
12:3	79	1 Кор.	
12:40	215	3:16; 6:19	135, 151
12:49	218	12:31	246
13:24	110	14:20	340
17:5	278	14:40	141
17:6	281		
21:4	202	2 Кор.	
21:25 и далее	186	3:6	80
22:54–62	196	12:2	245
23:40–43	110		
24:29	321	Гал.	
		5:22	47
Ин.			
2:14–15	53	1 Фес.	
4:23	109	4:12	141
5:6	298	5:1	186
7:24	171		
10:16	125	2 Фес.	
11:25–26	275	2:3	181
12:3 и далее	131		
12:6	131	1 Тим.	
15:5	286	6:12	96
18:16-18, 25–27	196		
		2 Тим.	
Деян.		2:4	22
1:7	186	3:13	52
9:1–18	276		
		Тит.	
Иак.		1:15	62
5:13	140		
5:16	317		

Евр.
  11:1   284
  12:1   273
  12:29   62

Откр.
  12:6   194
  13:5   194
  13:18   187
  13:16 и далее   195, 199
  14:9 и далее   195
  16:2   195
  16:10   188
  20:4   195

ИМЕННОЙ УКАЗАТЕЛЬ

Абдул-паша 239
Августин (Кандиотис), митр. Флорины 41
Аглаида, св. 246
Адам 367
Али-паша 230
Анастасий, дядюшка 266
Андрей Кесарийский, свт. 186
Арсений Великий, прп. 358
Арсений Каппадокийский, прп. 66, 88, 107, 143, 148, 150
Виктория, королева 189
Вонифатий, мч. 246
Гедеон Каракальский, прмч. 248
Георгий, староста-священник 244
Гитлер А. 348
Давакис К., полковник 212
Дарвин Ч. 58, 274
Диоклетиан, император 252
Ева 367
Езекия, царь Иудейский 295
Екатерина, вмч. 75, 247
Зервас Н., лидер антифашистского движения 211
Игнатий Богоносец, сщмч. 249
Иоанн Богослов, ап. 186
Иоанн Златоуст, свт. 120
Иоанн Кукузель, прп. 140
Иоанн Лествичник, прп. 336
Иоанн Русский, мч. 108
Ириней Лионский, сщмч. 194
Исаак Сирин, прп. 60, 100, 103, 147, 174, 253, 332
Иуда 98, 131, 176
Иустина, мц. 183
Канарис К., адмирал 265
Карциноглу Продром, певчий 148
Кирик, мч. 237
Кирилл Иерусалимский, свт. 198
Кир, персидский царь 368
Кондилис Г., министр Греции 220
Константин Великий, св. равноап. 23, 251

Косма Этолийский, сщмч. 213, 312, 354
Лонгин сотник, мч. 248
Лукиллиан, мч. 289
Макарий Великий, прп. 257
Маккавеи, мчч. 247, 329
Максимиан, император 252
Макрияннис И., генерал-майор 214
Марина, мц. 183
Моисей Мурин, прп. 358
Моисей, пророк 52, 155
Муссолини Б. 348
Никодим Святогорец, прп. 103
Николай Чудотворец, свт. 150
Нил Калабрийский, прп. 342
Ной, праотец 294
Павел, апостол 176
Павел Эвергетидский, прп. 103
Паисий II, еп. Кесарийский 240–242
Паисий Великий, прп. 137
Пётр, апостол 196, 277
Пётр Катунакский, старец 267
Пилий Юс 230
Савва Филофейский, старец 152
Саприкий 244
Севастиан, мч. 244
Скорцезе М., кинорежиссёр 45
Тихон (Голенков), старец 152, 262
Филарет Констамонитский, игумен 261
Финеес 53
Харалампий Кутлумушский, старец 277
Эзнепидис Продром 148, 223

ТЕМАТИЧЕСКИЙ УКАЗАТЕЛЬ

А

Албания
  трудности христиан в Албании (1987)   39
Америка
  подготовка к системе антихриста   187
  трудности христиан в Америке   39
анестезия
  которую делает диавол   115–117
антихрист
  каким он будет   182
  не бояться его   181, 183, 198
  будет провозглашён Мессией   183–185
  его система   187–188, 189, 193–194, 199
  – будет попрана Христом   195
Апокалипсис
  мы живём во времена Апокалипсиса   312
апостасия   181, 183
апостолы
  до и после сошествия Святого Духа   86
  подпали под влияние Иуды   131
аскетизм   *см.* подвижничество

Б

безразличие   29–32, 202
  к духовному   40–41
  к состоянию мира — непозволительно   22–23, 36–37
  к себе — по любви к другим   33–34, 201–203
  примеры небезразличия   31–32
бережливость
  дело хорошее, но надо опасаться скупости   165–167
беснование   114
  от неблагоговения   143
бесстыдник
  извращает истину, оправдывая своё падение,   55
бесчувствие
  начало падения   115
благоговение
  не должно быть только внешним   141
  не от многих знаний   103

приобретается через общение с благоговейным человеком 137–138
каков человек благоговейный 135–138
к иконам 150–153
неблагоговение перед святыней отгоняет благодать 142–147
необходимо в паломничестве 105–109, 136
благоговение фарасиотов 147–150

благодарность
в скудости сильнее 270–272
за малое и многое 271
каков благодарный человек 163

благодать
без неё мы ничего не можем 299
уходит от гордости 289
уходит от неблагоговения 142–145

благоугождение ближнему
очистить от человекоугодия 83

ближний *см. также* помощь
в его лице — Сам Христос 161
благоугождение ему 83
не забывать о его нужде 157–160
думать о других 201, 203, 209–211
ставить себя на место другого 204–205
отдавать за него свою жизнь 204, 221

Бог
Добрый 70, 261, 272, 304
хочет нам добра 110–111, 120
зло обращает нам на пользу 268
заботится о человеке 257, 261–263, 296–297
любит человека 22, 269, 272, 357
каждому дал то, что ему полезно 357
не оставляет человека 304
когда помогает, а когда нет 293–296
когда приходит в умиление 155, 164, 307
огорчается, когда человек падает 87
терпит нас, ожидая покаяния 51–52, 62, 70
кому даёт по затылку, а кому нет 51–52
предведает, но не предопределяет 197

Богородица
Её промысл (помощь) 260–261, 265–266
призывание Её на помощь 58
вымела турков с Афона 20
выметет мусор (негодных монахов) из своих обителей 353

богохульство
хула на Святого Духа 54–55
богохульников нужно отлучать от Церкви 35–36
каких богохульников можно обличить, а каких нет 59
молиться за богохульников 59
противостоять нападкам богохульников 54–60

психически больного человека 57
фильм «Последнее искушение Христа» 45
божественное просвещение
имеющий его помогает и другим 89
боль
духовного человека 48
забывать о своей, видя боль другого 201
за других даёт силу и утешение 324–326
за тех, кто в бедности и страданиях 158–160
за тех, кто живет в грехе 61
за тех, кто мучим страстями 97
молитва с болью 323–325, 327, 327–329
брань духовная
не растрачивать силы по пустякам 97
братство *см. также* **родство**
все люди — братья 61, 127
иметь между собой братские отношения, любовь 123, 126, 216

В

Вавилонское столпотворение 84
вера
не действует без смирения 281
приносит радость 286
вверить себя Богу 262, 270, 282, 283–284
в промысл Богородицы 260
оставить самоуверенность и довериться Богу 286–287
надо безусловно верить, что Богу всё возможно 282
чтобы уверовать, нужно доброе расположение 41–43
чтобы уверовать, нужно самому проявить любочестие 275–277
уверовать нам помогают
– природа 278
– пророчества, Евангелие, святые 275–277, 291
укрепляется в человеке постепенно 281
усиливается молитвой о прибавлении веры 278
придёт время, когда все уверуют 292
Христос искал веру, а потом совершал чудо 287
чтобы любить, нужно верить 284
Ветхий Завет
сначала читать Евангелие, потом Ветхий Завет 99
внимание
как его отвлекает диавол от божественного 117–119
война
Вторая мировая 30
албанская 211
гражданская (в Греции) 51, 222
малоазиатская 220
жертвенность на войне 204–205, 211–214, 222
мучения на войне 205, 213, 216

как влияет на нравственность людей 46
решимость на смерть 214–217
трусливый солдат создаёт проблемы 229

воля Божия
исполнение её сродняет с Богом 83
воля Божия и воля человеческая — два крыла 120

воля человеческая
Бог не нарушает нашу свободу воли 297–298
отсекая свою волю, человек работает правильно 84
сила воли с возрастом слабеет 120

воски 252

Второе пришествие
о нем не говорят, чтобы никто не готовился 46

Г

героизм
на войне 212–214, 216–217, 232–233
надо иметь маленечко 220

глупость
Бог не будет помогать нашей глупости 293

гнев
какой гнев праведный, а какой нечистый 52–53

гордость
Бог не трогает человека с сатанинской гордостью 52
за гордость благодать оставляет человека 289

искоренять её из своих маленьких детей 362–363
мешает избавиться от других страстей 301
поспешное действие прежде молитвы 74

государство
сегодня воюет против Божественного закона 22

греки (Греция, греческий народ) *см. также* **народ**
в прошлом жили духовно 46
любочестие прежних греков 30
много пережили 19
в годы немецкой оккупации 354
греки, болеющие за свою Родину 32
греки, будучи умными, нелегко подчиняются 231–232
расхлябанный дух 40
при всех недостатках имеют и дар от Бога 34
по сравнению с другими народами 34
австралийские греки ухватились за Бога сильнее, чем европейские 297

грех
исправление греховных привычек 94–95
грехи современного мира 18
грехи других не предавать огласке 69–70
когда нужно оповещать о чужих грехах 70–71
почему люди с тяжкими грехами долго живут 51–52

греховные картины
  горящий уголёк — не задерживаться на них 94
  как очистить от них душу 94–95

Д

даяние *см. также* милостыня
  приносит благословение 167
  приносит радость 163–164
  нужно привыкнуть давать 165
дело (действие)
  без Бога мы ничего не можем сделать 298–300
  предпринимая что-то, подумать и помолиться 235, 305, 311
  поспешное, без молитвы 74
  рассматривать, угодно ли оно Богу 82
  совершать пред Всевидящим Богом 81
  что сверх сил — возложить на Бога 293–296
деньги
  не надеяться на них 270
дети
  искоренять в них гордость 362–363
деятельность
  при неочищенном внутреннем состоянии 72
диавол (бес, сатана, тангалашка, враг)
  сеет соблазны 64, 67–69
  мешает увидеть Промысл Божий 259
  каждого искушает соответственно состоянию 113–114
  прельщает гордыми помыслами 306
  выводит из строя с помощью мелочей 112
  делает анестезию, а потом запутывает 115–116
  как отвлекает от духовной беседы 118
  как отвлекает от молитвы 117
  своей злобой делает благо 125–126
  исповедь лишает его прав на человека 365
добро
  имеет цену, когда жертвуем чем-то своим 202
  делая добро, не ждать признания 161–162
  сделанное нами — не наше, а Божие 298
  какое забывать, а какое помнить 163
  добро неверующих людей не забудет Бог 173, 212, 305–307, 365
  добро и зло перемешаны 268–269
добродетель
  все наши добродетели — нули 299
  «выдаёт» человека 51
доброта
  хорошие манеры — ещё не жертвенность 132
доверие *см. также* вера
  без доверия Богу жизнь становится мукой 283, 304

полагаться на помощь Божию, а не на себя   265, 305
прежде, чем просить у Бога — довериться Ему   261

духовная жизнь   *см. также* **человек**
негромка   83
не требует бицепсов   269
украшает некрасивого   341
даёт право на Божию помощь   347
должна соответствовать священным одеждам   341–343
в начале духовной жизни Бог очень помогает   301–303
для чего Бог забирает Свою благодать   302–303
чувствовать свою греховность и благодеяния Божии   269–270
идущий низко не падает   83
из всего увиденного извлекать пользу   278–280
трудности в духовной жизни — от гордости   300–301
недуховная жизнь отлучает от Христа   64

духовник
его роль на исповеди   365
советоваться с духовником — самое надёжное   130
должен наблюдать за подвижником   113

Дух Святой
сошествие Святого Духа на апостолов   86–87
что необходимо для Его пребывания в человеке   87
почему не просвещает сегодня людей   84

Е

Ева
несправедливое отношение к ней   368

Евангелие
сначала читать Евангелие, потом Ветхий Завет   99
чтение Евангелия изменяет жизнь   42

евреи   *см.* **иудеи**

ересь
как воспринимать обвинение в ереси   45
ложная доброта к еретикам   47

Ж

женщина
какое дарование имеет от Бога   93
имеет боязливости больше, чем мужчина   226–227
имеет жертвенности больше, чем мужчина   227
легко поддаётся панике   229
должна иметь благоговение большее, чем мужчины   136
отважные женщины   224–225, 230

жертвенность (жертва, великодушие)
забыть о себе и думать о других   209–211, 219–221
приходит от любви к Богу   285

приносит радость 200–201, 203, 204, 207, 209
является редкостью 202
Бог не оставляет тех, кто имеет жертвенность 246–247
без неё монах — не монах 217–219
мирских людей 214, 221, 233
на войне 204–206, 206–209, 212–214

животные
видя их, видеть Бога 279

жизнь
смысл жизни — подготовиться к жизни вечной 358
без понимания смысла жизни — отчаяние 360
не для того, чтобы устроиться потеплее 237

жизнь вечная (будущая)
готовиться к ней 358
наш ум должен непрестанно находиться там 359

жития святых
помогают душе 237
чтение их в отрочестве 274

З

защита
защищать не себя, а ближних и веру 53, 56–57

здоровье
доверить своё здоровье сначала Богу, а потом человеку 284

зло
происходит от того, что нет божественного просвещения 87
Бог попускает зло, но из него происходит добро 195, 268
какое зло может сделать человек 21
преодолеть его может святость 235
противодействовать злу 20, 37, 44, 53, 312
добро и зло перемешаны 268–269

злой человек
почему долго живёт и процветает 51–52
труслив и малодушен 222

знамения
последних времён 183

знание
когда многое знание бесполезно 101, 103

И

иеговисты
ждут земного царя 182
не почитают иконы 151

изобилие
от изобилия человек теряется 271

икона
впитывает душевное состояние иконописца 152
почитать её не за художественные качества 243
крайности иконоборцев и иконобожников 81
благоговейное лобзание иконы 150–153

имена
имя Ева 367

искренность
  которая причиняет зло 78–79
искушение
  Бог может попустить малое, чтобы уберечь от большего 268
  как избежать 112
исповедание веры
  не молчать, когда оскорбляют веру 56–58, 348
  соблюдение постов 48
исповедь
  лишает диавола прав 365
  необходима, но должно быть и покаяние 365
истина
  сказанная без рассуждения 78
иудеи (евреи) *см. также* **сионисты**
  знают, что Мессия пришёл и Его распяли 184–185
  ждут земного царя 184
  истолковывают Ветхий Завет в вещественном смысле 184
  задают еврейские вопросы 295

К

клевета *см.* наговор
крайности
  могут начинаться с благоговения 81
красота
  духовная при некрасивой внешности 341
крест (крестное знамение)
  обладает великой силой 280
  перекрестись с молитвой и действуй 282–283
кротость
  это не мягкость от равнодушия 48
курение
  как диавол мешает бросить 119

Л

ладан
  Бог не нуждается в нём, но умиляется нашему приношению 155
  для чего кадим ладаном 156
литература
  художественная: не помогает в духовной жизни 101
любовь
  Христа к человеку — в Его страданиях 249–250
  ко Христу — какая была у святых мучеников 248–249
  к Родине, ближним, природе начинается от любви ко Христу 31, 33
  после любви к Богу приходит жертвенность 285
  причина подвижничества 252
  чтобы возлюбить Бога, надо уверовать в Него 285
  иметь между собой 123, 216
  матери к своему ребёнку 200
  не различает министра и нищего 161
  отдаёт самое лучшее 160–161
любопытство
  избегать его, чтобы сохранить чувства от греха 94

любочестие
   подвигает Бога на помощь   269, 294
   любочестный человек всегда благодарит Бога   285
   необходимо, чтобы уверовать   275, 277
   спасёмся через любочестие   110
   имея его немножко, не останемся вне рая   304
   примеры любочестия   30
   греков   34

люди
   люди молитвы, от которых зависит судьба мира   17, 19

М

Маккавейские книги
   обязательно читать   369

мать
   её любовь к ребёнку   200

международные объединения за мир
   есть ли от них толк   369–370

мелочи
   как выводят нас из строя   112–113

милостыня   *см. также* **добро**; *см. также* **даяние**
   помогает усопшим   170
   приносит подающему пользу   159
   приносит подающему радость   162–164
   как определить — от любви ли подаётся   160–161
   не ждать за милостыню воздаяние   161–178
   не творить напоказ   171, 172–173
   давать ли притворяющемуся   174–177
   давать ли пьянице   177–178
   сколько давать   176
   когда нечего дать   168
   не судить о милостыне других   169, 171–172

мир   *см. также* **народ**; *см. также* **государство**
   современное состояние   17–19, 20–22, 29, 35, 44, 78, 125, 329
   разделение на овец и козлищ   125
   перед приходом антихриста   181
   в мире много горя   158
   судьба мира от кого зависит   17, 19, 313
   молитва за мир   328   *см. также* **молитва**
   разговоры о происходящем в мире   130
   как обращаться с мирскими людьми   64

мир тварный (творения)
   должен возводить нас к Богу   278–280
   творения Божии почувствовали страдания Господа Иисуса   249–250
   болеть и заботиться о творениях Божиих   33

молитва
   даёт действовать Богу   74, 330
   должна быть с болью, от сердца   321, 323–325, 325–326, 326–327

должна быть с верой, настойчивостью   322–323
должна начинаться с исповеди Богу   365
за весь мир   327–329, 331, 333, 343–344, 346
за весь мир, конкретных людей и за себя   314–316, 327–329
за власть имущих   313
за современный мир   17, 18, 88, 329
и рукоделие (работа): чем заниматься больше   258–259, 330
молиться независимо от внешних условий   104–105
необходима перед делом   235, 311
о болящем   320–321
о не знающих Бога, о нечестивых   313–314
помогает больше, чем дела или слова   330–332, 333
почему Бога нужно просить, хотя Он всё знает   297
почему Бог не даёт просимого   296
пример силы молитвы   319
что должен делать тот, о ком молятся   317, 318, 319

молитва Иисусова
«помилуй мя» или «помилуй нас»   315, 328

молчание
от безразличия   36, 37
от страха за себя   35–36, 37–38, 44

монастырь
должен помогать людям духовно   344
какие люди будут приходить в монастырь   354–356
особножительный   171

монах
входит в великую семью Адама и Бога   123
для чего становятся монахами   353
по каким причинам будут уходить в монахи   355–356
его главное дело — молитва   329–332, 333
жизнь монаха есть жертвенность   217–219
делает добро в благодарность Богу   251, 359
не боится смерти   250
пребывает в покаянии   250
отдаёт людям духовное и не берёт материальное   337–338
его служение по отношению к миру   334
сегодня должен интересоваться состоянием мира   22
молча проповедует Христа   335–336
когда нужно, должен высказываться, а не молчать   348–349
должен быть благоразумным, а не ребёнком по уму   339–340, 349–350
должен быть скромным   340–341
должен избегать мирского духа   343–345, 351–352

должен молиться за мир (обо всех людях) 327, 329, 331, 333, 343, 346

монах, которого звали жадиной 171

не видя страдания людей, может стать бесчувственным 326–327

пенсия монахов 38

что надо монаху, а что монахине для преуспеяния 340

монашество
сегодня приходит в упадок 350–353

мужество *см.* отвага

мужчина
какое дарование имеет от Бога 93
отважный может стать наглым 227

мученики
их любовь ко Христу была сильнее боли 247–249
как тайные христиане становились мучениками 243–244
в коммунистических странах 40

мученичество
не бояться умереть за Христа 237–239
какой человек удостаивается мученичества 244–247
самолюбивый не имеет Божией силы для мученичества 218, 240, 244
может ли нерадивый стать мучеником 246–247
если бы мы жили во времена мучеников 243

его сменил аскетизм в IV веке 251–253
от турок 240
принимать с радостью презрение других 251

Н

наблюдение
за людьми в системе антихриста 189
наблюдать за работой диавола 119

наговор
породивший ссору друзей 67–69

народ
его пытаются усыпить 46
ему заморочили голову 18

неведение
которому нет оправдания 41, 43

неверие
как верующий может дойти до неверия 288–289
как относиться к помыслам (внушениям) неверия 274–275

неверующие
напрасны ли их добро, жертва 173–174, 212, 305–307
в них есть скрытая малая вера 290
марксисты 290, 292

невнимательность
сбивает с верного пути 115–116
создаёт проблемы 73
создаёт соблазны 66
во время богослужения, духовной беседы 117–119

позволяет диаволу ослабить нашу волю 121
труды невнимательного расхищает диавол 122

О

обеспокоенность
добрая обеспокоенность 19, 40, 99–100, 199

обличение
без любви вызывает сопротивление 76–77
без любви делает зло 80

образование
богоцентричное 101
богословское 289

общение *см. также* разговор
быть осмотрительным в общении 130
наше внутреннее состояние передаётся ближнему 128, 131
связь на расстоянии между людьми одного духа 127–128
с благоговейным человеком — средство стяжать благоговение 137–138
с духовными людьми — кому на пользу, а кому нет 128–129
с духовными людьми — поддержка для христианина в миру 123–124

опасность
в опасности не паниковать 228–229, 230–231
в опасности не теряться, работать мозгами 234–235

оправдание
своего падения есть бесстыдство 55–56
оправдывать и прощать других 133–134, 162

осуждение
не допускать в разговорах 130

отвага
чужда варварства и злобности 222–223
быть находчивым, не теряться 233–235
на войне 204–207, 222–223
её проявляют и те, от кого не ожидали 232–233
нужна, чтобы стать героем или святым 223–224
духовная отвага — от святости 235
одной отваги мало — нужна жертвенность 233

ответственность
за окружающих нас людей, за природу 33–34, 57
за происходящее в мире 20, 22–23, 36–37

П

паломники
отвлекают монаха от молитвы 24

паломничество
бесполезное паломничество 105–106
не обязательно 108–109
современные паломнические поездки 106–108

пение
    как должно петь в церкви 140

пенсия
    монахов 38

печать антихриста
    равна отречению от Христа 195–197
    принявшие её пострадают, а верным поможет Бог 188
    не принявшие её будут притесняемы 194–195
    подготовка к ней
    – современные запечатления людей и животных 187
    – удостоверения личности и карточки 190–193, 199
    почему называется начертанием 188

плата за труд
    не должна превращаться в еврейский базар 169–170

подвиг
    совершают те, в ком есть отвага, широкое сердце 222
    любочестный подвиг — неутомителен 96, 285
    подвизаясь, просить помощи у Христа 300
    Христос помогает, видя наш малый подвиг 93, 96, 110, 300
    где бы ни оказался, должно подвизаться 98
    эгоистичный подвиг может привести к неверию 288

подвижничество
    появилось за отсутствием мученичества 251–253

покаяние
    изменяет решение Бога 368–369
    необходимо современному миру 364–365

помощь
    Божия
    – в начале духовной жизни и впоследствии 301–303
    – ей препятствует наше маловерие 304–305
    – не многие её видят (осознают) 317–318
    – почему нужно о ней просить 297–298
    – приходит, когда нам это на пользу 296–297
    – приходит, когда человеческих сил не хватает 293–295
    людям
    – бедным, страдающим 157–160
    – заинтересованность выручить ближнего 124, 157, 203, 216
    – от собственного исправления 72

помыслы
    добрый помысел 108, 169
    принятие помысла естественного лишает помощи сверхъестественной 299
    скверные — не прилипают к духовному человеку 62
    неверия — от лукавого 273
    которые приносит диавол на богослужении 117

послушание
  оказывать ли несправедливым указаниям 53–54
  работать с игуменьей на одной частоте 350
пост
  в среду и пятницу 251
  какой пост можно совершать открыто, а какой втайне 48
  на войне 205
православие
  «исчезнет» в последние времена 189
  православно нужно жить 46, 48
Предание Церкви
  ответственность за его сохранение 23
предопределение Божие 197–198
прелюбодеяние
  разрушение двух семей 365
преуспеяние
  почему, подвизаясь, не видим преуспеяния 97
  человек не преуспевает
  – когда, принимая помощь Божию, не трудится сам 303
  – так как не приклаывает воли 120–121
  – так как растрачивает силы по пустякам 97–98
  – так как уцепился за своё «я» 269
  преуспевающий не ощущает своего преуспеяния 134
  преуспевающий помогает усопшим 170
чтобы преуспеть — иметь шальную жилку 223–224
пример
  святого и грешника — может доставить пользу 280
приношение Богу
  должно быть самым лучшим 154–155
причащение
  если запрещают причащаться один раз в неделю 53–54
проблема
  как её разрешить 73–74
Промысл Божий
  всё обращает к нашей пользе 266–269
  забота Бога о человеке 257, 260, 263
  примеры Божиего Промысла в жизни людей 262–266
  увидев его, сердце человека умягчается 259, 269
промысл Пресвятой Богородицы 260–261, 266
проповедник (проповедь) *см. также* слова
  должен иметь и соответствующую жизнь 48–49
  человек проповедует своей правильной жизнью 49–50
пророчества
  Ветхого Завета о Христе — с точностью исполнились 197, 276
  священномученика Космы Этолийского 312
  преподобного Паисия 19, 21, 188–189, 216, 346, 348

просвещение божественное
  со дня Пятидесятницы возможно иметь его постоянно 86–87
  каким человеком воспринимается 84, 85, 88–89
  необходимо в нашу эпоху 84
  необходимо правителям 88, 313
  без него прельстятся в годы апостасии 183
  без него ходим во тьме и падаем 88
простота
  свойственна детям и святым 79
прямота
  безрассудная 79
Пятидесятница
  принесла божественное просвещение 86
равнодушие *см. также* **безразличие**
  кротость и равнодушие — разные вещи 48
радость
  какова мирская, а какова божественная 47–48, 356
  отдающего 162–164, 168
  от жертвенности 200–201, 203, 207
  от сознания глубочайшего смысла жизни 359–360

Р

разговор *см. также* **общение**; *см. также* **слова**
  быть внимательным к своим словам 130
  кого выслушивать, а кого нет 132–133
  не допускать осуждения 130
рай
  Бог делает всё, чтобы дать нам рай 110, 304
  Бог не берёт туда силком 298
  какой человек пойдёт в рай 110
  подвизаться не ради рая, а по любви к Богу 285
  райская радость переживается уже на земле 228, 284
расположение доброе
  имеющий его имеет благодать 48–49
  необходимо, чтобы обратиться к вере 41
  нужно, чтобы получить помощь от чужих молитв 318
распорядок дня
  при стечении паломников 24
рассуждение
  необходимо
  – в высказывании истины 78–79, 80–81
  – в отношениях с людьми 77–78, 130–132
  – при даянии милостыни 176
  – тому, у кого есть благоговение 80–81
ревность
  по Богу: примеры 52–53
Родина
  с чего начинается любовь к Родине 31
родители
  в чём их духовная помощь детям 362–363

должны не планировать количество детей, а просить помощи у Бога 260–261

родство

духовное
- может ли распасться 127
- связь на расстоянии 127–128

по Адаму и по Христу 127

Россия

почему коммунизм в России пал 30

трудности христиан в России (1987) 39

рукоделие

сократить рукоделие и больше молиться 258–259

С

самолюбие *см. также* **эгоизм** (самость, наше «я»)

вращаемся вокруг своего «я», не видим других 33

самолюбивый не имеет Божией силы для мученичества 240

самооправдание

не оправдывать себя грехом Адама и Евы 367

самоукорение

чувство своей вины перед больными 328

свеча

какая должна приноситься Богу 153–155

с какой целью ставится 155–156

свобода воли

Бог не нарушает нашу свободу воли 297

Святая Земля

там ощущается присутствие Христа 108

многообразие людей у Гроба Господня 108

паломничество на Святую Землю 106–107, 108

святые

подобны светилам, отражающим солнечный свет 290

помогают людям, являются подвижникам 291–292

какую боль и какую радость имели 47–48

чтобы стать святым, нужно иметь шальную жилку 223

безрассудное подражание святым 289

священник

должен возиться с народом 24

не осуждать священнослужителей 56

сегодня / в старину

как было в старину (раньше), а как сегодня 22, 23, 30, 32, 46, 124, 142, 147, 201, 225, 311

сердце

чистое видит всё чистым 63

иметь его гор!е 139

стяжи материнское сердце 133

сионисты 183, 184

скупость

страшная болезнь: примеры скупости 166–167

слова *см. также* **разговор**

имеют ценну, когда исходят из правдивых уст 78
правильные слова, которыми можно убить 80

слухи
не верить им 66–67

смерть
сегодня не хотят слышать о смерти 46, 227
не бояться смерти 227, 237, 240, 250
нужно решиться на смерть 218
решимость на смерть в войну 214, 217, 240, 242
почему злые люди долго не могут умереть 51
предведение смерти 277–278

смирение
идти низко, не выпячивать своё «я» 83
говорить как ученик, а не как учитель 80
без смирения Бог не даёт просимого 281
без него Бог не избавляет нас от страстей 301
какова молитва со смирением 301, 328, 329
необходимо идущему на мученичество 245

снисхождение
не просить себе снисхождений 302
оказывать к другим 133

соблазны
величайшие соблазны — от пустяков 113
не создавать соблазны по невнимательности 65–66
любители сеять соблазны 64, 67, 132
не отлучат от Христа живущих по Его воле 64
почему мы соблазняемся греховной жизнью других людей 61–63

сообразительность
надо шевелить мозгами 84

сострадание
плакать с плачущими 133
должны иметь врачи и медсёстры 324
если жалеешь другого, считая себя лучшим его, пора жалеть себя 134

спасение
невозможно без воли самого человека 120
от чего зависит наше спасение 110

сребролюбие
нет человека глупее, чем многостяжатель 165

страдания *см.* **боль**

страдания (мучения, скорби, испытания)
для чего попускаются Богом и как переживаются человеком 96
смысл мучений виновных и невиновных 52
очищают душу 95
больше страданий — больше воздаяния 326
страдая, думать не о награде в раю, а о пребывании со Христом 246
страдания святых и Христа: в чём различие 249

страсти
    не можем избавиться от них, пока есть в нас гордость   301

страх
    со Христом ничего не страшно   237
    изгоняется отвагой   227
    помогает прибегать к Богу   226
    злые люди имеют страх   222
    трусливый поддаётся панике   229, 231

страх Божий *см. также* **благоговение**
    можно стяжать, общаясь с людьми имеющими его   137
    как умножается   81–82
    труса делает бесстрашным   236

суд Божий
    призовёт всех к ответу   20

суд человеческий
    не истинен   171–172

Т

терпение
    нужно когда Бог не даёт просимого сразу   296

торопливость
    при решении дел — приносит трудности   74

три отрока в пещи
    их молитва   18, 366

трудности
    надо готовиться к трудностям   215, 237, 250, 346–347
    Бог не оставляет нас в трудностях   304
    рождают братские отношения   126
    перенесённые на войне   205
    христиан в других странах   39
    в духовной жизни — от гордости   300–301

турки
    умных среди них немного   231
    заставляли отрекаться от Христа   240
    как их «вымела» Богородица с Афона   19–20
    и митрополит Паисий II   240–242

У

уважение
    к родителям, старшим   288

удостоверения личности
    в годы апостасии   189–193

ум
    должен быть во Христе   33
    должен находиться в будущей жизни   359

умершие
    им помогает наша милостыня, но более — исправление нашей жизни   170
    молитва об усопших   314–315
    не осуждать умерших — их души в руках Божиих   130

утешение
    искать его у Бога   283–284, 297

Х

храм
    благоговейное поведение в храме   139
    Соломона: его восстановление   184

христиане
    ради которых Бог терпит мир   19
    чем должны отличаться   51
    должны исповедовать, защищать свою веру   37, 44, 53, 56–58
    не должны быть фанатиками без любви   80
    в миру: должны духовно помогать друг другу   123–124
    бескомпромисность первых христиан   47
    теперешние
    – без закваски   47
    – не бойцы   37
    – носят лишь имя православных   46
    тайные христиане: до каких пор могут скрывать свою веру   243–244

христианская жизнь
    влияет на людей своим примером   49–51
    православно думать легко, а жить трудно   48

Христос
    возлюбил нас больше, чем Себя   164
    радуется нашему преуспеянию   98
    всесильный Христос близ нас   93
    сначала искал веры, а после совершал чудо   287
    Его страдания
    – ощутили творения Божии   249–250
    – по сравнению со страданиями мучеников   249
    Его явление старцу Паисию   275

хула   *см. также* **богохульство**
    какая не прощается   54–55

Ц

Церковь
    это живущие так, как хочет Христос   69
    имеет любовь и долготерпение к грешникам   80
    не должна молчать   37, 44
    должна отлучать богохульников   35
    изречение «повеждь Церкви»   69
    как можно помочь Церкви   72

Ч

человек
    как можно стать действительно человеком   249
    каждый имеет от Бога то, что ему полезно   357
    свобода его воли   120, 297
    духовный
    – имеет в себе божественное утешение, не ищет покоя извне   104
    – не расстроится, если Бог не даёт ему земных благ   257
    – не соблазняется, видит всё чистым   62, 63

— его искушает диавол с помощью мелочей 112–113
— связь с духовными людьми помогает живущим в миру 123–124
плотской 62–63

человекоугодие
когда забываем, что всякое дело ради Бога и пред Ним 81–82
удалить из благоугождения ближнему 83

число 666 *см. также* **печать антихриста**
к нему приучают людей 186
налоговое число иудеев 187

чтение духовное
чтобы согрелась душа 101, 103
не для удовольствия или многознания, а с целью исполнить 99–101
польза святоотеческих книг 102–103
какие книги не помогают в духовной жизни 101–102
прежде чем идти за духовным советом 99

чудо
не требовать чуда, чтобы уверовать 277
Христос сначала искал веру, а потом совершал чудо 287

Ш

шестопсалмие
почему во время шестопсалмия не сидят и не крестятся 146–147

Э

эгоизм (самость, наше «я»)
его проявления в отношениях с людьми 76–77, 81, 82
верить в свои силы — эгоизм 287
уклоняет человека в крайности 81
убрать своё «я» из своих действий 84, 219
как Бог исправляет людей с эгоизмом 52

Ю

юродивый
как можно распознать, ради Христа ли юродивый 52

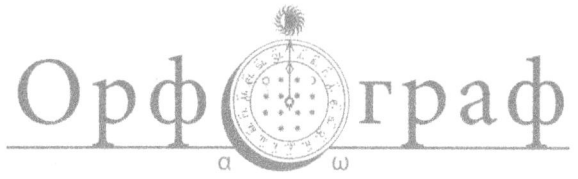

Другие книги издательства «Орфограф»

Житие преподобного Паисия Святогорца

М.: Орфограф, 2021. — 592 с., ил.

Пространное житие преподобного Паисия, составленное в Греции в обители святого апостола Иоанна Богослова сёстрами, находившимися под духовным руководством старца Паисия более двадцати восьми лет.

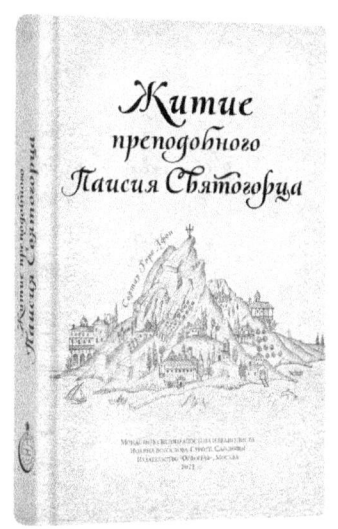

Новый Афонский патерик

В 3 томах

Том I. Жизнеописания. М.: Орфограф, 2013. — 352 с., илл.
Том II. Сказания о подвижничестве. М.: Орфограф, 2015. — 352 с., илл.
Том III. Рассказы старца Паисия и других святогорцев. М.: Орфограф, 2018. — 272 с., ил.

Духовно-просветительское издание
Для читателей старше 12 лет

Преподобный Паисий Святогорец
СЛОВА
Том II
ДУХОВНОЕ ПРОБУЖДЕНИЕ
Перевод с греческого
Пятое издание

Ἱερὸν Ἡσυχαστήριον Μοναζουσῶν "Εὐαγγελιστὴς Ἰωάννης ὁ Θεολόγος"
570 06 Βασιλικὰ Θεσσαλονίκης
тел. +30 23960 41320, факс +30 23960 41594

Общество с ограниченной ответственностью
«Электронное Издательство «Орфограф»
109316, Москва, Волгоградский проспект, д. 47

E-mail: orfograf.com@yandex.ru
Телефон +7 (495) 642 24 54

Сайт издательства: www.orfograf.com
Книги преподобного Паисия Святогорца по ценам издательства:
старецпаисий.рф

Издательство «Орфограф» выражает сердечную благодарность рабу Божию Илье, без помощи которого не увидела бы свет эта книга и просит читателей молитв о нём и его семье.

Подписано в печать 20.04.2021. Формат 60×100/16
Печать офсетная. Гарнитура Minion Pro.
Усл. печ. л. 25. Тираж 7 000 экз.
Заказ №

www.ingramcontent.com/pod-product-compliance
Lightning Source LLC
LaVergne TN
LVHW012032070526
838202LV00056B/5471